Thea Leitner
Die Männer im Schatten

Ueberreuter

Die Deutsche Bibliothek – CIP-Einheitsaufnahme
Leitner, Thea:
Die Männer im Schatten / Thea Leitner. – Wien : Ueberreuter, 1995
ISBN 3-8000-3579-0

Bildnachweis
Archiv für Kunst und Geschichte, Berlin: S. 241 unten; Bibliothèque Nationale, Paris: S. 18, 19; Bildarchiv der Österreichischen Nationalbibliothek, Wien: S. 67 oben, 109, 121, 143, 155 alle, 161 beide, 179, 187, 189, 209, 215 beide, 223, 237 unten, 241 oben; British Museum, London: S. 41; Det Kongelige Bibliotek, Kopenhagen: S. 99; Dulwich College, Gemäldesammlung, London: S. 131 rechts oben; Lennoxlove House Ltd., Haddington: S. 85 oben; Michailowitsch, Nicholaj: »Russische Portraits«, St. Petersburg 1905: S. 117, 131 links oben und unten; Public Record Office, Richmond: S. 67 unten, 85 unten; Scottish National Portrait Gallery, Edinburgh: S. 45 beide; Verlagsarchiv: S. 135, 149, 237 oben.

Umschlag
Erste Reihe, von links: *Zar Peter III.*: Russische Informationsagentur Novosti, Wien; *Franz Stephan von Lothringen*: Kunsthistorisches Museum, Wien; *Albert von Sachsen-Coburg-Gotha*: Victoria and Albert Museum, London (by courtesy of the Board of Trustees of the Victoria & Albert Museum); zweite Reihe: *Franz II.*: Musée du Louvre, Paris, © Photo R.M.N.; *Henry Lord Darnley*: Bildarchiv der Österreichischen Nationalbibliothek, Wien; *James Graf Bothwell:* Scottish National Portrait Gallery, Edinburgh.

AU 296/1
Alle Urheberrechte, insbesondere das Recht der Vervielfältigung, Verbreitung und öffentlichen Wiedergabe in jeder Form, einschließlich einer Verwertung in elektronischen Medien, der reprografischen Vervielfältigung, einer digitalen Verbreitung und der Aufnahme in Datenbanken, ausdrücklich vorbehalten.
Umschlag von Brigitte Schwaiger
Copyright © 1995 by Verlag Carl Ueberreuter, Wien
Druck und Bindung: M. Theiss, A-9400 Wolfsberg
Printed in Austria
7 6 5 4 3 2 1

Inhalt

7   Des Lesers gutes Recht

11 Der Clan der toten Männer
    Maria 1542–1587 und Franz 1544–1560 und
    Henry 1545–1567 und James 1536?–1578

103 Kindischer Kaiser
    Sophie (alias Katharina) 1729–1796 und
    Karl Peter Ulrich (alias Peter) 1728–1762

153 »Der König« und sein Gemahl
    Maria Theresia 1717–1780 und
    Franz Stephan 1708–1765

203 In »Ketten aus Rosen«
    Victoria 1819–1901 und Albert 1819–1861

251 Stammtafeln

255 Personenregister

259 Literaturverzeichnis

Dem Andenken Sebastian Leitners
und seines Freundes James Stewart.
In Erinnerung an Achara,
ein verlorenes Paradies in den
schottischen Highlands.

> *»... ist mir klargeworden, daß in der Politik – wie auch in der Geschichte – nicht die Fakten das Entscheidende sind, sondern die Vorstellung, die sich die Menschen von den Fakten machen.«*
> *Marion Gräfin Dönhoff*

Des Lesers gutes Recht ...

Ein Privatissimum über Geistesblitze und flüsternde Gerüchte

»Wie kommen Sie auf Ihre Buch-Ideen?« lautet eine der Standardfragen, die anläßlich von Lesungen, Vorträgen und Diskussionen immer wieder an mich herangetragen werden. Da ich in Lesungen, Vorträgen und Diskussionen nur einen Bruchteil meiner recht ansehnlichen Leserschaft erreiche, möchte ich den so häufig auftretenden Wissensdurst ein für allemal im Vorwort eines Buches stillen.

Meine treuen Leser (um nicht geprügelt zu werden, füge ich alsogleich artig »meine treuen Leserinnen« hinzu) haben das gute Recht, zu erfahren, woher die Autorin, die ja schließlich von ihnen lebt, ihre Einfälle nimmt.

Wer mich im Laufe der Jahre auf dem Umweg über meine Bücher einigermaßen kennengelernt hat, weiß, daß mein Interesse ausschließlich Themen gilt, die bislang eher links liegengelassen wurden. Das war bei den Habsburger-Büchern* so, in denen ich die Geschichte von wenig beachteten Mitgliedern der Familie erzählte. Das war so in »Fürstin, Dame, Armes Weib« – Portraits von halb vergessenen, dennoch sehr wichtigen Frauen der Jahrhundertwende. Und das war so in meinem vorletzten Buch »Skandal bei Hof«, in dem ich nicht die bis zum Über-

---

* »Habsburgs verkaufte Töchter«, »Habsburgs vergessene Kinder«

druß ausgeschlachteten aktuellen Miseren des englischen Königshauses schilderte, sondern die weitaus aufregenderen und dramatischeren Vorfälle vergangener Jahrhunderte im Dunstkreis der britischen Krone.

Die Ideen, sie kommen sozusagen wie der Blitz aus heiterem Himmel: Im Freundeskreis wurde über Richard Strauss und seine »Frau ohne Schatten« gesprochen. Wie es so läuft bei Diskussionen, es entstand die Assoziation zu Frauen, die im Schatten stehen, und zwar im Schatten ihrer berühmten Männer. Wir waren uns einig, daß die Zahl dieser gesichtslosen Damen, ohne deren Opferbereitschaft die Männer vielfach nicht zu hohem Ansehen gekommen wären, ins Uferlose geht, aber ...

Genau zu diesem Zeitpunkt wurde die Unterhaltung für mich zur bloßen Geräuschkulisse, denn es hatte kurz und sehr heftig geblitzt: Und wo gibt es Männer im Schatten berühmter Frauen? Männer im Schatten! Ein Buchtitel war im Bruchteil einer Sekunde entstanden.

Die dazugehörigen Recherchen haben dann sehr, sehr viel länger gedauert. Genaugenommen mehr als zwei Jahre. Denn die Zahl der berühmten Frauen ist an sich gering. Bei näherem Hinsehen stellt sich dann oft heraus, daß hinter ihnen sehr wohl Männer die treibende Kraft darstellten. Sie, die Männer, standen durchaus nicht im Schatten.

Schließlich blieben nur vier weibliche Persönlichkeiten übrig und sechs Männer in deren Schatten – wobei auch dieser Begriff nicht allzu genau genommen werden dürfte. Die sechs Herren sind sehr wohl geschichtsnotorisch. Allerdings rangieren sie in der öffentlichen Aufmerksamkeit weit hinter ihren Frauen. Einige sind dem Laien bestenfalls dem Namen nach bekannt. Mehr nicht.

Dieses Buch ist den drei Ehemännern der Maria Stuart, dem Gemahl von Katharina der Großen, den Gatten von Maria Theresia und Königin Victoria gewidmet.

Die Suche nach Unterlagen in Bibliotheken und Archiven der halben Welt kostete Zeit und Mühe; sie wäre ohne tatkräftige Unterstützung unserer wunderbaren Nationalbibliothek zur fruchtlosen Sisyphus-Arbeit verkommen.

Wesentlich schwieriger war dann aber doch die Auswahl des Materials, denn auch diesmal stand ich fassungslos vor dem Phänomen unterschiedlichster Geschichtsauslegungen. Je nachdem, in welchem Land, in welchem Jahrhundert ein Ereignis abgehandelt wird – es erscheint in völlig anderem Licht. Manchmal hat man bei der Schilderung ein und derselben Person das Gefühl, die Biographien ganz verschiedener Menschen zu lesen. Bis auf die Jahreszahlen stimmt fast nichts überein – und auch die Daten sind nicht immer dieselben.

Andererseits ziehen sich vorgefaßte, vorgegebene und vorgelogene Meinungen zäh und scheinbar unverrückbar durch die Jahrhunderte – mögen sie noch so schlagkräftig widerlegt worden sein.

Lassen Sie mich das an einem Beispiel erörtern:

Maria Stuarts dritter Ehemann, James Hepburn Graf von Bothwell, wurde aus Gründen, die später zu erläutern sein werden, bis in jüngste Zeit als Mensch dargestellt, der »das Böse an sich« verkörpert. Ein ehrgeizzerfressener, selbstsüchtiger Schuft, Maria Stuarts Dämon, der sie in den Untergang getrieben hat.

Inzwischen haben zahlreiche seriöse Forscher herausgefunden, daß Bothwell zwar ein Renaissancemensch mit all seinen düsteren Seiten, aber zugleich einer der wenigen wirklich treuen Diener der Krone war.

Der Sproß aus uraltem schottischem Adel hatte bereits im Alter von ungefähr zweiundzwanzig Jahren die Schlüsselstellungen eines High Sheriff von Edinburgh, eines Ersten Lords der Admiralität und eines Oberbefehlshabers der Grenztruppen inne. Er besaß das unumschränkte Vertrauen von Maria Stuarts Mutter: Marie de Guise führte die Regentschaft für ihre in Frankreich verheiratete Tochter, und sie äußerte sich in höchsten Lobesworten über ihren in seiner Loyalität niemals wankenden Gefolgsmann.

Und was lese ich in der jüngsten Maria-Stuart-Biographie von 1992? Ich lese in der Passage, die sich mit dem todesmutigen Einsatz des Grafen gegen rebellierende Lords befaßt: »Ein junger Abenteurer (sic!), der Graf von Bothwell, fing einen Schatz von viertausend Pfund Sterling ab, den Elisabeth [Königin von England und eifrige Unterstützerin des Aufstandes] an die Congregation gesandt hatte. Damit erschien Bothwell zum ersten Mal auf der Bühne der Geschichte.« Derselbe Bothwell, der zu diesem Zeitpunkt bereits eine Hauptrolle im politischen Leben Schottlands spielte, wird in diesem Buch konsequent als dahergelaufener, verworfener Desperado dargestellt, als der er von seinen Feinden in das Bewußtsein der Nachwelt gehämmert wurde.

Betrachte ich die vielen Ungereimtheiten der Geschichtsschreibung, bedenke ich, wie sich selbst in jüngster Zeit Historiker über Ereignisse zanken, die erst wenige Jahre und Jahrzehnte zurückliegen, dann fällt mir mein lieber, gescheiter Großvater Franz Hugo Kunze ein. Er war ein hervorragender Kenner der Geschichte, der mir die Liebe zu diesem Metier von Kindesbeinen an vermittelt hat. Er pflegte gern ein Verslein zu zitieren, das in wenigen schlichten Worten alles über die Schwierigkeit objektiver historischer Darstellung aussagt:

»Sitzt ein kleines Menschenkind
An dem großen Ozean der Zeit,
Schöpft mit seiner kleinen Hand
Tropfen aus der Ewigkeit.
Sitzt ein kleines Menschenkind,
Sammelt flüsternde Gerüchte,
Schreibt sie in ein kleines Buch
und darüber: ›Weltgeschichte‹.«

Wien, im August 1995　　　　　　　　　　　　　　　Thea Leitner

Der Clan der toten Männer

Maria 1542–1587 und Franz 1544–1560 und Henry 1545–1567 und James 1536?–1578

Die gallische Küche war fast ungenießbar – zumindest für den mit raffinierten Köstlichkeiten verwöhnten Magen des Mädchens aus Florenz. Sie ließ darum schleunigst vier italienische Köche nach Paris kommen und den Kampf gegen den fränkischen Fraß aufnehmen, dessen fetttriefende, scharf gewürzte Ingredienzien Auge wie Zunge gleichermaßen beleidigten. Das war die Geburtsstunde der seither hochgepriesenen französischen Kochkunst.

Das war aber für lange Zeit der einzige Triumph im trostlosen Dasein der Katharina von Medici, die man 1533, vierzehnjährig, mit dem gleichaltrigen Herzog Heinrich von Orléans, Sohn des Franzosenkönigs Franz I., verheiratet hatte. Für den brillanten Dauphin Franz war das pummelige, jedoch hochintelligente Mädchen natürlich nicht gut genug gewesen, als reiche Erbin und Nichte des Papstes Clemens VII. jedoch politisch wichtig genug, um von Franz I. für seinen Zweitgeborenen erwählt zu werden.

Zunächst schien es, als hätte man mit Katharina eine Niete gezogen. Die Mitgift war wesentlich geringer als erwartet, und der Papst dachte nicht daran, sich im endlosen Kampf Franz I. gegen seinen Erzfeind Kaiser Karl V. eindeutig auf die Seite Frankreichs zu schlagen.

Die kluge Katharina, ein aufgewecktes Kind ihrer Zeit und Tochter aus kühl kalkulierendem Haus, war gewiß ohne Illusionen in die Ehe gegangen, keineswegs Liebe von dem trägen und stumpfen Knaben erwartend, den man ihr zum Mann bestimmt hatte. Aber die Welle des Hasses und der Ablehnung aus dem Kreis der neuen Familie und von seiten des gesamten Hofs muß sie dennoch verwirrt und gekränkt haben.

»Eine Krämerstochter, eine Geldwechslerdirne«, nannte sie der Schwager Franz. »Sie wird das edle Blut der Valois verderben.«

Die Möglichkeit, das edle Blut der Valois zu verderben, ergab sich weder im ersten noch im zweiten und im dritten Jahr nach der Hochzeit: nicht die geringsten Anzeichen einer Schwangerschaft.

Was man lange mit Gleichmut hingenommen hatte, wurde im Jahr 1536 zum heiklen Politikum: Der Dauphin Franz, bis dahin mit bester Gesundheit gesegnet, starb plötzlich und unerwartet – so plötzlich und unerwartet, daß sofort der Verdacht aufkeimte, er sei, kalt berechnend, vergiftet worden, und niemand anderer als Katharina hätte ihre Hände im Spiel gehabt: Ihr Mann war nun Dauphin, der zukünftige König von Frankreich, sie die kommende Königin. Die Verdächtigungen verstummten, die Ansprüche auf Katharinas Fruchtbarkeit wuchsen. Es war ihre einzige, ihre oberste, ihre vornehmste Pflicht, dem Thron einen Erben zu gebären.

Da dies mit der natürlichsten aller Methoden allein nicht erreichbar schien, wurde die arme Frau den aberwitzigsten Behandlungen unterzogen, in heiße und kalte Bäder getaucht, mit Wundersalben innerlich und äußerlich beschmiert, abwechselnd gemästet und Hungerkuren unterzogen, zur Ader gelassen, mit geweihten Flüssigkeiten vollgepumpt. Als das alles nicht fruchten wollte, wurde sogar erwogen, die Ehe zu annullieren und die Krämerstochter zu ihren Krämersleuten nach Florenz zurückzuschicken.

Sie muß mit einer Bärennatur bedacht worden sein, daß sie all diese körperlichen Torturen und seelischen Belastungen lebendigen Leibes überdauerte und am 19. Januar 1544 endlich doch dem herbeigewünschten und -gebeteten Stammhalter das Leben schenkte.

Der Knabe Franz war allerdings so winzig, so schwach, daß niemand zu hoffen wagte, er werde auch nur die erste Stunde seines irdischen Daseins überstehen. Was man der Mutter angetan, schien sich am Sohn zu rächen. Zum Glück brachte Katharina dann in rascher Folge acht weitere Kinder zur Welt, von denen fünf mit Mühe überlebten.

Der kleine Franz war Zeit seines kurzen Lebens nicht einen Tag lang wirklich gesund. Ständig, und zwar schon von Geburt an, bereiteten ihm die Ohren und die Atmungsorgane Schwierigkeiten, stinkende Ausdünstungen entquollen seiner Nase. Eines Tages begann sich sein Gesicht mit schwärenden roten Flecken zu bedecken, und es hieß, er leide an

Lepra. Seine Mutter hätte Anweisung gegeben, die Wunden mit dem Blut von Neugeborenen zu bestreichen. Mütter versteckten ihre Säuglinge, wenn sie einer Person ansichtig wurden, die auch nur im leisesten Verdacht stand, dem Hofe anzugehören.

Im Sommer 1548, das unglückliche Kind hatte kaum gelernt, nicht mehr in die Hose zu machen und sich auf schwankenden Beinen mühsam fortzubewegen, da kam ein Schiff aus fernen nördlichen Landen mit einer kostbaren Fracht angesegelt – eine Braut für das arme Würmchen!

Unmöglich, daß dieses kleine Wesen auch nur annähernd erfaßte, wer oder was diese Braut war: Nämlich viel mehr als die üblicherweise einem Kronprätendenten zugedachte Gefährtin im Rang einer Prinzessin. Es war eine leibhaftige gekrönte und gesalbte Königin – wenn auch die Königin eines bitterarmen Landes, von dem die wenigsten Genaues wußten: Maria Stuart*, Königin der Schotten.

Frankreich hatte damals bereits 15 Millionen Einwohner, Schottland zählte mit Mühe 500 000. Die meisten siedelten im Süden, wo es ein paar Städte und einigermaßen florierende Landwirtschaft gab. In den gebirgigen Highlands des Nordens lebten »nur ein paar Wilde, die sich an einsamen und unzugänglichen Orten aufhalten«, berichtet schaudernd ein Reisender. Die Schotten seien »barbarisch, mit besonders vielen Faulenzern und Müßiggängern ... trotz ihrer Armut stolz und hochmütig«. Sie seien »feindselig Fremden gegenüber und besessen von Familienehre und Familienzwisten ... Ein träges und prahlerisches Volk, das trotz seiner Armut einen ungerechtfertigten Stolz auf seine Abstammung zur Schau trägt.«

Die Straßen des Landes waren nicht viel mehr als Karrenwege, Kutschen waren unbekannt, sie wurden erst später von Maria eingeführt. Man bewegte sich zu Fuß oder zu Pferde fort. Jede Reise war ein Abenteuer mit ungewissem Ausgang, denn Räuberbanden machten weite Landstriche unsicher.

Trotz seiner Armut und wirtschaftlichen Bedeutungslosigkeit besaß das Land am Rand der zivilisierten Welt einen hohen politischen Wert. Einerseits seit Jahrhunderten von England bedrängt, das seine Macht

---

* Als Maria in Frankreich ankam, hieß sie noch Stewart wie die ganze übrige Familie. Die französische Schreibweise hat sich erst Anfang des 17. Jahrhunderts für die regierenden Mitglieder des Hauses allgemein durchgesetzt.

auf die ganze Insel auszudehnen wünschte, andererseits von Frankreich unterstützt, das keine Gelegenheit ausließ, den englischen Erbfeind zu schwächen und dessen Truppen zu binden, wo immer es nur anging.

Das Gewicht der schottischen Könige war, gemessen an anderen europäischen Herrschern, von geringer Bedeutung. Die wahren Herren des Landes waren seit eh und je die mächtigen Clans mit ihren Privatarmeen, teils den Engländern, teils den Franzosen zugeneigt, von den jeweiligen Protektionsländern üppig unterstützt. Später kam noch die Spaltung in Katholiken und Protestanten hinzu. Aber auch untereinander bekriegten sie sich oft aus trivialen, familiären Gründen bis ans Messer. Die Wurzeln der Zwistigkeiten lagen oft im Dunkel der Jahrhunderte. Koalitionen zwischen den Clans konnten plötzlich und scheinbar ohne Anlaß in Feindschaften umschlagen, erbitterte Gegner von einem Augenblick zum andern Verbündete werden. Diese Konstellation machte das Land fast unregierbar.

Maria Stuarts französische Mutter, Marie de Guise, stammte aus dem einflußreichen Geschlecht der Lothringer. Marias Vater, König Jakob V., starb am 13. Dezember 1542, genau fünf Tage nach der Geburt seiner Tochter Maria, nachdem die Schotten – wieder einmal – von den Engländern vernichtend geschlagen worden waren. Neun Monate danach wurde der Säugling Maria zur Königin gekrönt und – auf Druck Heinrichs VIII. von England – im Alter von einem Jahr mit dessen damals sechsjährigem Sohn Eduard verlobt.

Trotz dieses familiären Bandes dachten die Engländer nicht daran, Schottland eine Atempause zu gewähren. Sie überzogen den Nachbarn mit Krieg und Raub und Mord, unterstützten den aufkeimenden Protestantismus offen oder heimlich.

Heinrich VIII. starb im Januar 1547. Der Tod des mächtigen Fürsten lähmte England für kurze Zeit. Marie de Guise nützte die Gunst der Stunde, löste das Verlöbnis ihrer Tochter mit dem neuen englischen König Eduard VI. und versprach sie dem kleinen Krüppel in Frankreich.

Als die noch nicht sechsjährige Maria Stuart, Königin der Schotten, im August 1548 französischen Boden betrat, war ihr zukünftiger Schwiegervater als Heinrich II. bereits König, nachdem sein Vater Franz I. im März des Vorjahrs gestorben war. Marias Bräutigam trug den Titel des Dauphin.

Es versteht sich von selbst, daß die kindliche Braut des Dauphin von jedermann kritisch beäugt wurde, doch nach kurzer Prüfung war die Begeisterung allgemein. Sie sei »anmutig, intelligent, charmant«, erfahren wir aus den Aufzeichnungen eines Hofmannes, und, was besonders hervorgehoben wird, »von robuster Gesundheit« – sehr zum Unterschied zu den häufig maroden Königskindern. König Heinrich geriet sogar ins Schwärmen, wenn er meinte: »Sie ist das vollendetste Kind, das ich je gesehen habe ... das jedermann mit klugen und vernünftigen Reden unterhält.«

Einzige Minuspunkte: ihre »wilde und unkultivierte Garderobe« sowie ihr Französisch: Es war »bäuerlich, mißtönend und ungehörig«. Die Artikulation in ihrer Muttersprache wurde nicht einmal erwähnt. Das gurgelnde Schottisch, das sie von sich gab, verstand ohnehin niemand. (Schottisch unterschied sich damals sehr wesentlich vom Englischen, etwa so wie heute das Niederländische vom Deutschen. Es wurde nur in den gehobenen Kreisen verwendet. Die breiten Volksmassen sprachen damals noch überwiegend Gälisch.)

Der Makel schlechter Kleidung und grober Sprache war allerdings bald behoben. Maria lernte es ebenso rasch, sich exquisit zu gewanden, wie ihr Französisch keinen Anlaß mehr zur Kritik gab.

Als überflüssig erwies sich die allgemein gehegte Sorge, ob die füreinander bestimmten Königskinder überhaupt zusammenpassen würden. Erleichtert notiert Katharina von Medici: »Sie waren vom ersten Augenblick an so vertraut, als hätten sie sich schon immer gekannt.«

Der überzarte Dauphin lief seiner Braut, die ihn um Haupteslänge überragte, sofort wie ein kleines Hündchen zu, und sie schlüpfte, mit sicherem mütterlichem Instinkt, in die Rolle der zärtlichen Beschützerin. Die beiden waren unzertrennlich. Maria verstand sich als Wortführerin, und Franz ließ sich willig von ihr leiten.

Maria wurde zusammen mit den französischen Königskindern erzogen. In der Hierachie stand sie unmittelbar hinter dem Dauphin vor seinen Geschwistern. Alle, Buben wie Mädchen, erhielten die gleiche, nach humanistischen Vorstellungen ausgerichtete Bildung, voran Latein und Griechisch, Geschichte, Geographie, ein bißchen Philosophie. Die Zeit der anbrechenden Glaubenskämpfe brachte es mit sich, daß die Kinder nicht nur katholisch erzogen, sondern katholisch indoktriniert wurden. Daneben die übliche Unterweisung in Reiten und Jagen, dazu noch Fechten für die Knaben, Handarbeiten für die Mädchen.

Maria glänzte unangefochten an der Spitze. Sie mußte nicht angestrengt studieren, der Lehrstoff flog ihr förmlich zu. Latein war ihr Lieblingsfach. Sie übersetzte mühelos, und sie schrieb schon in sehr jungen Jahren bezaubernde Sonette – bestimmt nicht ahnend, welche verhängnisvolle Rolle diese Begabung an einem dramatischen Wendepunkt ihres Lebens einmal spielen würde.

Franz war meist das Schlußlicht unter den Schülern, woran niemand Anstoß nahm. Das Gottesgnadentum des Thronfolgers überglänzte die geistigen Schwächen, sodaß sein Selbstbewußtsein keinen Schaden erlitt. Der Kleine lernte es bald, den Herrn herauszukehren. Nur Maria gegenüber zeigte er Nachgiebigkeit, die an der Grenze der bedingungslosen Unterwerfung lag.

Wie nachhaltig der geisteswissenschaftliche Unterricht war, läßt sich schwer beurteilen. Doch darf seine Regelmäßigkeit bezweifelt werden. Denn die Kinderschar war, einer Zirkustruppe gleich, jahrein, jahraus von Schloß zu Schloß unterwegs. Jede Unterkunft wurde so lange benützt, bis sie nach wenigen Wochen verschmutzt und heruntergewohnt war. Dann wanderte der Hof wieder weiter.

Ein riesiger Stab stand allein den Kindern zu Verfügung: Haushofmeister, Kämmerer, Chefköche, Suppenköche, Bratköche, Konditoren, Kammerdiener, Stubenmädchen, Schatzmeister, Sekretäre, Schneiderinnen, Stickerinnen, Büglerinnen, Lehrer, Tanzmeister, Priester, Kammerherren, Hofdamen, Friseure – und lediglich ein Wasserträger. Zum weiteren Troß gehörten: eine Jahrmarktstruppe mit Zauberkünstlern, Feuerschluckern und anderen Artisten sowie auch eine kleine Menagerie, bestehend aus Wölfen, Keilern, Bären und verschiedenen Vögeln.

Glücklicherweise blieb die Liste eines braven Rechnungsprüfers erhalten, aus der hervorgeht, daß für eine einzige Mahlzeit des »Kinderhofes« achtzehn Ochsen, zwanzig Kapaune, hundertzwanzig Hühner, sechs Gänse und vier Hasen ihr Leben lassen mußten.

Ob das stetige Wanderleben oder andere, uns unbekannte Umstände dazu beigetragen haben, Marias ursprünglich eiserne Gesundheit zu untergraben, wissen wir nicht. Tatsache ist, daß sie etwa ab Beginn der Pubertät körperlich und seelisch labiler wurde. Bis dahin stets fröhlich und ausgeglichen, wurde sie zunehmend empfindlich und neigte unvermutet zu hysterischen Ausbrüchen, die meist in Strömen von Tränen endeten. Sie litt unter Magenbeschwerden, Heißhunger wechselte mit Appetitlosigkeit, häufig mußte sie sich übergeben. In regelmäßigen Abständen wiederkehrende Fieberschübe legen die Vermutung nahe, daß sie an Malaria litt.

Als Maria fünfzehn war und Franz vierzehn, wurde die Hochzeit der beiden ernsthaft ins Auge gefaßt. Sie war bereits eine voll erblühte junge Frau. Wie sie wirklich ausgesehen hat, können wir nicht wissen, denn die wenigen Portraits, die von ihr erhalten sind, mögen, den Gepflogenheiten der höfischen Malerei folgend, geschmeichelt sein. Doch voneinander unabhängige Schriftzeugnisse berichten, daß, allem voran, ihr blütenzarter Teint, ihr üppiges rötliches Haar und ihre sanfte, dunkle Stimme außerordentlichen Eindruck machten. Gewiß ist, daß sie eine starke erotische Ausstrahlung besaß, obwohl sie für ihre Zeit außergewöhnlich hoch gewachsen war und die meisten ihrer Anbeter überragte.

Und gar der kleine Bräutigam wirkte neben ihr verlassen und verloren. Er war ein für sein Alter stark zurückgebliebener Knabe, noch sehr weit davon entfernt, ein zeugungsfähiger Mann zu sein. Sein Antlitz, stets leicht gedunsen, war von krankhafter Blässe und Spuren quälender Schmerzen gezeichnet. Chronisch sein Schnupfen ebenso wie die Ohrenschmerzen.

Mannigfache Leiden hatten im Lauf der Jahre seinen Charakter entscheidend geprägt. Als »gallig« wird er vom venezianischen Gesandten beschrieben, »nach innen gekehrt, unfreundlich« und widerborstig gegen jedermann – ausgenommen Maria.

Soweit der unglückliche Knabe überhaupt echter Liebe fähig war – für sie, die Braut, empfand er warme Zuneigung. »L'amoureu«, nennt ihn unser venezianischer Zeuge, »er (der Dauphin) hat sehr viel für sie (Maria) übrig. Wenn sie zärtliche Worte austauschen, ziehen sie sich in eine Ecke des Saales zurück.« Wieweit Marias Gefühle über mitleidige Freundschaft und langjährige Gewöhnung hinausgingen, hat niemand beschrieben.

Am 19. April 1558 fand im Großen Saal des Louvre die offizielle Verlobung statt. Franz versprach, »nach eigenem freien Willen ... die Königin von Schottland zur Gemahlin zu nehmen und sie am folgenden Sonntag, dem 24. April, zu heiraten«.

Mit dem zeitüblichen Pomp wurde die Hochzeit an einem sonnenhellen Frühlingstag zelebriert, »so prächtig, wie man noch keine gesehen, und man wünschte dem jungen Paar ein Leben in Wohlstand und

Maria Stuart zur Zeit ihrer Hochzeit mit dem französischen Dauphin Franz

*Der Dauphin, später König Franz II.
von Frankreich*

Liebe«, berichtet eine Festschrift. Der Jubel unter dem von weit und breit herangeströmten Volk war gewaltig, dies um so mehr, als Herolde Gold- und Silbermünzen unter die Menge streuten. Nur die paar Menschen, die dabei im Gedränge schwer verletzt oder gar totgetrampelt wurden, die werden wohl kaum hurra geschrien haben.

Der am selben Abend ausgerichtete Ball muß Unsummen verschlungen haben. Mit Gold und Silber drapierte Segelboote wurden in den Saal gezogen, wo es schwerfiel, zu unterscheiden, »ob (der Saal) vom Glanz der tausendflammigen Luster oder vom Strahlen der Juwelen stärker erhellt wurde«.

Frankreich war, nach einer endlosen Serie von Kriegen gegen das Deutsche Reich, am Rande des Ruins – aber was spielte schnöder Mammon für eine Rolle, angesichts glänzender politischer Aussichten, die sich mit dieser Hochzeit eröffneten: nicht mehr und nicht weniger als Frankreichs Herrschaft über das ganze englische Inselreich. Zwei Heiratsverträge, ein offizieller und ein geheimer, konnten zu den kühnsten Hoffnungen beflügeln.

Vertrag Nummer eins erhob Franz in den Rang eines schottischen Königs. Nach dem Tod von Franzens Vater sollten beide Königreiche vereint werden. Ein erstgeborener Knabe würde gleichermaßen über Schottland und Frankreich herrschen. Entspröße der Verbindung nur eine Tochter, würde diese lediglich schottische Königin, da Frankreich die weibliche Erbfolge nicht anerkannte. Dort sollte dann einer von Franzens Brüdern oder dessen Nachkommen herrschen.

Im zweiten Dokument, das allerdings nicht allzu lang geheim blieb und dann viel Aufregung und Ärger verursachte, »vermachte« Maria Frankreich sowohl die schottische als auch die englische (!) Krone, sollte sie kinderlos sterben.

Dazu muß man wissen, daß Marias Großmutter eine Schwester Heinrichs VIII. war und Maria somit legitimen Anspruch auf die englische Krone besaß, falls keine direkten Nachkommen Heinrichs VIII. mehr lebten. Zur Zeit von Marias Eheschließung herrschte Heinrichs VIII. Tochter Maria Tudor, nachdem sein Sohn Eduard VI. 1553 gestorben war. Maria Tudor war kinderlos. Nach ihrem Tode, so meinten weite Kreise der katholischen Welt und vor allem Frankreich, würde das Haus Tudor erloschen sein.

Es gab da zwar noch eine Tochter Elisabeth. Sie entstammte der Ehe

Heinrichs VIII. mit Anna Boleyn, die als angebliche Ehebrecherin hingerichtet worden war – aber hatte nicht der Vater selbst Elisabeth für illegitim erklärt? Daß er ihr in seinem Testament dann doch noch die Krone zusprach, wurde von denen, die Maria Stuart auf dem Thron sehen wollten, ignoriert.

Maria ist für ihre Zustimmung zu diesem Vertrag immer scharf verurteilt worden. Man muß sich jedoch fragen, ob das noch nicht einmal sechzehnjährige Mädchen dessen Tragweite überhaupt erfassen konnte. Starke Männer, einflußreiche Politiker, haben ihr die Hand geführt. Hätte sie begriffen, daß sie durch ihre Signatur die lebenslange und schließlich todbringende Feindschaft ihrer Cousine Elisabeth heraufbeschwor – sie hätte vermutlich den Federkiel weit von sich geschleudert.

So nahm sie jedoch mit kindlichem Stolz zur Kenntnis, daß Frankreich sie zur Königin von England erklärte, nachdem Maria Tudor im November 1558 verblichen war. Elisabeth bestieg zwar unter dem dröhnenden Beifall ihrer Landsleute den Thron – aber Maria zierte ihr Wappen mit den englischen Hoheitszeichen, und der unreife junge Franz durfte sich als englischer »König« und »Mitregent« fühlen.

Niemals sollte er König von England werden – umso überraschender fiel ihm Frankreichs Krone zu. Heinrich II., dessen einzige und wahre Leidenschaften seine Maitresse Diane de Poitiers, die Jagd und ritterliche Spiele waren, nahm im Juli 1559 an einem Turnier teil. Unter dem Anprall einer Lanze barst sein Helm, die Lanzenspitze drang ihm ins rechte Auge. Elf Tage später starb er, kaum vierzig Jahre alt, in den Armen seines Sohnes mit den Worten: »Ich empfehle Ihnen die Kirche und mein Volk ...« Weiter kam er nicht.

Zwei halbe Kinder, sechzehneinhalb und fünfzehneinhalb Jahre alt, waren über Nacht Königin und König von Frankreich geworden.

Die Frage, welche Qualitäten den Knaben Franz als Herrscher eines großen Reiches in einem äußerst bewegten Abschnitt seiner Geschichte auswiesen, beantwortet sich rasch: keine wie immer gearteten. Schwach am Körper, schwach im Geist, hatte er weder Lust noch die Fähigkeit, sich um Regierungsgeschäfte zu kümmern. Nur zwei Dinge waren ihm wesentlich: Die Liebe zu seiner Frau und die Jagd, der er hemmungslos und bis an die äußerste Grenze seiner bescheidenen Kräfte frönte.

Die Unfähigkeit des Knaben-Königs nützend, wagten Hugenotten einen Aufstand, der aber erbarmungslos niedergeschlagen wurde. Die

Staatsmaschinerie funktionierte perfekt – mit oder ohne König. So gefährlich und unruhig die Zeiten waren – Franz' und Marias politisches Wirken in der kurzen Spanne ihrer Ehe hat, so es denn überhaupt vorhanden gewesen sein sollte, keinerlei Spuren hinterlassen.

Durch die Jahrhunderte haben sich lediglich ein paar Klatschgeschichten über die beiden erhalten, deren Inhalt jedenfalls unseriös ist und stark angezweifelt werden muß. Einerseits hieß es, Franz sei verrückt nach seiner Frau gewesen und hätte sich buchstäblich zu Tode geliebt. Andererseits erfahren wir aus der Feder eines Regnier de La Planche: »Seine Fortpflanzungsorgane waren vollkommen verstopft und verschlossen, völlig unbrauchbar.« Dennoch verstummten die Gerüchte nicht, die junge Königin sei guter Hoffnung. Spaniens Botschafter sprach aus, wovon jedermann überzeugt war. Sollte Maria ein Kind zur Welt bringen, »... wird es ganz gewiß nicht vom König sein«.

In diesem Bericht lesen wir zwischen den Zeilen die zynische Unterstellung, Maria könnte sich mit einem anderen Mann eingelassen haben. Es ist das erste, aber noch lange nicht das letzte Mal, daß ihr unziemlicher Umgang mit dem anderen Geschlecht vorgeworfen wird. Gewiß, sie war seit ihrer Mädchenzeit das Ziel begehrlicher Männerwünsche, gewiß konnte man ihr Lust am leichten Getändel, am munteren Geplauder, am neckischen Augenspiel nicht abstreiten – aber ebenso gewiß war sie nicht die männerverschlingende, von zügellosen Leidenschaften getriebene Messalina, als die sie später von ihren Feinden dargestellt wurde.

Ein Jahr nach dem Tod des Schwiegervaters erfolgte die große Zäsur in ihrem Leben. Von da an war es für immer vorbei mit der Zeit des kindlichen Frohsinns und der unschuldsvollen Heiterkeit. Im Juni 1560 starb ihre Mutter, ein halbes Jahr darauf wurde ihr auch der Ehegatte entrissen.

Zehn Tage lang verschwieg man Maria die Nachricht vom Ableben der schottischen Regentin Marie de Guise aus Sorge, die junge Frau könnte dem Ansturm des Schmerzes nicht gewachsen sein. Als die düstere Botschaft nicht länger zu verschweigen war, erfüllten sich die bösen Vorahnungen. Maria brach mit einem ihrer gefürchteten hysterischen Anfälle zusammen, sie schrie und tobte dermaßen, daß man um ihren Verstand zu fürchten begann.

Und ein paar Wochen später erschien, wie ein Geist aus dem Jenseits, ein persönlicher Abgesandter der toten Mutter: James Hepburn Graf von Bothwell begehrte eine Audienz bei seiner Königin.

Tagelang ließ Maria den Mann aus Schottland warten, dann empfing sie ihn im Beisein ihres Gemahls. Nirgendwo findet sich eine Aufzeichnung darüber. Wir dürfen nur raten und mutmaßen, was Bothwell erzählt, was er verschwiegen hat, was Maria bereits wußte oder nicht wußte. Sicher ist nur eines: Sie konnte nicht voraussehen, daß ihr in der Person des Grafen Bothwell der dritte zukünftige Ehemann kurz gegenübertrat.

Wir können annehmen, daß Bothwell seiner Königin durch persönliche Schilderungen das wirre Durcheinander der jüngsten Ereignisse in Schottland ein wenig erhellte.

Wie in Frankreich, wie in weiten Teilen des übrigen Europa hatte es auch dort eine starke reformatorische Bewegung unter der Führung des charismatischen Predigers John Knox gegeben. Während aber in Frankreich eine noch immer starke Zentralmacht die Aufständischen niederzwang, machten sich in Schottland die zentrifugalen Kräfte mehr denn je bemerkbar.

Die Regentin stand – ohne eigene Armee, ohne finanzielle Ressourcen, nur von ein paar borrnierten, hochfahrenden und von den Schotten herzlich verabscheuten französischen Beratern umgeben – dem Treiben der Clanfürsten hilflos gegenüber. Diese schlossen sich zu einer »Congregation« zusammen, unter dem scheinheiligen Vorwand, der protestantischen Religion zum Durchbruch verhelfen zu wollen, in Wahrheit aber auch, um alte Rechnungen mit katholischen Rivalen zu begleichen, um sich, nach dem Vorbild Heinrichs VIII., in den Besitz der Kirchengüter zu setzen und um die lästigen französischen Ohreneinbläser der Marie de Guise aus dem Land zu jagen.

Es kam zum Bürgerkrieg mit wüsten Massakern: auf der einen Seite von England, auf der anderen von Frankreich unterstützt und angeheizt – ein klassischer Stellvertreter-Krieg der beiden verfeindeten Nationen. Als sich das sinnlose Gemetzel totzulaufen begann, gingen die Streitparteien an den Verhandlungstisch. Die fremden Truppen verließen das Land, ein friedlicher Kompromiß war zum Greifen nahe – da beschloß das schottische Parlament die »Confessio Scotia«, die Erhebung des Protestantismus zur Staatsreligion. Der Katholizismus wurde verboten, der Kirchenbesitz eingezogen, das Lesen der Messe unter Todesstrafe gestellt. Marie de Guise mußte den Untergang ihres Glaubens nicht mehr miterleben. Geschwächt von den seelischen Erregungen und den körperlichen Anstrengungen des Bürgerkriegs, starb sie am 10. Juni 1560, genau zwei Monate vor dem staatsstreichartigen Parlamentsbeschluß.

Soweit waren vermutlich die Ereignisse auch Maria Stuart in groben Zügen bekannt. Fragt sich nur, wieweit Bothwell sie über die Rolle unterrichtet hat, die er selbst und welche Lord James Stewart in dem Drama gespielt hat.

James Stewart war ein Halbbruder Marias – eines der zahlreichen Kinder, die Marias Vater Jakob V. außerehelich gezeugt und, großherzig-großzügig, als die seinen anerkannt hatte.

Der bedeutendste, intelligenteste, gerissenste und ehrgeizigste dieser Sprößlinge war Lord James. Ursprünglich als Prior von St. Andrews am Rande des Geschehens postiert, gelang es ihm mit Schlauheit und dank seiner starken Persönlichkeit, ins Zentrum der Macht vorzudringen. Er war die treibende Kraft unter den Lords der »Congregation«, er stand hinter dem Umsturzplan des Parlaments, und er war de facto, wenn auch nicht de jure, Schottlands Herrscher nach dem Tod der Marie de Guise.

Sein schärfster Gegner war James Hepburn Graf von Bothwell. Obzwar selbst Protestant, blieb er, seinem Eid gehorchend, unerschütterlich auf seiten der rechtmäßigen Herrscherin, widerstand er den Überredungskünsten Stewarts, der ihn zur »Congregation« ziehen wollte. Mit größtem persönlichem Einsatz kämpfte er in den Reihen der legitimen Truppen, und er bemächtigte sich mit einem kühnen Handstreich der von den Engländern eingeschmuggelten Kriegskasse, sodaß den Rebellen bald der Atem auszugehen drohte. Die Feindschaft zwischen Lord James Stewart und Bothwell saß tief in beider Blut, unausrottbar bis zum bitteren Ende.

Wer war James Hepburn Graf von Bothwell?

Er entstammte einer der angesehensten und einflußreichsten Adelsfamilien. Sein Urgroßvater war Haushofmeister des Königs, Erster Lord der Admiralität, High Sheriff von Edinburgh, Gouverneur der Grenzprovinzen. Der Großvater, der dieselben erblichen Titel innehatte, fiel als noch junger Mann im Kampf gegen England. Vater Patrick schlug aus der edlen Art. Leichtlebig und hoch verschuldet, stand er zeitweilig in gutbezahlten englischen Diensten, machte einmal gemeinsame Sache mit dem räuberischen Gesindel an der Grenze, das er eigentlich bekämpfen sollte, war vorübergehend eingesperrt, lebte einige Zeit im englischen Exil, wurde begnadigt, in seine früheren Ämter wieder eingesetzt und wohlwollend bei Hof aufgenommen. Er war ein Mann von großem Charme und Unterhaltungswert.

Mit Agnes Sinclair, auch sie eine Angehörige der Hocharistokratie, verheiratet, wurde Patrick Vater eines Sohnes und einer Tochter. James kam 1535 oder 1536 zur Welt (genaues Datum unbekannt), Tochter Janet folgte ein Jahr später.

Im Herbst 1543, neun Monate nach dem Tod von König Jakob V., ließ sich Patrick von seiner Frau scheiden, in der absurden Hoffnung, die Hand der Königin-Witwe Marie de Guise erringen zu können: Weil die freundliche Französin ihn, unbeschadet seiner Verfehlungen, großmütig wieder bei Hof empfangen hatte, rechnete sich der Bankrotteur in blankem Aberwitz Chancen auf Mitregentschaft und damit Zugang zu finanziellen Quellen aus. Das Unternehmen scheiterte kläglich. Patrick kehrte erbittert und arm wie zuvor auf sein Schloß Crichton, unmittelbar an der englischen Grenze gelegen, zurück. Er fiel, fünfundvierzig Jahre alt, in einem Scharmützel mit Banditen.

Patricks Frau Agnes lebte mit ihrer Tochter Janet auf dem kleinen Gut Morham, Sohn James wuchs bei seinem Großonkel, dem Bischof von Moray in Aberdeenshire auf. Dieser Herr war ein schwacher, gutmütiger und hedonistischer Mensch, »a whoremonger all his days« (»ein Hurentreiber sein Leben lang«). Sein Haus war, wie ein Zeitgenosse schreibt, »ein gottloses, in dem Trunkenheit und Zügellosigkeit herrschten«.

Unklar bleibt, auf welche Weise der junge Bothwell seine umfassende Bildung erwarb, die ihn weit über seine Standesgenossen erhob, von denen viele kaum lesen und schreiben konnten. Er beherrschte Französisch und Italienisch in Wort und Schrift, war ungemein belesen, hoch interessiert an Naturwissenschaften, ein hervorragender Kenner aller wichtigen militärhistorischen und -theoretischen Werke seiner Zeit.

Er war knapp über zwanzig, als sein Vater ums Leben kam, und er erbte dessen Titel sowie die hoffnungslos heruntergewirtschafteten Güter. Als Leitspruch wählte sich der junge Lord: »Keip Trest« – »In Treue fest«.

In Treue fest stand er fortan zum Herrscherhaus, so als wollte er die

Untaten und Durchstechereien seines Erzeugers sühnen. Schon bald erregte er Aufmerksamkeit, weil es ihm gelang, mit einer Schar von ihm selbst gerüsteten und gedrillten Reisigen das ständige Einsickern englischer Räuber und regulärer Truppen an der Grenze zu unterbinden.

Die Bürger von Edinburgh, stets in banger Angst vor dem Eindringen englischer Soldateska, richteten eine Petition an die Regentin, dem mutigen Kämpfer größere Vollmachten zu verleihen, und so bestimmte sie ihn zunächst zum Kommandanten der Grenzfestung Heremitage, kurz darauf zum Kommandanten der gesamten Region. Da war er ungefähr zweiundzwanzig Jahre alt. Marie de Guise schrieb über ihn: »Wir haben ihn als den Tüchtigsten des gesamten Adels ausgewählt ... und ihm die Vollmacht über Verteidigung und Angriff übergeben ... Trotz seines jungen Alters hat er im Kampf gegen England ein hohes Maß an Mut, Entschlossenheit und Klugheit gezeigt.«

Mit Mut, Entschlossenheit und Klugheit bewährte er sich auch im Bürgerkrieg. Trotz seiner den Engländern weit unterlegenen Kräfte war er durch geschicktes Taktieren so erfolgreich, daß er, wie erwähnt, die Kriegskasse der Rebellen abfangen konnte. Blitzartig drang er ins feindliche Lager ein und verwundete den englischen Oberkommandierenden schwer. Den Häschern des James Stewart, der seinen Widersacher gnadenlos jagen ließ, entschlüpfte er immer wieder.

Kurz vor ihrem Tod unternahm Marie de Guise noch einen letzten, verzweifelten Versuch, von irgendwoher, von irgendwem Hilfe zu erflehen. In geheimer Mission schickte sie Bothwell zu König Frederick II. nach Dänemark mit der Bitte um nautische Unterstützung beim Transport von 5000 Söldnern, die Bothwell in Deutschland anwerben sollte. Woher sie das Geld für die Kriegsleute nehmen wollte, ist rätselhaft. Bothwell jedenfalls segelte auf eigene Kosten nach Kopenhagen, da die Regentin nicht einmal imstande war, diese Reise zu bezahlen.

Als Erster Lord der schottischen Admiralität wurde Bothwell mit Hochachtung bei Hof empfangen. Er begleitete Frederick II. auf die Jagd, und die beiden Männer leerten gemeinsam so manchen Humpen. Die Verhandlungen über dänischen Beistand für Schottland fingen vielversprechend an.

In diesen wenigen Tagen der Entspannung nahm Bothwell auch an höfischen Festen teil, und da begegnete ihm Anna Throndsen (auch Throndssen oder Throndsson geschrieben), Tochter eines norwegischen

Admirals. (Norwegen gehörte damals zu Dänemark.) Sie war eine dunkle, rassige Schönheit, von der es hieß, sie hätte – woher nur? – Zigeunerblut in den Adern. Die Legende vom Zigeunerblut war nicht überprüfbar, fest stand jedoch: Annas Vater verfügte über ein großes Vermögen. Sie machte kein Geheimnis daraus, daß sie auf eine Mitgift von 40000 Kronen rechnen durfte. Ob es nun die lockende Schönheit Annas war oder die lockende Mitgift, das bleibe dahingestellt: Bothwell versprach dem Mädchen die Ehe.

Und was hat Anna an dem Mann aus Schottland fasziniert?

Über sein Aussehen gibt es widersprüchliche Aussagen. Einer nannte ihn wegen seiner stämmigen Figur und der langen Arme einen »Affen in Purpur«, ein anderer beschrieb ihn als »gutaussehend und von großer Körperkraft«. Glaubt man dem einzigen von ihm vorhandenen Bildnis – wobei nicht einmal ganz sicher ist, ob es wirklich ihn und nicht jemand anderen darstellt –, so war er ein dunkler Typ mit prachtvollem Haupt- und Barthaar und tiefliegenden schwarzen Augen, die ihm, je nach Sichtweise des Betrachters, dämonisches oder nachdenkliches Flair verliehen. Die Nase war breit, die Ohren standen leicht ab, aber er machte vor allem durch seinen hellen, scharfen Verstand und die Geschmeidigkeit eines durchtrainierten Körpers auf die Damenwelt Eindruck.

Vor Anna Throndsen gab es übrigens noch eine andere Frau im Leben Bothwells, von der wir gewisse Nachricht haben. Janet Beton war neunzehn Jahre älter als ihr Anbeter, viermal verwitwet und Mutter von sieben Kindern, als die beiden einander kennenlernten. Sie muß eine anziehende, mit ewiger Jugend begnadete Frau gewesen sein. Die hitzige Affaire dauerte kaum ein Jahr, aber sie mündete in eine lebenslange Freundschaft.

Wäre es nach Bothwell gegangen, er hätte die Beziehung zu Anna Throndsen in dem Augenblick gelöst, da er vom Tod der Marie de Guise erfuhr. Seine Mission war beendet, seine Zukunft ungewiß. Er wollte allein nach Frankreich reisen, um von seiner Königin neue Befehle einzuholen. Doch Anna bestand darauf, ihn zu begleiten. Da sie über ihre Mitgift noch nicht verfügen konnte, verkaufte sie ihren Schmuck. In seiner Geldnot konnte Bothwell der Versuchung nicht widerstehen und nahm Unterstützung an. Das sollte ihm sieben Jahre später zum Verhängnis werden.

Das Paar reiste nach Flandern. Dort ließ Bothwell die Geliebte zurück und zog nach Frankreich weiter, um seine Herrscherin zu treffen. Sie befreite ihn aus seiner finanziellen Notlage. »Die Königin entlohnte mich großzügig und ehrenhaft«, heißt es in einem Brief Bothwells. Er erhielt 500 Goldkronen in bar und den Titel eines königlichen Kämmerers, der mit einem Salär von 600 Goldkronen jährlich verbunden war. Nach der Audienz bei Maria wurde er mit präzisen Aufträgen an das schottische Parlament entlassen.

Sein Aufenthalt bei Hof wurde von englischen Agenten genau beobachtet. Der englische Botschafter schrieb nach London, man möge »den hervorragenden, aber nicht ungefährlichen jungen Mann« gut im Auge behalten.

Von Flandern aus reiste Bothwell mit Anna nach Schottland. Wo sie sich dort aufgehalten hat, ist nicht bekannt. Man weiß überhaupt nichts über sie bis zum 17. Februar 1563, dem Tag, da ein Passierschein für die Reise der Anna Throndsen nach Norwegen ausgestellt wurde, wohin sie »mit all ihrem beweglichen Gut« übersiedelte.

Im Hause von Bothwells Mutter wuchs ein Knabe names William auf. Daß er Bothwells Sohn war, ist wahrscheinlich, denn Lady Agnes bestimmte ihn zu ihrem Universalerben. Ob Anna seine Mutter war, ist möglich, aber durch nichts belegt.

Als Bothwell nach Edinburgh zurückkehrte, war er der Sorge um die Erfüllung von Marias Aufträgen enthoben. Er brauchte weder, wie von ihr angeordnet, das Parlament einzuberufen noch eine provisorische Regierung zu bilden: Lord James Stewart regierte bereits eigenmächtig und angeblich im Namen seiner Schwester. Maria, noch immer in Frankreich weilend, hatte indes ganz andere Sorgen.

Das Unglück begann am Samstag, dem 16. November 1560, einem winterkalten Tag, seinen Lauf zu nehmen. Nach einem Jagdausflug klagte Franz über Ohrenschmerzen, die weit über das übliche Maß hinausgingen. Er fiel in eine lange Ohnmacht. Als man ihn aufhob, bemerkte man eine hühnereigroße Beule hinter seinem linken Ohr. Der König wurde zu Bett gebracht, das er nicht mehr verlassen sollte.

Der Hof versuchte, die Krankheit zu bagatellisieren. Es hieß lediglich, Franz sei erkältet. Doch niemand wurde zu ihm vorgelassen, sodaß bald die abwegigsten Vermutungen die Runde machten. Hugenotten hätten ihm vergifteten Wein zukommen lassen, ein schottischer Spion, als Barbier getarnt, hätte dem König Gift ins Ohr geträufelt.

Einläufe und Aderlässe verschlimmerten das Leiden, und als sich die Ärzte endlich entschlossen, den Abszeß hinter dem Ohr aufzuschneiden, war es längst zu spät. Im Fieberdelirium, unter schrecklichen Qualen, hauchte der nicht einmal Siebzehnjährige am 5. Dezember 1560 sein Leben aus.

Maria hatte den Gefährten ihrer Jugend bis zum letzten Augenblick hingebungsvoll gepflegt. Es scheint durchaus glaubhaft, wenn wir in einem Brief des englischen Botschafters lesen, König Franz II. habe eine »zutiefst bekümmerte und trauernde Gemahlin zurückgelassen«. Beim venezianischen Botschafter heißt es: »Der Tod des Königs wird bald von allen vergessen sein, außer von seiner jungen Frau, die ... Frankreich verloren und von Schottland wenig zu erhoffen hat.«

Die Leiche des Königs war noch nicht erkaltet, da nahm Katharina von Medici der Schwiegertochter die Kronjuwelen ab, und sie versäumte keinen Augenblick, subtile Rache dafür zu nehmen, daß Maria soviel jünger, soviel schöner, soviel beliebter war als sie; daß die Schwiegertochter bislang in der höfischen Hierarchie vor ihr gereiht war, daß Maria das Schimpfwort »Krämerstochter« in jugendlichem Leichtsinn mehr als einmal nachgeplappert hatte.

Der tiefe Sturz der Maria Stuart von der angebeteten, strahlenden Königin von Frankreich zur widerwillig geduldeten Ausländerin brachte es mit sich, daß bereits unmittelbar nach dem Ende der vorgeschriebenen vierzigtägigen Trauerzeit nach einem neuen Gemahl für die junge Frau Ausschau gehalten wurde. Niemand traute der Achtzehnjährigen zu, allein ihr Geschick als Königin-Witwe von Frankreich und als Königin eines ihr unbekannten Landes meistern zu können.

Es waren die politisch tonangebenden lothringischen Onkel Marias, die ihre Fühler nach allen Richtungen ausstreckten. Vor allem Don Carlos, der Infant von Spanien, war im Gespräch, aber auch Erzherzog Karl von Innerösterreich, die Könige von Dänemark und Schweden – selbst eine Ehe mit Marias zehnjährigem Schwager Charles, nun neuer König von Frankreich, wurde ins Auge gefaßt. Sämtliche Projekte zerschlugen sich, das heißt, sie wurden großteils von Katharina von Medici hintertrieben, die nun, endlich, die Zügel in der Hand hielt und sich mit einem Schlag für alle ihr in fast dreißig Jahren angetaner Schmach rächen konnte.

Schließlich stellte sich ein ganz anderer »Werber« ein. Er hatte es nicht auf die Hand der Witwe, dafür aber auf die Person der Königin und die damit verbundene Macht abgesehen: James Stewart, Fleisch von ihrem Fleisch, Blut von ihrem Blut. Nachdem er sich in London mit Königin Elisabeths führenden Beratern ausgesprochen hatte, unterbreitete Lord James Maria den Vorschlag, in die Heimat zurückzukehren. Er begegnete der Schwester mit Demut, er verbürgte sich, daß sie ihre religiösen Pflichten ungehindert erfüllen dürfte, er vermittelte den Eindruck eines ehrlichen Beraters, eines schützenden Ritters. Nach kurzem Zögern stimmte sie seinen Plänen zu.

Kaum war bekannt, daß die Königin nach Schottland zurückzukehren gedenke, strömten aus der Heimat Besucher und Bittsteller sonder Zahl herbei. Unter ihnen ihr Vetter Henry Stewart Lord Darnley, ein hochaufgeschossener, hübscher Junge von sechzehn Jahren. Er lebte mit seinen Eltern im englischen Exil, nachdem sein Vater, Mathew Stewart Graf Lennox, Jahre zuvor wegen hochverräterischer Umtriebe mit Schimpf und Schande aus Schottland gejagt worden war.

Es gibt keinen Kommentar darüber, wie Maria sich bei dem Besuch Henrys verhielt, wir wissen aber sehr wohl, wer die Visite mit welchen Absichten inszeniert hatte: Niemand anderer als Henrys zielstrebige Mutter. Sie hatte einen feinen Plan ausgeklügelt. Ihr Sohn besaß durch seinen Stewart-Vater Anrechte auf den schottischen Thron, durch seine Mutter, die eine direkte Tudor-Nachkommin war, Ansprüche auf die englische Krone. Was lag demnach näher, als den lieben Henry, der ebenfalls katholisch war, seiner Cousine als Gemahl anzudienen, um beider Ambitionen auf den englischen Thron Nachdruck und Gewicht zu verleihen?

Daß diese Überlegungen tatsächlich existierten, geht eindeutig aus einem Brief von Henrys Mutter an Bothwell hervor, in dem sie ihn um Rat in dieser delikaten Angelegenheit bittet. Leider ist sein Antwortschreiben verlorengegangen. Es wäre reizvoll, zu erfahren, was der zukünftige dritte Ehemann über die Chancen des zukünftigen zweiten Gemahls der schottischen Königin zu sagen hatte …

Es war Bothwell, der in seiner Eigenschaft als Erster Lord der Admiralität Marias Heimreise so gut vorbereitet hatte, daß die (zunächst todtraurige und »ständig von Zähren benetzte«) Königin wohlbehalten und sogar einen Tag früher als erwartet, am 20. August 1561, heimatlichen Boden betrat.

Die Empfangsdelegation war noch gar nicht zur Stelle, Maria wurde auf einem hastig aufgetriebenen Bauernkarren nach Edinburgh kutschiert, um dann doch in Schloß Holyrood, der feudalen Residenz vor den Toren der Stadt, stürmisch begrüßt zu werden. »Ihre Schönheit, ihre Eleganz, ihre blühende Jugend und ihr feinsinniger Geist – alles trug dazu bei, daß man sie liebte«, schreibt ein Anonymus.

Am darauffolgenden Abend strömte viel Volk herbei, Dutzende, im zuckenden Fackelschein laut blasende Dudelsackpfeifer gaben ein herzlich gemeintes, jedoch ohrenbetäubendes Konzert. Die Menge brach in Hochrufe aus, als die Königin auf dem Balkon erschien und sich in holprigem Schottisch freundlich bedankte.

Am nächsten Tag allerdings kam es bereits zu wilden Tumulten, während in der Schloßkapelle die erste Messe für die Königin gelesen wurde; Bewaffnete, geführt von protestantischen Lords, versuchten, den geweihten Raum zu stürmen, Angehörige der Palastgarde, befehligt von James Stewart, verjagten sie nach kurzem Handgemenge.

Die Königin zeigte Verständnis und Einfühlungsvermögen, indem sie sofort ein Dekret unterzeichnete, worin sie versicherte, daß sie die bestehenden Religionsgesetze nicht anzutasten gedenke.

Dies ist nicht die Geschichte der Maria Stuart, sondern die ihrer Männer. Darum wollen wir auch nicht auf Einzelheiten ihrer frühen Regentschaft eingehen, die durch gravierende Unstimmigkeiten in Glaubensfragen gekennzeichnet war. Vor allem mit dem halsstarrigen Reformator John Knox, der dem guten Willen der Königin kalte Ablehnung entgegensetzte, geriet sie heftig aneinander. Auch die warme Zuneigung ihres Volkes konnte nicht darüber hinwegtäuschen, daß im Untergrund mannigfache Gefahren lauerten, deren Ausmaß Maria, in Unkenntnis des feinen Intrigengeflechts zwischen teils katholischen, teils protestantischen Clanfürsten, nicht im mindesten ahnen konnte.

Deutlich muß sie allerdings die Widerstimmigkeit zwischen ihrem Halbbruder James Stewart und dem Grafen Bothwell gefühlt haben. Beide gehörten dem Geheimen Staatsrat an, doch Lord James war der »Favorit und schmiedete Pläne, um die Krone an sich zu reißen«, schreibt ein Höfling in überraschender Hellsichtigkeit schon wenige Wochen nach Marias Regierungsantritt.

Sie stand damals rückhaltlos hinter Lord James, den sie für ihren aufrichtigsten Freund hielt. Sie gab ihm Ansehen, Autorität und Gewicht, indem sie ihn stets als ihren »lieben Bruder« bezeichnete, obwohl er lediglich ihr Halbbruder war, ein Bastard ohne die geringsten legalen Ansprüche auf den Thron.

Minimal war der Einfluß Bothwells im Staatsrat, denn Lord James sorgte dafür, daß sein Kontrahent nicht allzu oft nach Edinburgh gerufen wurde. Sein Platz wäre, so argumentierte Lord James, an der Grenze, wo es just zu dieser Zeit neuerlich zu schweren Übergriffen aller möglichen Banditen, aber auch von regulären englischen Einheiten kam.

Bothwell, ein Mann der Tat und dem höfischen Ränkespiel zumeist abhold, solange er nicht selbst die Fäden zog, leistete im offenen Feld hervorragende Arbeit. »Nach Unserer Rückkehr nach Schottland setzte er (Bothwell) sich mit voller Kraft und mit seiner ganzen Person für die Wiederherstellung Unserer Autorität und die Niederringung der Aufständischen ein ... und in kürzester Zeit stellte er dort die Ruhe wieder her«, schreibt Maria Stuart anerkennend.

Die Spannungen zwischen Lord James und Bothwell lösten sich vorübergehend, als im Januar 1562 Bothwells Schwester Janet, mit dem freudig gegebenen Segen der Königin, deren zweiten Halbbruder Lord John Stewart heiratete. Sie waren nun auf einmal alle miteinander eine große – und scheinbar glückliche – Familie, Bothwell als Schwager seiner Königin und seines Erzfeindes Lord James. Kein Wölkchen am strahlenden Himmel?

Das labile Gleichgewicht der Kräfte hielt kaum ein halbes Jahr. Nach einer Reihe von undurchschaubaren Intrigen und Quertreibereien am Königshof, bei denen Lord James eine niemals geklärte Rolle spielte, kam es im Sommer 1562 zum Aufruhr des gewichtigsten Clans. Die Gordons erhoben sich gegen die Zentralgewalt, und es trat die absurde Situation ein, daß die katholische Königin, zusammen mit Lord James, an der Spitze einer protestantischen Armee gegen den erzkatholischen Clan ins Feld zog und siegte.

Die männlichen Mitglieder des Clans wurden getötet oder geächtet, ihr Besitz eingezogen. Das Herzstück der Gordonschen Ländereien, die reiche Grafschaft Moray, ging zur Belohnung an Lord James. Er führte von da an den Titel eines Grafen Moray*, und er war, von niemandem angezweifelt, der mächtigste Mann im Land. Maria ließ sich willig von

---

* Der frischgebackene Graf ist als James Moray in die Geschichtsbücher eingegangen. Wir wollen nun auch bei diesem Namen bleiben.

ihm leiten und aller lästigen Entscheidungen entheben. Die Welt war so bunt, so schön, so voll von lockenden Abwechslungen. Hatte sie, die noch nicht einmal Zwanzigjährige, nicht ein Anrecht auf ein wenig Freude und Zerstreuung?

Sie liebte es, sich viel im Freien aufzuhalten und mit ihrem munteren Gefolge über Land von Schloß zu Schloß zu galoppieren. Sie liebte die Jagd, sie liebte gemeinsame Lektüren und Musik. Selbst spielte sie ausgezeichnet Laute und Virginal (englisches Spinett), und wer es ihr nur halbwegs gleichtat in der Kunst der Instrumente, konnte mit ihrer aufmerksamen Zuneigung rechnen – ein Umstand, der bald böse Folgen haben sollte.

Sie hielt hof in Holyrood und umgab sich mit eleganten jungen Leuten, holte Künstler, vor allem aus Frankreich und Italien. Selbstverständlich zog die lebenslustige Witwe durch »unübertreffliche Anmut, blühende Schönheit und brillante geistige Fähigkeiten« junge Männer an wie das sprichwörtliche Licht die flatternden Motten, und nicht nur einer taumelte solcherart geradewegs ins Verderben.

Von einem unbegreiflichen Schicksal war Maria Stuart das Diktum auferlegt, in aller Unschuld die Rolle eines Todesengels zu verkörpern. Reihenweise sanken die Männer dahin, sobald ihr Lebensweg den der schottischen Königin gekreuzt hatte. Tot war längst der ihr zugedachte erste Bräutigam, König Eduard VI. von England, ins frühe Grab gesunken ihr Gemahl, Franz II. von Frankreich.

Der nächste auf der Schwarzen Liste war Pierre de Châtelard, ein feinsinniger Poet, der die leutselige Huld seiner Herrin zu stark auf seine unwiderstehliche Anziehungskraft bezogen hatte. Maria pflegte unbekümmert mit den jungen Herren ihres Hofes zu musizieren und zu tanzen, selbst wenn diese nicht dem Hochadel angehörten. (»Tänze, die man besser in einem Bordell als an einem anständigen Ort getanzt hätte«, erregte sich der tugendsame John Knox.)

Der französische Dichter fühlte sich vor allen anderen ausgezeichnet, hervorgehoben, ermutigt, und er lauerte eines Tages der Königin in ihrem Schlafgemach auf. Schreiend stürzte Maria aus dem Zimmer, als der Galan unter dem Bett hervorkroch und sich vor ihr auf die Knie warf. Châtelard wurde vor Gericht gestellt, wegen Majestätsbeleidigung verurteilt und enthauptet. »Gegrüßt seist du, nützlicher Tod«, waren die letzten Worte des unglückseligen Schwärmers.

War Maria kokett? Höchstwahrscheinlich nicht, obzwar ihr von ihren Gegnern wiederholt »ungebührliches und unziemliches Benehmen« nachgesagt worden war – in unserem Wortsinn allerdings nichts anderes als Offenheit und Mangel an hochnäsigem Standesdünkel.

Noch heute im Zwielicht liegt die Affaire mit dem jungen Grafen James Arran, der sich im Netz seiner hoffnungslosen Liebe zur Königin und der höfischen Kabalen verstrickt hatte. Eines Tages erschien er schluchzend bei Maria und gestand, sie kniefällig um Verzeihung anflehend, er hätte die Absicht gehabt, sie zu entführen und zur Ehe zu zwingen. Er schwor, nicht von selbst auf den verwerflichen Gedanken gekommen zu sein, vielmehr hätte ihn der Graf von Bothwell zu der abscheulichen Tat angeregt, um solcherart Einfluß über die Königin zu gewinnen und auf diesem komplizierten Umweg Moray auszuschalten.

Arran verwickelte sich immer mehr in Widersprüche, und schließlich war allen klar, daß er, der niemals richtig im Kopf gewesen war, endgültig den Verstand verloren hatte.

Einer allerdings nahm die wirren Aussagen Arrans, lautstark und heftig erregt, für bare Münze: Moray. Er ließ Arran einsperren und auch Bothwell verhaften. Damit war er schlagartig zweier ihm nicht ungefährlicher Rivalen entledigt. Arran nämlich war schon mehrmals als möglicher Heiratskandidat Marias genannt worden, denn auch er war ein Stewart-Abkömmling mit Thronansprüchen. Was sollte aus Moray werden, wenn die beiden, Arran und Maria, erst einmal gemeinsam regierten? Und Bothwell war ihm ohnehin seit eh und je ein Dorn im Auge. Daß sogar Moray selbst der Einflüsterer Arrans gewesen ist, läßt sich nach Lage der Dinge vermuten.

Während der arme Arran, geistig umnachtet, keine Möglichkeit hatte, sich wirkungsvoll zu wehren, verlangte Bothwell mit Nachdruck ein öffentliches Gerichtsverfahren. Zahlreiche Adelige wollten sich für seine Freilassung einsetzen. Moray sorgte dafür, daß sie erst gar nicht zur Königin vorgelassen wurden. Und dann geschah das Unwahrscheinliche:

Über Nacht war Bothwell verschwunden – ausgebrochen aus der verriegelten, vergitterten und verrammelten, scharf bewachten Feste zu Edinburgh. Hochmögende Freunde müssen ihn dabei unterstützt haben. John Knox, immer mit einer Erklärung zur Hand, behauptete, die Königin selbst hätte ihm zur Flucht verholfen. Dafür gibt es nicht den geringsten Beweis. Die Geschichte wurde dann später doch geglaubt.

Bothwell entkam nach England – um auf der Stelle wieder festgesetzt zu werden. Er protestierte, ersuchte um eine Audienz bei Königin Elisabeth – vergeblich. Man sperrte ihn in den Tower, aber sein Los war nicht allzu schwer, denn er durfte sich im Turm frei bewegen und sogar Besuche empfangen.

Aufschlußreich sind die Noten, die Bothwells wegen zwischen Schottland und England ausgetauscht wurden. Moray forderte merkwürdigerweise nicht die Auslieferung seines Rivalen, er regte vielmehr an, den lästigen Grafen weiterhin in Gewahrsam zu halten – im dringenden Sicherheitsinteresse beider (!) Länder.

Erst als sowohl der französische als auch der spanische Botschafter energisch für ihn eintraten, durfte Bothwell den Tower verlassen, wurde aber angewiesen, sich nicht von der Insel zu entfernen. Bei Freunden im Norden des Landes fand er Unterschlupf.

Die nächsten schriftlichen Zeugnisse, die über Bothwell Auskunft geben, sind ein Brief Marias an ihre »dearest sister Elisabeth«, man möge dem Grafen »die Erlaubnis geben, Euer Königreich zu verlassen«, und ein Dekret, in dem Bothwell zum Hauptmann der schottischen Garde am Pariser Hof ernannt wurde.

Auch von Bothwells verflossener Braut Anna Throndsen findet sich in dieser Zeit eine undeutliche Fährte: ihr Ansuchen vom Februar 1563 um die Ausreisebewilligung nach Norwegen. Von dort schickte sie ihm etwas höchst Merkwürdiges, bis heute nicht Erklärbares, »a Portugal piece for a token«. Ein portugiesisches Stück für ein Andenken? Eine Scheidemünze? Das Wort »token« ist vieldeutig, man mag sich darunter vorstellen, was man will.

Für fast ein halbes Jahr verliert sich dann jegliche Spur Bothwells in England. Er ist nicht mehr im Tower, auch nicht bei den Freunden im Norden. Wo er sich befindet, was er tut – er muß bar aller finanziellen Mittel gewesen sein – bleibt ein Rätsel.

Bis er im September 1563 höchst aufsehenerregend wieder auf der Bildfläche erscheint:

Er lauert Königin Elisabeth in der Nähe von Harrow auf, wohin sie mit großem Gefolge unterwegs ist. Wer hat ihm verraten, daß sie sich just zu diesem Zeitpunkt dort aufhält? Wieso zeigt sich die Königin über sein plötzliches Auftauchen weder überrascht noch empört? Warum macht niemand Anstalten, ihn zurückzureißen – könnte er denn nicht ein

Attentäter sein? Wieso erteilt ihm Elisabeth, nachdem sie aufmerksam seinem Begehren gelauscht hat, ohne weitere Fragen die Erlaubnis, das Land zu verlassen, nachdem sie ihn nur ein paar Monate zuvor ohne Gerichtsverhandlung in den Tower werfen ließ? Dunkle, verschlungene Wege der Politik, damals wie heute für den Uneingeweihten nicht nachvollziehbar ...

Im November 1563 trifft Bothwell in Paris ein. Wenig ist über die nachfolgende Zeit bekannt. Sein anscheinend ruhiges, durch die Stellung als Hauptmann der schottischen Garde abgesichertes Dasein wurde nur durch zwei Mordanschläge dramatisch unterbrochen. Einmal reichte die Menge des Giftes nicht aus, ihn umzubringen, das nächste Mal verließ die Diener, die ihn im Schlafzimmer überfallen und erstechen sollten, im letzten Augenblick die Courage. Bothwell erfuhr von den stümperhaften Attentatsversuchen durch das Geständnis eines Lakaien; wer die Auftraggeber waren, das erfuhr er nicht.

Gerüchteweise soll Bothwell in Paris »ane wyf« genommen haben, doch in seriösen Quellen ist von diesem »wyf« nichts zu lesen.

Am 17. September 1565 kehrt Bothwell, von seiner Königin persönlich herbeigerufen, in Ehren und von allen Anschuldigungen reingewaschen, nach Edinburgh zurück. Maria bedarf dringend seiner Hilfe im Kampf gegen ihren »dearest brother« James Moray!

Sturzfluten von Ereignissen waren während der Jahre von Bothwells Exil über sie hereingebrochen. Ob sich die Dinge anders entwickelt hätten, wäre er im Land geblieben? Darüber zu spekulieren verbietet die ernsthafte Geschichtswissenschaft. Aber man wird doch noch fragen dürfen!

Nach dem fatalen Zwischenfall mit dem geistesgestörten Arran rückte die Diskussion um eine neuerliche Vermählung Marias wieder in den Vordergrund. Es ging einfach nicht an, daß eine junge, unerfahrene Frau weiterhin ohne Gemahl an ihrer Seite in weiß Gott welche schreckliche Turbulenzen geriete.

Kreuz und quer wurden Pläne geschmiedet, wobei politische Überlegungen nach den verschiedensten Richtungen angestellt wurden. Wäre es für sie klüger, einen Protestanten oder einen Katholiken zu heiraten? Einen regierenden Fürsten oder einen Mann ohne Amt? Einen Ausländer? Einen Schotten? Einen Engländer? Maria selbst hatte noch immer Don Carlos, den unglücklichen Sohn König Philipps II. von Spanien im

Auge. Auch Erzherzog Karl von Innerösterreich war aufs neue im Gespräch.

Auch Königin Elisabeth schaltete sich ein. Sie ließ wissen, daß sie eine Ehe mit einem katholischen Ausländer als feindlichen Akt betrachtete. Sollte Maria jedoch einem Elisabeth genehmen Mann das Jawort geben, dann werde sie die »liebe Schwester« endgültig zur englischen Thronerbin bestimmen, und sie machte auch gleich den passenden Vorschlag: Lord Robert Dudley Graf Leicester. Ausgerechnet Leicester, von dem es hieß, daß er höchstwahrscheinlich der Geliebte Elisabeths war, zumindest aber ihr nächster Vertrauter. Leicesters Ehefrau war erst zwei Jahre zuvor unter aufklärungsbedürftigen Umständen bei einem Treppensturz ums Leben gekommen. Elisabeth hatte sich damals den Vorwurf gefallen lassen müssen, an diesem Tod nicht ganz unschuldig gewesen zu sein.

»Lord Robert ist mein bester Freund«, vertraute sie Marias Unterhändler, Lord James Melville, an, »und ich liebe ihn wie meinen Bruder. Da ich mich nicht entschließen kann, selbst zu heiraten, wünsche ich mir von Herzen, daß ihn meine gute Schwester nimmt und daß sie mit ihm meine Nachfolge teilt.«

Zugleich deutete sie auf einen blutjungen, bildschönen Menschen und fügte kryptisch hinzu: »Ich weiß sehr wohl, daß Euch diese Bohnenstange besser gefällt.« Melville, der diesen Dialog wortgetreu in seinen Memoiren festgehalten hat, erwiderte hastig: »Ich glaube nicht, daß eine verständige Frau an einem Knaben Gefallen finden kann, der eher wie eine Frau als wie ein Mann aussieht.« Zur Erklärung hielt Melville in der Niederschrift fest: »Mylord hatte keinen Bart und ein ganz glattes Gesicht«. »Mylord«, das war Henry Stewart Lord Darnley, dem wir kurz in Paris begegnet sind, als er, von seiner Mutter getrieben, Maria nach dem Tod ihres ersten Mannes besuchte.

Im letzten Augenblick zierte sich Elisabeth jedoch, eine bindende Zusage über die englische Thronfolge nach einer Heirat Marias mit dem Grafen Leicester zu machen, und so verliefen die Verhandlungen im Sande, ehe sie richtig begonnen hatten.

Ende des Vorspiels. Erster Akt, erste Szene des Schauerdramas. Auftritt Mathew Stewart Graf Lennox vor dem schottischen Parlament: Er war, mehr als zwanzig Jahre zuvor, in ein gegen den schottischen König gerichtetes Komplott verwickelt gewesen, des Landes verwiesen und von England wohlwollend aufgenommen worden. Seine Frau, eine Tochter von Heinrichs VIII. Schwester Margaret, und er lebten als voll anerkannte Mitglieder der Königsfamilie am Hof. Dort erhielt ihr Sohn Henry Stewart Lord Darnley eine tadellose Prinzenerziehung.

Nun heischte Lennox die volle Rehabilitierung. Sie wurde ihm gewährt. Er und seine Familie durften sich in Schottland niederlassen, wo immer sie wollten, und der Graf zögerte nicht, seinen Sohn in die alte Heimat nachkommen zu lassen, die der Junge niemals zuvor gesehen hatte. Die Mutter sollte vorläufig in England bleiben. Es war nur eine Frage von wenigen Wochen, bis Lennox den Sohn dort hatte, wo er und seine Frau ihn längst haben wollten: ganz nahe der Königin Maria.

Wie von langer Hand vorausgeplant, begegneten Henry und Maria einander am 18. Februar 1565 im Schloß eines gemeinsamen Freundes, und auf der Stelle war es um die (vermutlich noch immer jungfräuliche) Königin geschehen. Die beiden schienen, rein äußerlich, wie füreinander geschaffen. Henry, zwei Jahre jünger als Maria, war einer der wenigen Männer, der größer war als die Königin. Sein Geist war eher schlicht, sein Körper hingegen apollonisch. Er tanzte und musizierte ebenso gut wie Maria, nie hatte sie einen besseren Jagdgefährten.

Er sei »the properest and best proportioned long man«, den sie je gesehen habe, vertraute sie Lord Melville an, und es war bald sonnenklar, daß der Königin genau das widerfuhr, was einem »gewöhnlichen« Mädchen ebensogut den Verstand rauben konnte: Sie war von Amors Pfeil mitten ins Herz getroffen.

Was sie beim Anblick dieses atemberaubenden »long man« nicht bemerkte oder nicht wahrhaben wollte: Henry war ein eitler, von Vater und Mutter maßlos verwöhnter, blindwütig ehrgeiziger Junge, ein hemmungsloser Egoist. »Ein schwankender Charakter. Vor allem liebte er die Jagd, die Falknerei, Pferderennen ... und die Freuden der Venus«, erfahren wir von einem Kenner der Szene. Ein französischer Onkel Marias hat ihn als »gentil huteaudeau«, als netten Dummkopf, bezeichnet.

Vom ersten Augenblick an belegte Maria ihren Günstling mit Beschlag. Wo immer sie war, er durfte nicht von ihrer Seite weichen. Als er an Masern erkrankte, blieb sie bei ihm, sie nur, sie allein, durfte ihn pflegen. Der Hof vermerkte es mit Befremden. Nicht überraschend erfolgte der nächste Schritt. Maria verkündete, daß sie Henry heiraten wolle.

Das protestantische Schottland war erschüttert, daß neben der katholischen Herrscherin ein Katholik den Thron besetzen sollte. Eine Gegenreformation lag im Bereich der Möglichkeit.

Moray geriet in Panik: der Verlust seiner Machtfülle war mehr als wahrscheinlich. Sir Thomas Randolph, englischer Botschafter am schottischen Hof, der Marias Verhalten als »würdelos und unanständig« bezeichnete, machte sich zum Sprachrohr Morays bei Königin Elisabeth: Sie möge ein Machtwort sprechen und diese skandalöse Heirat verhindern. Dazu hatte sie durchaus die Befugnis, denn Henry, als Angehöriger der englischen Königsfamilie, durfte ohne ihre Erlaubnis keine Ausländerin heiraten.

Elisabeth mutmaßte, daß Maria Henry nur nehmen wollte, um sich endgültig, auch ohne ihr Placet, des englischen Throns zu versichern. Zornig befahl sie ihrem Vetter die Rückkehr nach London, widrigenfalls er sich des Hochverrats schuldig machte. Um ihrer Absicht Nachdruck zu verleihen, ließ sie Henrys Mutter in den Tower bringen.

Zu spät, zu spät. Und hätte Elisabeth mit Tod und Krieg und Pest gedroht, der Lauf des Geschicks war nicht mehr aufzuhalten. In Schottland herrschte »strahlender Liebesfrühling«, tönte ein zeitgenössisches Poem. Aber: Die Königin sei »durch ihre Leidenschaft bis zur Unkenntlichkeit verändert«, derart besessen, daß ihr »das Wohl ihres Volkes gleichgültig« sei, schreibt der englische Botschafter Sir Thomas Randolph. Henry hingegen benehme sich anmaßend und überheblich, seines Sieges so sicher, daß er »die Königin ohne den schuldigen Respekt behandelt«.

Das Volk flüsterte und raunte, seine Herrscherin sei von dem jungen Mann verhext worden, große Teile des Adels leisteten gegen die Verbindung Widerstand. Auf den Straßen kam es zu kleineren Tumulten und lautstarken Kundgebungen gegen den Bräutigam der Königin. »Es steht zu befürchten, daß ihm (Henry) kein langes Leben beschieden sein wird«, schreibt Randolph. Der Botschafter – ein Hellseher?

Moray, der Hauptgegner des Heiratsprojekts, führte eine stürmische Auseinandersetzung mit seiner Schwester. Er behauptete, Beweise zu haben, daß Henry und sein Vater einen Mordanschlag gegen ihn planten. Aus einer anderen Ecke hingegen hieß es, Moray wollte Maria und Henry entführen lassen. Henry würde nach England abgeschoben, Maria abgesetzt und Moray zum Regenten ernannt werden.

Jedes, auch das absurdeste Gerücht wurde begierig aufgegriffen, weitergegeben und geglaubt. Nichts schien unmöglich. Nichts war unmöglich im Schottland des 16. Jahrhunderts, wie sich nur allzubald bewahrheiten sollte.

Am 29. Juli 1565 heiratete das Paar nach katholischem Ritus in der Schloßkapelle zu Holyrood. Die Braut erschien in Schwarz, und der Bräutigam lehnte es ab, am Hochamt teilzunehmen. Beides wurde mit Kopfschütteln zur Kenntnis genommen. Aber beim anschließenden Ball störte kein Mißton die Hochstimmung der Brautleute, es wurde mit einer Heftigkeit getanzt und gefeiert, als wäre diese Hochzeit das letzte Fest vor dem Weltenende.

Im Beisein des gesamten Hochadels wurde Henry anderntags feierlich zum König von Schottland erklärt. Keiner der Lords rührte eine Hand, um Beifall zu spenden. Nur Henrys Vater, Graf Lennox, krähte lauthals »Gott schütze Seine Hoheit« in die gespenstische Stille.

Im Mittelpunkt der Ablehnung gegen den neuen König stand selbstredend Moray, und Henry seinerseits ließ keinen Augenblick den geringsten Zweifel aufkommen, daß er den Schwager aus tiefster Seele verabscheute, dessen Einfluß auf Maria er für »verderblich und gefährlich« hielt. Maria, besinnungslos verliebt, hing an den Lippen ihres Gemahls, abrupt entwand sie sich den Einflüsterungen Morays.

Verbittert zog sich der einstmals unumschränkt gebietende heimliche Herrscher auf seine Güter zurück – aus Angst, sagte er, denn er wisse genau, Henry habe die Absicht, ihn umbringen zu lassen. Lautlos ließ er seine alten Verbindungen zum Londoner Hof spielen, von wo ihm seit eh und je ansehnliche Gelder zuflossen. Für einen hehren Kampf bat er um weitere Mittel, denn es gelte, in Schottland den Fortbestand der protestantischen Religion gegen den Papisten Henry zu sichern.

Insgeheim scharte Moray eine erkleckliche Zahl protestantischer Clanchefs um sich, insgeheim wurden Bewaffnete zusammengezogen – aber doch nicht heimlich genug: Auch Maria und Henry wurden rührig. Graf George Huntley, letzter männlicher Überlebender des größten katholischen Clans der Gordons, gegen den Maria und Moray drei Jahre zuvor ins Feld gezogen waren, wurde begnadigt und in allen Ehren bei Hof aufgenommen. Damit verpflichtete sich Maria einen bedingungslos anhänglichen Gefolgsmann, der, was noch wichtiger war, die nach wie vor starke katholische Partei hinter sich hatte. Und sie ließ schleunigst

Maria Stuart, Königin der Schotten, und ihr Cousin und zweiter Ehemann Henry Lord Darnley

Bothwell aus Paris zurückkommen. Er, dessen Clangebiet unmittelbar an der englischen Grenze lag, sollte das Einsickern feindlicher Truppen verhindern.

Am 1. August 1565 setzte die Königin ein überdeutliches Zeichen. Sie berief für den 6. August eine Sitzung des Geheimen Staatsrates ein, und sie forderte Moray samt seinen Helfershelfern auf, pünktlich zu erscheinen, um sich für ihr Treiben zu verantworten. Kämen sie nicht, würden sie als Aufrührer angesehen. Sie kamen nicht. Bereits am nächsten Tag schwärmten Herolde übers ganze Land, um Moray und seine Mitverschwörer zu Rebellen zu erklären. Jedermann wurde aufgefordert, an einer Strafexpedition gegen den widersetzlichen Bruder der Königin teilzunehmen.

Tatsächlich hatte Moray bereits eine Streitmacht von 1200 Mann auf die Beine gestellt. Zu wenig, wie sich bald erweisen sollte, denn die von Königin Elisabeth versprochene Verstärkung aus England blieb aus.

Maria und Henry setzten unverzüglich zum Gegenschlag an. Hoch zu Roß, Henry aufgeputzt wie ein Pfau in einer goldglänzenden Rüstung, verließen die beiden Edinburgh und übernahmen das Kommando über die südlich der Stadt zusammengezogenen loyalen Truppen. Beide strahlten von Liebesglück und Kriegsbegeisterung. Es war ohne Zweifel der seltsamste Honigmond zweier Könige, den die Geschichte je gesehen hatte.

Ohne der Orkane und Regengüsse zu achten, die über sie hereinbrachen, stürmten die beiden vorwärts, als wäre alles nur ein munteres Ritterspiel, das vor allem Maria begeisterte. »Die Armee kam nur mühsam voran, aber die Königin führte ihre Truppen mutiger als die Männer und ritt an ihrer Spitze«, berichtet ein Historiograph.

So tapfer und unbekümmert Maria und Henry sich auch schlugen, der wahre Vater des wenige Wochen später errungenen Sieges war eindeutig Bothwell. Er hatte seine Armee im Süden des Landes um sich geschart, und ihm gelang es, Morays Hauptstreitmacht zu schlagen und in alle Winde zu zerstreuen. Moray und seine adeligen Rädelsführer setzten sich ruhmlos nach England ab. »Unsere Autorität war bei ihm in guten Händen«, schreibt Maria über Bothwells Erfolg, »sämtliche Rebellen wurden nach England getrieben.«

Sollte Bothwell der kommende starke Mann werden? Es hatte, zumindest in diesem Augenblick, den Anschein. Neuerlich in den Geheimen Staatsrat berufen, erhielt er den Auftrag, das gesamte Kriegswesen zu reorganisieren. Noch immer verfügte die Königin über kein eigenes stehendes Heer und war, wenn sie Unterstützung brauchte, auf den guten Willen der Clanfürsten angewiesen. Bothwell erarbeitete einen geschickten Alarmplan, der die einzelnen Clans für den Notfall verpflichtete, der Herrscherin Truppenkontingente zur Verfügung zu stellen.

Die Beziehung zum Herrscherpaar war, im Rahmen der höfischen Gegebenheiten, spannungsfrei. Bothwell, der viel Nachteiliges über Henry gehört hatte, fand den Monarchen »huldvoll und freundlich«. Ein leichter Schatten fiel über das Einvernehmen der beiden Männer, nachdem Maria Bothwell für den Fall neuerlicher kriegerischer Ereignisse zum Oberkommandierenden erklären wollte. Sehr bestimmt sprach sich Henry dagegen aus, und Maria gab sofort nach.

Der kleine Schatten verflüchtigte sich bald angesichts eines, zumindest nach außen, freudigen Ereignisses: Bothwell feierte Hochzeit. Die Auserwählte war Lady Jean Gordon, die Schwester von George Gordon Graf Huntley. War sie wirklich die von Bothwell Erwählte? Wir dürfen bei der Lektüre des Ehevertrags Bedenken anmelden, denn darin heißt es ausdrücklich: »Auf ihren (der Königin) Rat und mit ihrer Zustimmung« wurde diese Ehe geschlossen.

Maria, deren Hofdame Lady Jean war, hatte ein hochpolitisches Interesse an dieser Heirat, denn solcherart wollte sie die großen Häuser Hepburn-Bothwell und Gordon-Huntley, auf deren Treue sie sich blindlings verlassen konnte, eng aneinander binden.

Ehen im schottischen Hochadel wurden selten aus Liebe, sondern im gefühlsfreien Raum geschlossen. Keiner der unmittelbar Beteiligten hing romantischen Vorstellungen nach, denn die Verbindung gereichte beiden zum Vorteil: Bothwell war ein aufgehender Stern am politischen Himmel, Lady Jean brachte eine Mitgift von 12 000 Pfund in die Ehe. Hinzu kam, daß Jean soeben von ihrem Geliebten einer anderen wegen sitzengelassen worden war. Die Flucht in die Ehe befreite sie von schmachvollem, hämischem Hofklatsch. (Sie hat dann später doch den Mann ihres Herzens erobert und war dreißig Jahre lang glücklich mit ihm verheiratet.)

Lady Jean konnte als alles andere denn hübsch bezeichnet werden – lange Nase, leicht vorquellende Augen – , aber sie war eine tüchtige Geschäftsfrau. Einen Großteil ihrer Mitgift steckte sie in Bothwells Güter und machte sie schuldenfrei. Schloß Crichton gehörte ihr bis an ihr Lebensende.

Die Hochzeit war ein rauschendes Fest, das mit all den Banketten, Bällen und Spielen volle fünf Tage währte, wobei die zahlreichen Gäste einen wesentlich fröhlicheren Eindruck machten als die Neuvermählten. Die beiden zogen sich nach Ende der Feierlichkeiten auf das Jagdschloß eines Freundes zurück, hielten es dort aber nur knapp eine Woche aus. Der junge Ehemann kehrte schleunigst nach Edinburgh zurück, seine Frau lebte von da an, meist von ihm getrennt, in Crichton. Es hieß bald, daß die beiden nur mit Mühe auf Gesprächsfuß miteinander stünden.

Bothwells Ehe war von Anfang an eine klar definierte Interessengemeinschaft, die Ehe von Maria hingegen hatte mit einem süßen Rausch der Sinne begonnen, indem sie alle nur erdenklichen Beweise ihrer Gunst im Übermaß an Henry verströmte. Sie verwöhnte und verzärtelte ihn, überhäufte ihn mit Geschenken, richtete seine Gemächer selbst ein, entwarf sogar die Garderobe, um den schönen Geliebten noch prächtiger, noch ansehnlicher zu machen. Solchermaßen seiner Selbstsucht immer neue Nahrung gebend, wurde er »wie ein Kind, in einem winzigen Vergnügungsboot abgetrieben, die Segel von Eitelkeit geschwellt«, schreibt ein Beobachter bei Hof.

Und wie dankte der süße Henry die überschwengliche Zuneigung seiner großzügigen königlichen Geliebten? »Er verbringt seine Zeit mit Reiten und Jagen und anderen Vergnügen, die seinem Geschmack entsprechen, und umgibt sich dabei mit Gefährten, die seine Wünsche und Neigungen befriedigen«, schreibt Sir Thomas Randolph. »Er benimmt sich unerträglich, daß er darüber sogar seine Pflichten ihr (Maria) gegenüber vergißt ... Sein schlechtes Benehmen und seine Frechheit haben ein solches Maß erreicht, daß er damit alle gegen sich aufgebracht hat.«

Nicht einmal eine schwere Erkrankung seiner Frau veranlaßte ihn zur Ein- oder gar zur Umkehr. Neun Tage lang drückte er sich um einen Besuch, ehe er einmal für ein paar Minuten bei ihr vorbeischaute.

Das nicht näher bezeichnete Leiden hatte möglicherweise seine Ursache in der beginnenden Schwangerschaft Marias. Sie fühlte sich aber auch weiterhin so elend, daß sie sich Henry verweigerte – ob tatsächlich infolge körperlicher Beschwerden oder weil sie bereits angesichts sei-

*Oben: Das einzige überlieferte Bildnis von James Graf Bothwell
Unten: Lady Jean Gordon, Bothwells erste Gemahlin*

nes abscheulichen Verhaltens eine seelische Abneigung empfand, läßt sich aus einem mehr als vierhundertjährigen Abstand nicht mehr feststellen.

Ungeachtet dieser deutlichen Entfremdung verfolgte der Wirrkopf – angestachelt durch seinen Vater – ein hochgestecktes Ziel: Er wollte sich nicht nur König nennen dürfen, nein, er begehrte nachdrücklich die »matrimonial crown«, die Mitkönigskrone und volle Regierungsautorität.

Zutiefst verletzt, begegnete Maria dieser Anmaßung auf drastische Weise: War bislang König Henry auf allen amtlichen Papieren an erster Stelle erwähnt worden, so rückte er nun auf Platz zwei. »Vor kurzem sagte man noch der König und die Königin, jetzt heißt es nur noch ›der Gemahl Ihrer Majestät‹ ... Jüngst wurden Münzen mit ihren beiden Köpfen geprägt, jetzt zieht man diese wieder aus dem Verkehr«, schreibt Sir Thomas Randolph.

Henry glaubte, den wahren Verursacher solch erniedrigender Zurücksetzung bald ausgemacht zu haben. David Rizzio mußte es gewesen sein, der Maria gegen ihren Mann aufstachelte. David Rizzio, einer der wenigen, der Marias Ehe mit Henry befürwortet hatte, David Rizzio, der Freund und heimliche Verbündete aus Henrys ersten Tagen am Hof zu Edinburgh. Henrys ursprüngliche Zuneigung zu ihm schlug in blanken Haß um.

David Rizzio hatte nicht nur diesen einen, neuen Feind. Die Zahl seiner Gegner, von denen jeder einzelne ihn inbrünstig zur Hölle wünschte, wuchs von dem Augenblick an, da der kleine Italiener seinen Fuß über die Schwelle der königlichen Residenz gesetzt hatte. Das war im Spätherbst des Jahres 1561.

Im Gefolge eines Diplomaten kam der Piemonteser in die schottische Hauptstadt, bucklig, von zwergenhaftem Wuchs, mit dunkel stechenden Augen unter einem wüsten schwarzen Haarschopf und scheinbar alterslos in seiner bestürzenden Häßlichkeit; die Angaben der Zeitgenossen schwanken zwischen Mitte dreißig und fünfzig Jahren.

Er sprach zunächst nur Italienisch und Französisch, und er trug seinen Katholizismus so ostentativ zur Schau, daß man ihn für einen Agenten des Papstes hielt: Ein Stachel im Leib der protestantisch dominierten Gesellschaft. Daß er ein begnadeter Musiker war – hinreißend sein Lautespiel, einschmeichelnd sein samtiger Baß –, konnte die Höflinge nicht über sein abstoßendes Fremd- und Anderssein hinwegtrösten. Maria allerdings schätzte den Künstler, sie war beeindruckt von seiner hohen Intelligenz, und sie bat ihn, an ihrem Hof zu bleiben.

Zunächst diente er ihr als Musiker, stieg dann zum Kammerherren auf, um schließlich ihr persönlicher Sekretär zu werden. Fast dämonische Kräfte muß der kleine Krüppel ausgestrahlt haben, denn Maria, schon immer anfällig für den Einfluß starker Männer (siehe Moray!) überließ ihm eine stetig steigende Machtfülle, die er auch weidlich nützte.

»Man traf niemals die Königin allein an, stets war David dabei ... Jeder, der einen Rechtsstreit vorzubringen hatte oder eine Gunst erbitten wollte, ging mit vollen Händen zu ihm, sodaß er in kurzer Zeit sehr reich wurde«, lesen wir in einem Agentenbericht.

Der erzkatholische Rizzio hatte einen wesentlichen Anteil an Marias Entscheidung, den Katholiken Henry zum Mann zu nehmen. Henry dankte es seinem Befürworter mit Kameraderie über die Standesgrenzen hinweg. Die Beziehung der beiden Männer war so innig – angeblich sollen sie gelegentlich in einem Bett geschlafen haben –, daß geargwöhnt wurde, die beiden verbinde mehr als eine normale Männerfreundschaft. (Nichts in Henrys Verhalten deutet auch nur ansatzweise auf verborgene homoerotische Neigungen hin. Er hatte zahlreiche mehr oder minder flüchtige Abenteuer mit Frauen; eine hat er, einem Geheimbericht zufolge, zur Mutter gemacht.)

Rizzio war hellsichtig genug, um, vermutlich lange vor Maria, das wahre Wesen Henrys zu durchschauen – dessen Egozentrik, dessen maßlose Selbstüberschätzung und die Unfähigkeit, Zusammenhänge zu begreifen. Rizzio machte sich vor allen anderen stark, Henrys Griff nach der Mitregentenkrone zu vereiteln.

Es konnte nicht ausbleiben, daß Rizzio Zauberkräfte zugeschrieben wurden, die ihm sogar die Türe zu Marias Schlafgemach geöffnet hätten ... Gerüchte, die Henry eilig und mit größter Zielstrebigkeit zugetragen wurden. Der junge Schwachkopf, ohnehin bis zum äußersten gereizt über Marias Weigerung, ihn an der königlichen Machtfülle teilhaben zu lassen, fühlte sich nun auch in seiner Mannesehre getroffen und wurde zum willenlosen Werkzeug von Marias zahllosen Gegnern, als da waren: die Anhänger des nach England entwichenen Moray; die protestantischen Lords; die »Kirk of Scotland«, personifiziert durch deren fanatisches Oberhaupt John Knox.

Henry sog begierig die Einflüsterungen auf, die ihm von allen Seiten ins Ohr geträufelt wurden. War nicht er der bessere Regent? Stand nicht ihm allein die Krone Schottlands zu? War Maria überhaupt würdig, sich im Gottesgnadentum zu sonnen? Wußte denn nicht jedermann, daß sie die Geliebte des finsteren Intriganten Rizzio war? Nur zu willig tappte der verblendete und beschränkte Junge in die Falle.

Ein teuflischer Plan war geschmiedet worden, der darauf abzielte, Henry die Mitregentschaft zu verleihen (die dann de facto seine machtgierigen »Freunde« ausüben würden). Weiters sollte der Bestand der protestantischen Staatsreligion gesichert und den nach Morays gescheitertem Aufstand in die Verbannung getriebenen Rebellen die ehrenhafte Rückkehr in die Heimat gewährt werden. Die Verschwörer, zu denen die führenden Köpfe der Clans gehörten, schlossen einen »Bond«, einen schriftlichen Vertrag, der sie zu eisernem Zusammenhalten und strengstem Stillschweigen verpflichtete. Von Mord war darin allerdings noch nicht die Rede. (Die letzte Konsequenz muß mündlich abgesprochen und beschworen worden sein.) Das brisante Papier trug die Unterschrift aller Eingeweihten – Henrys Signatur eingeschlossen.

Jemand muß geplaudert haben. Am 13. Februar 1566 berichtet Randolph nach London: »Ich weiß, daß gewisse Unternehmungen im Gange sind zwischen Vater (Lennox) und Sohn (Henry), gegen ihren (Marias) Willen zur Krone zu gelangen. Wenn das, was man plant, ausgeführt wird, so wird man David (Rizzio) in den nächsten Tagen mit Zustimmung des Königs die Kehle durchschneiden. Noch ärgere Dinge ... sind mir zu Ohren gekommen, sogar von Anschlägen auf ihre (Marias) eigene Person.«

Wußte Maria weniger als der englische Botschafter? Gewiß nicht. Aber sie mißachtete alle Warnungen. »Ich habe etwas gehört«, erklärte sie, »aber die Schotten führen gerne große Reden.« Damit war das Thema für sie abgetan. Einige ihrer Ratgeber, Bothwell und Huntley allen voran, legten ihr nahe, die Aussöhnung mit den verbannten Lords zu suchen. Sie hingegen bestand darauf, das Parlament einzuberufen, um Moray und seine Anhänger zu Landesverrätern zu erklären sowie deren Güter einzuziehen.

Das Parlament wird am 7. März 1566 im Talbooth – das ist die große Stadthalle von Edinburgh – eröffnet. König Henry bleibt der Sitzung ostentativ fern. Maria erscheint im Glanz der königlichen Würde, links von ihr schreitet Bothwell, das Zepter feierlich vor sich her tragend, rechts Graf Huntley, die Krone in Händen.

Nach längerer Debatte wird den Rebellen befohlen, am 12. März vor dem Hohen Haus zu erscheinen und ihre Rechtfertigung vorzutragen. Bleiben sie fern, dann wird ihnen das Stigma des Hoch- und Landesverrats auferlegt. Maria besteht nachdrücklich darauf, auch die Ächtung Morays zu beschließen. Es wird also für die Verschwörer höchste Zeit, unverzüglich zu handeln. Hastig macht sich Moray auf den Weg nach Edinburgh – allerdings ganz gewiß nicht, um dem Parlament Rede und Antwort zu stehen ...

Am Abend des 9. März 1566 speist die Königin im kleinsten Kreis in ihren Privatgemächern; diese befinden sich im Nordwestturm des Schlosses Holyrood: das sogenannte Paradezimmer, in dem die Morgenaudienz abgehalten wird, das Schlafzimmer und dahinter ein sehr kleines Gemach, das Maria in der kalten Jahreszeit bevorzugt, da es als einziger Raum gut heizbar und daher heimelig warm ist. Henrys Appartements liegen im Geschoß darunter.

Mit von der Partie sind Marias Halbgeschwister Lord Robert Stewart und Lady Jean Stewart, Bruder und Schwester von Moray, Oberstallmeister John Erskine und der allgegenwärtige David Rizzio. Zur gleichen Zeit sind noch einige Lords im Schloß, die an der Sitzung des Parlaments teilgenommen haben, auch Bothwell und Huntley. Sie waren aber nicht zum Dinner geladen. Wo sich Henry aufhält, weiß niemand, er hat wenige Stunden zuvor in aller Freundschaft mit Rizzio Tennis gespielt.

Was dann geschieht, läßt sich nur in Umrissen rekonstruieren. Es gibt eine Reihe einander widersprechender Augenzeugenberichte über die dramatischen Ereignisse jenes Abends, jeder persönlich gefärbt und nach Bedarf geschönt. In manchen Punkten ist man auf Vermutungen angewiesen, vor allem, was die Wahl des Ortes und der Zeit anbelangt, um Marias treuen Diener Rizzio zu beseitigen. Denn darum geht es in jenen verhängnisvollen Stunden.

Hätten die Verschwörer nur den Tod des unliebsamen Sekretärs im Sinn gehabt, es hätten sich ungezählte Möglichkeiten finden lassen, den Mann in aller Stille zu beseitigen. Aber dem war nicht so. Rizzio wurde vielmehr unter größtem Aufwand, größtem Getöse, vor den Augen zahlreicher entsetzter Zeugen und im Beisein der Königin niedergemetzelt.

Was liegt also näher als die Vermutung, daß keineswegs Rizzio allein, sondern auch die Monarchin selbst das Ziel des Attentats gewesen sein muß. Mit ihr wäre ihr ungeborenes Kind – Maria war im sechsten Monat schwanger – dahingegangen. Freie Bahn für König Henry I. und die Fädenzieher hinter dem Rücken dieser Marionette.

Das Essen ist im vollen Gang, als plötzlich Henry auftaucht, der sich sonst kaum an der Tafel seiner Gemahlin zeigt, sondern abends meist auf der Pirsch nach neuen Vergnügungen und neuen Reizen in den dunklen Gassen von Edinburgh herumschleicht. Maria begrüßt ihn, nicht sonderlich erfreut, aber höflich, und fordert ihn auf, an der Tafel Platz zu nehmen.

Wesentlich verblüffter ist die Gesellschaft, als, wenig später, Lord Patrick Ruthven unangemeldet ins Zimmer hereinbricht: Mit Helm und Schwert und Panzer gerüstet wie für die Schlacht, brüllt er, glühenden Blickes, wild gestikulierend: »Majestät, schickt diesen David aus Eurem Privatgemach, wo er schon viel zu lange weilt.«

Maria fährt den Mann scharf an. Ob er verrückt geworden sei, sie selbst hätte Rizzio zur Tafel befohlen.

Ruthven schreit, Rizzio hätte die Ehre der Königin in den Kot gezogen.

Maria wendet sich an ihren Mann: Was sollte das alles bedeuten? Habe er gar seine Hand im Spiel?

Henry zuckt die Achseln und murmelt Unverständliches.

Ruthven macht Anstalten, sich auf Rizzio zu stürzen, der im hintersten Winkel des kleinen Raums Zuflucht sucht. Die anwesenden Herren versuchen, Ruthven zurückzureißen, doch der fuchtelt mit dem Schwert vor den Unbewaffneten herum und schreit: »Rührt mich nicht an, rührt mich nicht an.«

In diesem Augenblick wird wie auf ein Stichwort die Tür aufgerissen, vier weitere, bis an die Zähne bewaffnete Männer erstürmen das kleine Gemach, wo sie einander, heftig um sich schlagend, buchstäblich auf die Füße treten. Tisch und Stühle werden umgeworfen. Die Kerzen verlöschen. Lediglich das Kaminfeuer beleuchtet mit unheimlich zuckendem Schein die gespenstische Szene.

Rizzio wirft sich Maria vor die Füße, umklammert in sprachlosem Entsetzen ihre Knie, aber zwei der Attentäter packen den kleinen Buckligen an Schultern und Beinen. Zappelnd und markerschütternd schreiend, wird Rizzio hinausgeschleppt. In hilfloser Starre, eine Pistole an der Schläfe, muß Maria tatenlos zusehen. Und Henry rührt keinen Finger.

Im Vorraum fallen die Männer, reißenden Bestien gleich, über Rizzio her, zerfleischen ihn mit Messern und Schwertern, ehe sie das leblose Bündel blutigen Fleisches über die Treppe hinunterwerfen. In seinem Rücken bleibt ein Dolch stecken. Es ist ein mit zahlreichen Edelsteinen besetztes Prunkstück, dessen ursprünglicher Besitzer König Franz II. von Frankreich gewesen war. Seine Witwe Maria hatte das kostbare Souvenir in Liebe ihrem teuren Henry geschenkt ...

Inzwischen sind die Schloßbewohner, alarmiert durch den Lärm aus dem Turmgemach, aufgewacht. Irgend jemand läutet die Sturmglocke, zahlreiche Bürger eilen zum Schloß, aber die Menge zerstreut sich, nachdem Henry auf dem Balkon erschienen ist und erklärt hat, es wäre weiter nichts geschehen, man hätte nur einen Spion erwischt. Maria drängt auch auf den Altan, wird aber von Ruthven zurückgerissen. Er werde sie in Stücke hacken, falls sie hinaustreten wolle, droht er.

Die Mannen der Verschwörer haben das Schloß umstellt, durchsuchen das Gebäude nach Bothwell und Huntley, die offenbar ebenfalls ermordet werden sollten. Doch die beiden entkommen über zusammengeknüpfte Bettücher aus dem Fenster eines Seitentraktes.

Maria wird in ihr Schlafzimmer eingesperrt. Die Verschwörer beabsichtigen – so zumindest stellte es Maria später dar –, sie für immer in Gefangenschaft zu halten, »während der König, zusammen mit den Lords, die Regierung übernehmen wollte«, schreibt sie. Henry selbst hätte ihr das gestanden. Vor Zeugen sagte sie einmal zu ihrem Mann: »Ich habe verziehen, aber ich werde niemals vergessen. Wenn damals die Pistole auf mich abgedrückt worden wäre – Gott allein weiß, aber wir können es nur vermuten.«

Nachdem sich eine Reihe von Fluchtplänen als unmöglich und nicht realisierbar erwiesen hatte, begann ein groteskes Spiel der Verwirrungen und Vortäuschungen, der Intrigen und Falschheiten, einer grausigen Commedia dell' arte nicht unähnlich. Maria gaukelte ihrem Mann vor, daß sie ihm vergebe, er versuchte, sie glauben zu machen, daß alles nur ein schlimmes Mißverständnis gewesen sei.

Und dann tauchte Moray auf! Er beschwichtigte, er vermittelte, doch war er eigentlich angereist, um den sicher scheinenden Triumph des von ihm angezettelten Umsturzes auszukosten. Maria sank ihm weinend an die Brust (»Ach, wärst du nur hier gewesen ...«) – nicht ahnend, daß er das Haupt des Komplotts war.

Sie gab vor, den Verrätern zu verzeihen. Die Lords mißtrauten ihr dennoch und weigerten sich, die Wachen vor ihrer Tür abzuziehen – worauf Maria sich schreiend in angeblichen Wehen zu winden begann. Die verunsicherten Lords schickten nach einer ihnen ergebenen Hebamme, doch Maria spielte ihren Part so vorzüglich, daß die gute Frau tatsächlich meinte, die schwere Stunde der Königin sei gekommen. So wurden die Aufpasser endlich entfernt.

Es gelang ihr, dem Oberstallmeister Erskine eine Nachricht und genau umrissene Befehle zukommen zu lassen. Ihren verängstigten, verunsicherten Mann im Schlepptau, schlich Maria in der Nacht durch die dunklen Gänge des Schlosses. Die beiden entkamen durch eine heimliche Pforte, wo Erskine und drei weitere Männer mit Pferden warteten.

Im scharfen Galopp, eine gewaltige Leistung für eine Frau in Marias Zustand, ging es zum fünfundzwanzig Meilen entfernten Schloß Dunbar, wo Bothwell und Huntley ihrer Herrscherin harrten. Henry war so verzagt und kraftlos, daß er sich während des Rittes kaum im Sattel halten konnte. Maria hingegen, die in Stunden höchster Gefahr geheimnisvolle Kräfte entwickelte, machte einen fast euphorischen Eindruck, wovon ein winziges Detail Zeugnis gibt: In Dunbar angekommen, erklärte sie, sie hätte gewaltigen Hunger. Und sie selbst bereitete für sich und alle Männer eine Riesenportion Eierkuchen.

Es gelang Bothwell und Huntley in überraschend kurzer Zeit eine Truppe von tausend Mann auf die Beine zu stellen, und schon neun Tage nach dem Verbrechen ritt Maria triumphal in Edinburgh ein – an ihrer Seite Henry, stumm, gedrückt und sichtlich verunsichert. Die Anführer der Verschwörung flohen nach England, wo sie, dank Morays Fürsprache (!), wohlwollend aufgenommen wurden. Moray selbst saß wieder fest im Sattel. Maria vergab ihm großzügig den vorletzten Verrat – vom jüngsten hatte sie noch immer keine Ahnung.

Henry jedoch hatte auf allen Linien verspielt. Er galt nichts mehr bei seiner Frau, er hatte den letzten Rest von Ansehen und Einfluß verloren, und er wurde schließlich auch von den eigenen Spießgesellen verraten: Sie spielten Maria eine Abschrift des »Bonds« mit Henrys Unterschrift zu, aber sie vermied es, ihn wissen zu lassen, was sie nun wußte. Solange das Kind nicht geboren war, bemühte sie sich, jeden Eklat zu vermeiden, denn es war Henry durchaus zuzutrauen, daß er die Vaterschaft abstreiten könnte.

Maria ließ auf dem Marktplatz eine Kundmachung anschlagen, daß der König an der Ermordung Rizzios keine Schuld trage – und Henry hatte nichts Gescheiteres zu tun, als seinen alten Lebenswandel wieder aufzunehmen. Überall trieb er sich herum, nur nicht in der Nähe seiner Frau.

Maria war gutmütig bis zur Schwachheit: Den Mitwissern des Komplotts, die nicht aktiv am Mord beteiligt waren, wurde vergeben, die Hauptschuldigen wurden für vogelfrei erklärt. Bothwell, der, wie es heißt, auch »kein guter Hasser« war, setzte sich für zwei arme Teufel ein, die an der Bewachung der Königin beteiligt gewesen waren. Das über sie verhängte Todesurteil wurde aufgehoben.

Der einzige wirkliche Gewinner nach dieser blutigen Affaire war Bothwell. Denn all ihre anderen »Leute sind barbarisch und untereinander austauschbar. Die Königin hat kaum Vertrauen zu ihnen, es sind wenige, denen sie vertrauen kann«, schreibt ein französischer Diplomat. Fest bauen konnte sie auf Bothwell, der sich in der kritischen Situation schlagkräftig, überlegen, einsatzfreudig und absolut loyal verhalten hatte. »Wir müssen feststellen, daß die Dienste, die er Uns geleistet hat, so beachtlich waren, daß Wir sie nicht vergessen können«, schreibt Maria.

»Der Graf von Bothwell hat nun den besten Zugang zur Königin, und nichts von Wichtigkeit geschieht ohne ihn«, berichtet unser Gewährsmann aus dem diplomatischen Korps. Sein Einfluß im Geheimen Staatsrat war so groß, daß zahlreiche Gesetze – vor allem das über die Vereinheitlichung des Justizwesens – deutlich seine Handschrift trugen.

Auch Moray gewann allmählich wieder an Gewicht, wobei Maria alle Warnungen Bothwells (und natürlich ebenso die von seiten Henrys) ignorierte. Ihr »lieber Bruder« hätte alle seine Fehler aus ganzer Seele bereut, sie ihm aus vollem Herzen vergeben. Ihr Harmoniebedürfnis war so groß, daß sie mit allen Mitteln trachtete, Bothwell und Moray auszusöhnen. Wie Bothwell darüber dachte, wissen wir nicht. Morays finstere Absichten hingegen lassen sich in einem Konfidentenbericht an Lord William Cecil, Königin Elisabeths Staatssekretär, nachlesen: »Es gibt einen Plan (Morays), den Grafen von Bothwell auszuschalten ... Der Haß gegen ihn ist so groß, daß (Bothwell) nicht lange überdauern kann.« Welcher Art dieser Plan war, geht aus dem Schreiben nicht hervor.

Auf dringendes Anraten des Geheimen Staatsrates übersiedelte Maria in der ersten Juniwoche von Schloß Holyrood auf die Festung Edinburgh. Noch immer unter dem Schock der Ereignisse vom 9. März stehend, bangten alle um das Leben der Königin und ihres ungeborenen Kindes, man konnte weder den Kindesvater noch seinen Freunden über den Weg trauen.

Am 19. Juni 1566 wird die Königin von einem Knaben entbunden, der spätere Jakob VI. von Schottland und Jakob I. von England.

Landauf, landab wird die Ankunft des Kronprinzen bejubelt. Henrys Begeisterung hält sich in Grenzen. Dieses Kind wird als nächstes Anspruch auf den schottischen wie auf den englischen Thron erheben können. Nicht länger darf sich der Vater in der Hoffnung wiegen, als Henry I. von Schottland und Henry IX. von England Geschichte zu machen.

Um ein für allemal Zweifel an der Legitimität ihres Sohnes aus der Welt zu schaffen, entschließt sich Maria zu einem theatralischen Schritt. Ihren Mann – er glänzt die meiste Zeit durch Abwesenheit – läßt sie in die Wochenstube rufen, hält ihm mit ausgestreckten Armen den Säugling entgegen: »Ich erkläre vor Gott, als stünde ich vor dem Jüngsten Gericht, dies ist Euer Sohn und keines anderen Sohn, und ich wünsche, daß alle anwesenden Damen und Herren dies bezeugen.« Weiter, nach einer kleine Pause: »Er ist sosehr Euer Sohn, daß ich beinahe fürchte, es wird ihm später einmal zum Schaden gereichen.« Betretenes Schweigen angesichts der Verachtung, die aus diesen Worten herauszuhören ist, und auch Henry macht den Mund nicht auf.

Nach einer sehr schweren Entbindung bleibt Marias Gesundheit angegriffen. Sie ist nervös, hysterisch, zänkisch, abweisend – abweisend vor allem ihrem Mann gegenüber. Auch nach dem Ende des Wochenbetts, der natürlichen Spanne ehelicher Enthaltsamkeit, verweigert sie sich ihrem Angetrauten. Verbittert zieht sich Henry auf ein entlegenes Jagdschloß zurück. Der französische Botschafter Philibert du Croc, verlängerter Arm der Katharina von Medici, bestürmt Maria, ihren Mann zurückzurufen, sich endgültig mit ihm auszusöhnen. Maria befolgt den Ratschlag. Zwei Tage und zwei Nächte halten es die beiden miteinander aus, dann trennen sich ihre Wege wieder.

Der Bruch der Ehe ist nicht mehr aufzuhalten, auch deshalb, weil

Henry immer frecher und unerträglicher wird. »Er führt ein ganz und gar zügelloses Leben und ist jede Nacht unterwegs. Bald badet er im Meer, bald treibt er sich an anderen entlegenen Orten herum.« (Du Croc.)

Einmal fordert Henry seine Frau ultimativ auf, ihn zur Jagd zu begleiten. Mit der Begründung, sie fühle sich wieder schwanger, lehnt sie ab. Vor Dutzenden Zeugen pfaucht er sie an: »Na gut, wenn dieses verloren geht, dann machen wir ein neues Kind. Man läßt ja auch eine Stute arbeiten, wenn sie trächtig ist.« Du Croc meint dazu: »Er kann sich nicht anders betragen, als er es tut, denn er möchte alles sein und überall befehlen und bringt es damit soweit, daß er gar nichts ist.«

Henrys Vater sieht das naturgemäß anders: »Er muß gegen seinen Willen von seiner Frau getrennt leben.« Sie habe ihn »abweisend und unwürdig empfangen«, und »ohne Rücksicht auf ihre Würde und ihre Ehre das Vergnügen gesucht«.

Sowenig er sich um seine Frau kümmert, sowenig zeigt sich der junge Vater an seinem Sohn interessiert. Kein einziges Mal besucht er ihn, nachdem man den kleinen Jakob auf Schloß Stirling gebracht und der Obhut der Familie Erskine übergeben hat. (In Stirling befindet sich, einer alten Tradition folgend, die Kinderstube der Prinzen und Prinzessinnen aus dem Hause Stewart.)

Nicht Henry ist es, sondern dessen Vater, der Maria eine überraschende Mitteilung macht: Graf Lennox schreibt, Henry befinde sich in einer solch »demütigenden Lage, daß er beschlossen hat, ins Ausland zu gehen«.

In Gegenwart mehrerer Zeugen, darunter du Croc, stellt Maria ihren Mann zur Rede. Was hat das alles zu bedeuten? Hat sie ihn beleidigt? Was bringt er eigentlich gegen sie vor? Er möge doch bitte offen und frei heraus sprechen.

Henry schweigt. Nun bestürmen ihn die Lords, reden auf ihn ein wie auf ein störrisches Kind, und du Croc versäumt nicht, zu erklären, daß es ein schwerer Affront gegen die Königin wäre, wenn er sich ins Ausland absetzte. Endlich läßt sich Henry herbei, hastig zu murmeln: Er wäre durchaus nicht beleidigt, die Königin hätte ihm keinerlei Anlaß dafür gegeben. Und plötzlich schreit er los, man werde ihn nicht so bald wiedersehen. Dreht sich auf dem Absatz um und stürmt davon.

Was Henry wirklich wollte und was er dachte, hat niemand je durchschaut. Schon am nächsten Tag besuchte er du Croc, bat flehentlich um

Vermittlung, war aber nicht bereit, die geringsten Zugeständnisse oder Versprechungen zu machen. Und im selben Atemzug fragte er, ob es nicht doch besser wäre, für immer zu verschwinden.

Der Junge muß in der Tat vollkommen konfus gewesen sein. Wie allen Schwächlingen schien es ihm am klügsten, vor den selbstverschuldeten Schwierigkeiten einfach davonzulaufen. Um sich wenig später eines ganz anderen zu besinnen ...

Anfang Oktober 1566 bricht Maria mit dem halben Hof nach Jedburgh auf, einer kleinen Stadt südöstlich von Edinburgh, unmittelbar an der englischen Grenze gelegen, um dort einen Gerichtstag abzuhalten.

Kurz vor ihr hat Bothwell an der Spitze von 300 Reitern Edinburgh in derselben Richtung verlassen, weil das Räubergesindel, das die Gegend immer wieder terrorisiert, übermäßig dreist geworden ist. Die Verbrecher bedienen sich einer raffinierten Guerillataktik, und so gerät Bothwell am 8. Oktober in einen Hinterhalt. In dem überraschenden Scharmützel gelingt es ihm zwar, den Räuberhauptmann tödlich zu treffen, doch Bothwell wird durch Schwerthiebe am Kopf, an der rechten Schulter und am linken Arm schwer verletzt. Seine Männer schleppen ihren bewußtlosen, aus zahlreichen Wunden blutenden Kommandanten auf einer improvisierten Bahre ins nahe gelegene Schloß Hermitage. An seinem Aufkommen wird gezweifelt, manche halten ihn bereits für tot.

Die Hiobsbotschaft verbreitet sich wie ein Lauffeuer, und der spanische Botschafter berichtet voll Mitgefühl: »Die Königin hat einen Mann verloren, auf den sie sich verlassen konnte. Von seiner Art gibt es nur sehr wenige.«

Zur allgemeinen Erleichterung stellt sich die Todesnachricht als falsch heraus. Sobald es ihre Verpflichtungen erlauben, am 16. Oktober, macht sich Maria auf den Weg ins fünfundzwanzig Meilen entfernte Hermitage, begleitet von Moray, einigen Lords und zahlreicher Dienerschaft. Einige dringende Angelegenheiten sind mit dem Befehlshaber der Grenztruppe zu besprechen. Der Aufenthalt dauert knapp zwei Stunden, Maria ist nicht eine Sekunde mit Bothwell allein. Dann reitet die Kavalkade zurück nach Jedburgh.

In seinem Pamphlet »De Maria Scotorum Regina« gab (sechs Jahre später, als die Hexenjagd gegen die Königin bereits im vollen Gange war) George Buchanan eine ganz andere Darstellung der Geschehnisse vom 16. Oktober: Maria sei zu diesem Zeitpunkt bereits die Geliebte

Bothwells gewesen und hätte sich mit ihm in Hermitage »in einer ihres Ranges und Rufes unwürdigen Weise betragen«. George Buchanan war übrigens der bedeutendste Wissenschaftler und Dichter seiner Zeit in Schottland, von Maria aufs nachdrücklichste gefördert und mit der Reorganisation des Universitätswesens beauftragt. Ursprünglich einer ihrer begeistertsten Anhänger, schlug er sich rechtzeitig auf die Seite ihrer Feinde, in deren Auftrag er die Schmähschrift verfaßte. Ein Widerschein der flammenden Verleumdungen läßt sich noch heute in manchen angeblich historisch fundierten Berichten über Maria Stuart und Bothwell finden.

Bothwell wurde schließlich mit einer Sänfte nach Jedburgh getragen und im selben Haus untergebracht, in dem sich auch Maria einquartiert hatte. Diesmal konnten sogar die Übelstwollenden nichts Böses darin sehen, denn Maria lag selbst auf den Tod krank darnieder.

Nach der Fünfzig-Meilen-Gewalttour war sie, wie vom Blitz gefällt, besinnungslos niedergestürzt, und sofort tauchte der Verdacht auf, sie sei vergiftet worden.

Die Ärzte vermuteten eine Erkrankung der Milz. Aber Buchanan wußte es natürlich besser: Der Zusammenbruch sei eine Folge der Ausschweifungen mit Bothwell in Hermitage gewesen. Einer ihrer Gefolgsleute mutmaßte hingegen, daß es Henry war, der sie krank gemacht hatte: »Er benahm sich ihr gegenüber so niederträchtig, daß es herzzerreißend für sie ist, zu denken, daß er ihr Ehemann ist.«

Sie mußte sich mehr als sechzigmal hintereinander übergeben, fiel immer wieder in Ohnmacht. Zwei Tage lang war sie unfähig, auch nur einen Laut hervorzubringen, und stundenweise verlor sie das Augenlicht. Plötzlich war »ihr Gesicht verzerrt, ihre Augen waren geschlossen, ihre Beine und Arme steif und eiskalt«.

Die Diener glaubten, sie sei tot, rissen die Fenster auf, um die arme Seele entschweben zu lassen, und aufgeregt erörterten einige Höflinge die anstehenden Trauerzeremonien. Wo in aller Eile schwarze Kleider hernehmen – das war ihre Hauptsorge.

Moray dachte mehr an die praktische Seite der tristen Angelegenheit und raffte Marias Juwelen zusammen.

Als sich herausstellte, daß die »Tote« doch noch schwache Lebenszeichen von sich gab, entschlossen sich die Ärzte zu einer nicht ungefährlichen Roßkur. Sie wickelten den ganzen Körper der Kranken in heiße, feuchte Tücher, verabreichten ihr von oben fast kochenden Wein, von unten ein Klistier. Auf einmal »erbrach sie ganz grün, darin ein hartes Stück«, und schlug wieder die Augen auf.

Niemand, vor allem nicht sie selbst, wagte an eine anhaltende Genesung zu glauben, und so ließ Maria die im Haus anwesenden Lords ans Krankenlager rufen, um ihren Letzten Willen kundzutun. Auch Bothwell wurde auf einer Bahre herbeigetragen.

Die Königin beschwor die Lords, vor allem Frieden untereinander zu halten, die Ausübung beider Religionen, der protestantischen wie der katholischen, zu erlauben. Ihr Sohn sollte nach Frankreich gebracht und am Pariser Hof erzogen werden. Sie flehte die Herren an, Henry nicht an die Macht gelangen zu lassen: »Ihr wißt, wie gütig ich mich gegen eine gewisse Person gezeigt, sie zu hohen Ehren erhoben habe ... Meine Güte wurde mit Undank belohnt, und das hat den Kummer hervorgerufen, der mich so peinigt und der auch die Ursache meiner Krankheit ist.«

»Der König weilt unterdessen in Glasgow und hat Ihre Majestät nicht besucht«, empört sich ein Hofmann. Dann tauchte Henry doch auf, aber es hielt ihn nur ein paar kurze Stunden in der Nähe seiner Frau. Mehr als eine Woche hatte er auf sich warten lassen, und er zeigte keine Gemütsregung beim Anblick der erbärmlich aussehenden Kranken.

Sein Vater allerdings, der gar nicht in Jedburgh war, behauptete, »die Königin hat ihren Gemahl kalt und verächtlich empfangen ... so seltsam und widernatürlich behandelt, daß er um sein Leben fürchtet«. Außerdem hätte sie sich schamlos mit Bothwell abgegeben. (Sie im Krankenbett – er auf der Bahre?!)

Am 20. November kehrte Maria nach Edinburgh zurück, bald darauf auch Bothwell, der auf dem Weg der Besserung war. Maria aber laborierte noch immer an den Folgen ihres Siechtums. Sie war unruhig, schlaflos, niedergeschlagen. »Ich glaube, die wichtigste Ursache ist ein tiefer Kummer ... Sie sagt immer, sie wäre am liebsten tot. Die Verletzungen, die sie von ihm (Henry) erfahren hat, gehen so tief, daß sie niemals vergeben kann ... Ich glaube nicht, daß zwischen den beiden jemals wieder Einvernehmen herrschen wird ... Wenn die Königin sieht, daß jemand ein Wort mit ihm wechselt, fürchtet sie schon wieder eine Verschwörung ... Er folgt ihr überall hin, aber er wird immer kühler empfangen.« (Du Croc.)

Marias Mißtrauen war berechtigt, wenn sie auch nicht genau wissen konnte, welcher Art das verstohlene Tun ihres Gemahls war, der sich die Idee, alleinregierender König zu werden, noch immer nicht aus dem Kopf geschlagen hatte. Konnte er nicht mit Hilfe der Clanchefs auf den Thron gelangen, dann mußte eben das befreundete Ausland einspringen. Er schrieb dem Papst, dem französischen, dem spanischen König und klagte Maria an, ihre Religion verraten zu haben. Er wollte sich persönlich mit Philipp II. in Flandern treffen und den Papst in Rom besuchen. Die rechtgläubigen Verbündeten sollten mit ihren Armeen eingreifen, man werde Edinburgh mit Waffengewalt nehmen, König Henry I. werde wieder für Recht und katholische Ordnung im Lande sorgen ...

Wieviel von Henrys Hirngespinsten bekannt geworden ist, läßt sich schwer sagen. Doch mag einiges offenbar geworden sein, denn fünf von Marias engsten Beratern begannen ernstlich darüber nachzudenken, wie man dem gefährlichen Querkopf entgegenwirken könnte.

Das Vorhaben, das die fünf ins Auge faßten und der Königin während eines Aufenthalts in Schloß Craigmillar unterbreiteten, ist unter der Bezeichnung »Craigmillar-Bond« in allen Geschichtsbüchern festgehalten. Es hat allerdings einen schwerwiegenden Schönheitsfehler: Der Wortlaut des Bonds ist weder im Urtext noch in einer Abschrift vorhanden. Es existiert nur ein drei Jahre später abgefaßtes Gedächtnisprotokoll, das zwei der Beteiligten (Huntley und ein Graf Argyll) verfaßt haben – offensichtlich um sich selbst reinzuwaschen und die alleinige Verantwortung am späteren Geschehen zwei anderen Männern (Moray und Graf William Maitland von Lethington) zuzuschieben.

Über das gesamte Drama Maria Stuarts und ihrer Ehemänner breitete sich ein so dichtes Netz von Lügen, daß in den meisten Fällen nicht einmal das Gegenteil einer nachgewiesenen Unwahrheit die Wahrheit sein muß.

Nach dem Bericht von Huntley und Argyll hat sich folgendes zugetragen: Moray und Maitland schlugen vor, die Königin zu einer Scheidung zu bewegen, und sie gewannen Bothwell, Huntley sowie Argyll auch dafür, Maria zu überreden, den am Rizzio-Mord Beteiligten Gnade zu gewähren, um sich deren Stillhalten zu sichern. Maria hätte sich die Argumente der fünf angehört, aber sofort die Befürchtung geäußert, daß ihr Sohn durch eine Scheidung Nachteile erleiden könnte. Die fünf sprachen ihr zu und meinten, die Rechte des kleinen Jakob würden nicht beeinträchtigt, wenn die Eltern auseinandergingen. Wie sich die Herren die problemlose Scheidung einer katholischen Ehe vorstellten, das haben sie nicht näher erläutert. Jedenfalls steht nichts davon in dem Huntley-Argyll-Papier.

Zuletzt sagte Maitland den schwerwiegenden Satz: »Seid versichert, daß wir, die wichtigsten Männer in Eurem Rat, Mittel und Wege finden werden, Euch von ihm (Henry) zu befreien ohne Nachteil für Euren Sohn. Und obgleich der hier anwesende Mylord Moray als Protestant ein ebenso strenges Gewissen hat wie Ihr als Katholikin, bin ich sicher, daß er durch die Finger sehen und gewähren lassen wird.« (»He will look through his fingers thereto and will behold our doings saying nothing to the same«.)

Maria gab danach den Herren Vollmacht, »sich um die Angelegenheit zu kümmern, unter der Bedingung, daß nur auf gute und vom Parlament gebilligte Weise gehandelt werde«.

Hat dieser Plan die Lunte gelegt an ein kleines Haus vor der Stadtmauer von Edinburgh, das dann mitsamt seinem prominentesten Bewohner in die Luft fliegen sollte? Mag sein. Aber wer hat die Lunte letzten Endes gezündet? Einer? Alle? Keiner von ihnen? Ein Sündenbock wurde jedenfalls gefunden.

Moray, der sich nachweislich zugleich mit Maria und den anderen in Craigmillar aufgehalten hatte, bestritt später energisch, an den konspirativen Beratungen teilgenommen zu haben. Und einer der jüngsten Biographen Bothwells, der englische Historiker Humphrey Drummond, der mit neuen, durchaus glaubwürdigen Erkenntnissen aufwartet, behauptet, Bothwell selbst hätte den ominösen »Bond« niemals unterschrieben. Einen Beweis für diese These bleibt der ansonsten sehr detailfreudige Autor allerdings schuldig.

Von einem Scheidungsbegehren der Königin ist in keinem offiziellen Dokument dieser Zeit die Rede. Auch das Parlament wurde nicht unterrichtet. Nur einer der in Craigmillar besprochenen Punkte wurde verwirklicht: Maria gewährte eine Amnestie für die rund siebzig in den Rizzio-Mord verwickelten Edelleute. Sie vergalten es auf ihre Weise, indem sie wenige Monate später geschlossen an ihrem Sturz mitwirkten.

Ein indirekter Fingerzeig auf den »Bond« von Craigmillar findet sich in einem Bericht des spanischen Botschafters in London über manches, das er durch Hörensagen erfahren hatte: »Das Zerwürfnis zwischen der Königin von Schottland und ihrem Gemahl ist so beträchtlich, daß man ihr ein Komplott gegen ihn vorgeschlagen hat, das sie abgelehnt hat, obwohl sie keine Zuneigung mehr für ihn empfindet.«

Einen perfekten Beweis seines mangelnden Feingefühls lieferte Henry am 17. Dezember 1566, als sein Sohn Jakob unter großem Gepränge auf Schloß Stirling getauft wurde. Der gesamte hohe Adel, alle Botschafter waren erschienen. Die Taufpaten (der König von Frankreich, der Herzog von Savoyen, die englische Königin, die ein massivgoldenes Taufbecken stiftete), schickten hochrangige Delegationen, und auch Henry war angereist. Aber er nahm weder an der Zeremonie teil, noch ließ er sich beim Festmahl blicken. Demonstrativ schloß er sich in seinem Zimmer ein. Ohne sich von jemandem zu verabschieden, entwich er gleich darauf, um sich in das Schloß seines Vaters nahe Glasgow zurückzuziehen.

Maria verfiel wieder dem Trübsinn. »Sie ließ mich gestern rufen, ich fand sie ausgestreckt auf ihrem Bett. Sie weinte bitterlich und klagte über Schmerzen«, schreibt du Croc. »Die Dinge können nicht so bleiben, wie sie sind, sonst werden sie schlimme Folgen zeitigen.« Wie wahr!

Das Jahr 1567 fing gar nicht gut an. Maria kam bei einem ihrer ungestümen Ausritte zu Sturz und war danach bettlägrig. Henry, noch immer bei seinem Vater in Glasgow, erkrankte lebensgefährlich.

Auf die Art seines Leidens gibt es in zeitgenössischen Berichten nur den Hinweis »pox«. Das kann »small pox« (Pocken) bedeuten oder eine bestimmte Form der Krätze – aber auch Syphilis. Hätte Henry Krätze gehabt, dann wäre die Aufregung nicht so groß gewesen, wie sie es tatsächlich war. Auf Syphilis gibt es nur zwei Hinweise: einen Vermerk Bothwells und den Untersuchungsbericht des englischen Pathologen Dr. Karl Pearson. Der Arzt hat – bereits in unserem Jahrhundert – das Skelett Henrys begutachtet, und er diagnostizierte am Schädel »Spuren einer virulenten syphilitischen Erkrankung«. Aber auch hier, wie bei allen Facetten dieser mysteriösen Geschichte, ist Skepsis angebracht. Es ist nämlich nicht sicher, ob es sich wirklich um Henrys Schädel handelt!

Der treffliche Buchanan, Verfasser des Pamphlets gegen Maria, hatte, Jahre später und meilenweit entfernt vom Schauplatz des Geschehens, eine ganz andere Erklärung zur Hand: An Henry sei ein Giftmordversuch unternommen worden.

Was Maria im Augenblick noch viel mehr beunruhigt haben mag als die Krankheit des ungeliebten Mannes, war ein eiliges Schreiben des

Erzbischofs von Glasgow, worin er bat, die Königin möge »auf der Hut« sein. Wovor und weshalb sie auf der Hut sein sollte, teilte er nicht mit. Von anderer Seite muß sie genauere Informationen erhalten haben, denn sie schrieb ihrem Botschafter in Paris, John Beaton, Henry hätte die Absicht, ihren Sohn zu entführen, die Königin abzusetzen und für den kleinen Jakob die Regentschaft zu übernehmen. »Gott und der Welt (sind) seine Umtriebe und Ungerechtigkeiten gegen Uns bekannt.«

Selbst im fernen Paris kursierten Gerüchte, wonach Henry gegen seine Frau rüste, und Beaton schickte der Königin ebenfalls eine diesbezügliche Warnung. Er riet ihr dringend, sich mit Henry zu versöhnen, nur so könnte sie das Schlimmste verhindern. Als dieser Brief in Edinburgh eintraf, war Henry bereits tot …

Maria reagierte zweifach auf die alarmierenden Vorzeichen. Sie ließ ihren Sohn von Stirling, das gefährlich nahe bei Glasgow lag, weg- und nach Holyrood schaffen, und sie machte sich selbst auf nach Glasgow, um ihren Mann nach Edinburgh und damit unter ihre und die Kontrolle ihr ergebener Untertanen zu bringen.

Dieses Motiv ist durchaus einleuchtend, und es verwundert darum, daß Maria lange Zeit später, als sie bereits in englischer Gefangenschaft war, erklärte, sie sei nach Glasgow geritten, um mit ihrem Mann Frieden zu schließen. Buchanan und Vater Lennox wußten es selbstredend besser: Maria wollte sich des armen Henry bemächtigen, um ihn auf andere Weise umzubringen, nachdem der Giftanschlag mißlungen war.

Die Königin brach mit ihrem Gefolge am 20. Januar von Edinburgh auf. Bothwell begleitete sie ein Stück des Weges und begab sich dann mit achtzig Mann ins Grenzgebiet, wo die Räuber wieder frech geworden waren.

Als Maria in Glasgow ankam, war das allgemeine Erstaunen groß, daß die Eheleute einander nicht nur höflich, sondern sogar zuvorkommend begrüßten und miteinander plauderten, als wäre nichts geschehen. Sie schienen im besten Einvernehmen zu stehen, und es gab nur eine Meinungsverschiedenheit. Maria wollte ihren Mann nach Holyrood bringen. Henry lehnte ab, weil er angeblich fürchtete, seinen Sohn anzustecken.

Daraufhin schlug Maria Craigmillar vor, aber auch das paßte Henry nicht. Nachdrücklich verlangte er, nach Kirk o'Field ins »Alte Probsthaus« gebracht zu werden, das er seiner ruhigen Lage und der schönen

Gärten wegen bevorzuge. Welche Rolle ausgerechnet im Januar die Schönheit der Gärten spielte, ist nicht ersichtlich.

Unter den heftigen Protesten von Henrys Vater wurde der junge Mann am 26. Januar in eine Sänfte gepackt, das von schwärenden Wunden bedeckte Gesicht hielt er unter einem weißen Seidentuch verborgen. Um den Kranken zu schonen, wurde die fünfzig Meilen lange Strecke in winzigen Etappen zurückgelegt. Wohlbehalten traf die Gesellschaft am 1. Februar in Kirk o'Field ein.

Kirk o'Field, das ist ein locker besiedeltes Gebiet inmitten von Wiesen und Gärten vor den Mauern Edinburghs, auf der entgegengesetzten Seite von Holyrood.

Es trägt seinen Namen nach einer alten, längst verfallenen Kirche. Das leerstehende Alte Probsthaus gehört John Balfour, Kanonikus von Holyrood, der in einem nahegelegenen neuen Gebäude lebt. Es war John Balfours Bruder James, der Henry geraten hat, die Tage der Rekonvaleszenz im Alten Probsthaus zu verbringen.

James Balfour gehört zu Marias Hofstaat, er wird als eine labile, schillernde Persönlichkeit beschrieben, die ihr Fähnchen immer nach dem günstigsten Wind zu hängen pflegt. Mehreren Hinweisen, daß James Balfour in den Kriminalfall Kirk o'Field verwickelt wäre, wird niemals nachgegangen; an dieser Unterlassung könnte sowohl Bothwell als auch Moray ein Interesse gehabt haben, denn mit beiden war Balfour, wenn auch zu verschiedenen Zeiten, befreundet.

Das Alte Probsthaus liegt unmittelbar am Stadtwall, inmitten eines Gartens mit altem Baumbestand. Man betritt das Gebäude durch eine lange, schmale Halle, darunter liegen die Kellergewölbe, eine geräumige Küche und Personalkammern. Über eine steile, sehr enge Wendeltreppe gelangt man in den ersten Stock, wo sich die Gemächer der Königin befinden, im obersten Geschoß logiert Henry. Vor seinem Schlafzimmer und den Vorräumen zieht sich eine gedeckte lange Galerie, die knapp an die Stadtmauer grenzt.

In aller Eile hat man die Räume für den König und die Königin prächtig eingerichtet. Henrys breites Bett ist mit einer purpurroten Seidendecke bedeckt, und es gibt sogar eine Wanne im Zimmer, da der Patient täglich warme Bäder nehmen muß. Marias Schlafzimmer ist in leuchtendem Gelb und zartem Grün gehalten, ihr sehr schmales Bett ziert ein kostbarer Pelzüberwurf.

An dieser Stelle sei eine kurze Zwischenbemerkung gestattet, die erhellen mag, wie sorglos selbst hochseriöse Autoren mit der historischen Wahrheit umgehen, wenn sie sich einmal in eine Theorie verbissen haben. Es handelt sich um unseren verehrten Stefan Zweig, dessen große Maria-Stuart-Biographie als ein Meisterwerk der Aufdeckung psychologischer Zusammenhänge und Hintergründe gilt.

Obwohl auch schon zu seiner Zeit, in den dreißiger Jahren unseres Jahrhunderts, eindeutig bewiesen war, daß Henry selbst die Übersiedlung nach Kirk o'Field, nachdrücklich und sämtliche Einwände zurückweisend, befohlen hatte, obwohl aus zahlreichen Augenzeugenberichten hervorging, wie hübsch und bequem das Alte Probsthaus war, lesen wir bei Zweig:

»... kehrt das königliche Paar nach Edinburgh zurück – doch wohin? Selbstverständlich nach Holyrood Castle, möchte man meinen ... Höchst verdächtigerweise wird ein ganz unscheinbares, abgelegenes Haus gewählt, an das bisher niemand gedacht hat ... ein Haus in anrüchiger Gegend ... halb verfallen und seit Jahren unbewohnt, ein Haus, das schlecht zu bewachen ist – sonderbare und bedeutsame Wahl. Unwillkürlich fragt man sich, wer für den König gerade dieses verdächtig abgelegene Haus ... gewählt haben könnte ... Und sieh, es war Bothwell ... Immer und immer wieder in allen Briefen, Dokumenten und Aussagen geht die blutige Spur auf diesen Einen, Einzigen zurück ...«

Stefan Zweig vermeidet stets die Schwarzweiß-Schablone, läßt aber hier jeden noch so deutlichen Fingerzeig unbeachtet, der Bothwells Alleinschuld an der Katastrophe von Kirk o'Field in Frage stellen könnte. Seltsam ...

Doch nun weiter in unserem Bericht:

Das Zusammenleben des Paares gestaltet sich in der Intimität der engen Räume, ohne Anzeichen irgendwelcher Reibereien, locker, fast herzlich. Henry gibt sich offen und mitteilsam. Er erzählt seiner Frau freimütig, daß eine Verschwörung gegen sie geplant gewesen sei. Man hätte ihn sogar aufgefordert, daran teilzunehmen und die Königin zu beseitigen – das hätte er selbstverständlich abgelehnt, und so sei aus dem Komplott nichts geworden. Inständig fleht er Maria an, weiterhin wachsam zu sein. Maria reagierte milde, ganz liebende und verzeihende Ehefrau, und Henry berichtet seinem Vater überschwenglich glücklich,

Maria pflege ihn hingebend »like a natural loving wife«. Wer hat da wem ein Theater vorgespielt? Vermutlich jeder jedem.

Maria weilt täglich stundenlang am Krankenlager ihres Mannes, dreimal übernachtet sie im Alten Probsthaus. Am Sonntag, dem 9. Februar, kommt sie allerdings erst spät. Sie hat für ihren Lieblingsdiener Bastian Pages und eine ihrer Kammerfrauen, Christiana Hogg, die Hochzeit ausgerichtet und nimmt an den Festlichkeiten teil. Anschließend besucht sie mit großem Gefolge ein Bankett des Bischofs »of the Isles«. Bothwell und Huntley sind dabei, Moray sagt im letzten Augenblick ab, weil seine Frau eine Fehlgeburt erlitten hat. Ob er wirklich bei seiner Frau bleibt, ist nicht feststellbar.

Anschließend reitet die Gesellschaft nach Kirk o'Field, wo eine kleine Abschiedsparty gefeiert wird. Henry ist bereits wiederhergestellt und soll am nächsten Tag nach Holyrood übersiedeln. Es geht hoch her in der gedrängten Fülle des kleinen, überheizten Raumes. Man trinkt, man singt, man scherzt. Henry, Bothwell und Huntley spielen dazwischen eine Partie Karten. Alle sind bester Laune.

Henrys Stimmung schlägt allerdings augenblicklich um, als Maria daran erinnert wird – von wem, das weiß nachher niemand mehr –, daß sie doch zugesagt hat, am Hochzeitsball ihrer beiden Bediensteten teilzunehmen. Henry beharrt darauf, daß seine Frau, wie versprochen, über Nacht im Haus bleibt. Doch Maria lacht nur, Henry solle sich nicht so anstellen, bald sei man ja für immer vereint. Sie zieht einen Ring vom Finger und überreicht ihn ihrem Mann – als Unterpfand. Als Unterpfand wofür? Und was meinte sie mit der »Vereinigung für immer«?

Henry schimpfte noch immer wütend wie ein ungezogenes Kind hinter ihr her, als sie bereits den Raum verläßt. Schmollend bestellt der König einen Krug Wein, leert ihn zusammen mit seinem Kammerdiener William Taylor, geht dann zu Bett. Taylor bleibt bei ihm. Zwei Bedienstete übernachten auf der Galerie, zwei weitere irgendwo im Hausinneren in Rufweite. Das übrige Personal schläft außer Haus. Es soll eine kurze Nacht werden, Henry hat die Pferde für fünf Uhr früh bestellt, um nach Holyrood zu reiten.

Maria vergnügt sich dort unterdessen auf dem Hochzeitsball des jungen Paares. Sie verläßt das Fest um Mitternacht, nachdem Bothwell und der Kommandant der Leibgarde, Lord John Traquair, sie dringend herausgebeten haben. Die drei führen auf einem der Flure des Schlosses ein ziemlich langes, eindringliches Gespräch, dessen Inhalt unbekannt bleibt. Die Königin und Bothwell ziehen sich in ihre jeweiligen Zimmer zurück; wohin Traquair geht, wird nicht vermerkt.

Bothwell vertauscht seinen silberbestickten schwarzen Samtanzug gegen ein unauffälliges Wams aus Segeltuch und dunkle Reithosen. In Begleitung einiger Diener begibt er sich dann in Richtung Kirk o'Field. Unterwegs bleibt er kurz vor dem Haus eines Onkels stehen, ruft laut nach ihm, erhält keine Antwort und geht weiter. Am Stadttor wird das Grüppchen angehalten, darf aber passieren, nachdem einer der Männer die Frage nach Nam' und Art laut und deutlich beantwortet hat: »Freunde des Lord Bothwell.« Wann Bothwell nach Holyrood zurückgekehrt ist, bleibt ungewiß.

Als man gegen halb drei Uhr früh heftig an seine Tür klopft, öffnet er im Nachtgewand und erfährt die erschütternde Neuigkeit: Das Alte Probsthaus ist in die Luft geflogen, der König tot. Hat Bothwell wirklich so fest geschlafen, daß er den Krach nicht hörte, der die halbe Stadt aus dem Schlaf gerissen hat?

»Es klang wie der Donner des Jüngsten Gerichts.« – »Die Explosion war so erschreckend für alle im Umkreis, und viele fuhren bei dem Lärm aus ihren Betten hoch.« – »Es wurde ein Getöse gehört, als ob fünfundzwanzig oder dreißig Kanonen zugleich abgefeuert würden.« – »Alle Häuser von Edinburgh bebten, so heftig war die Explosion.« Diese Aussagen verschiedener Bürger geben in ihrer dürren Kürze ein anschauliches Bild über den entscheidenden Augenblick dieses Montags, dem 10. Februar 1567, als um zwei Uhr morgens der Gemahl der schottischen Königin Maria Stuart, einundzwanzig Jahre und zwei Monate alt, ein gewaltsames Ende findet.

Scharenweise rennen die Leute, viele nur halb bekleidet, hinaus vor die Stadt. Es ist eine bitterkalte Neumondnacht. Das Land liegt unter einer dünnen Schneedecke, mitten drin, wie eine häßliche schwarze Wunde, ein Trümmerhaufen. Kein Stein des Alten Probsthauses ist auf dem anderen geblieben. Auf der Krone der Stadtmauer hat sich einer der Diener, die auf der Galerie geschlafen haben, festgeklammert und schreit gellend um Hilfe.

Im Garten, nahe der Ruine, ruhen, in den Schnee hingegossen, scheinbar friedlich schlafend, die Leiber Henrys und des Dieners Taylor. Nichts deutet auf einen gewaltsamen Tod hin. »Man sah keine

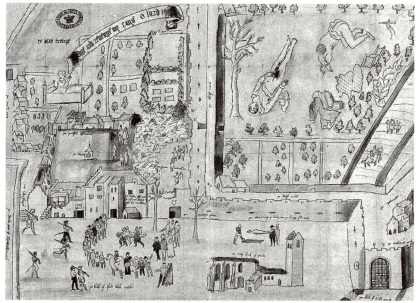

Oben: Schloß Holyrood, Residenz der schottischen Könige vor den Toren Edinburghs
Unten: Unmittelbar nach der Explosion des Alten Probsthauses, bei der Henry Lord Darnley ums Leben kam, wurde von einem englischen Agenten diese Lageskizze angefertigt.

Brüche, keine Wunden, keine Quetschungen.« Neben den Leichen, die nur mit Nachthemden bekleidet sind, finden sich: ein Stuhl, ein Umhang mit Zobelkragen, ein Dolch, ein Stück Seil.

Als einer der ersten ist ein englischer Agent zur Stelle und fertigt eine genaue Zeichnung des schaurigen Bildes an. Sie ist glücklicherweise erhalten geblieben und gibt nach wie vor Rätsel auf.

Mysteriös auch die Aussage eines Zeugen, der zu Protokoll gibt: Einige Frauen hätten, kurz vor der Explosion, den König schreien gehört: »Habt Erbarmen, aus Liebe zu dem, der mit der Welt Erbarmen hatte.« Andere Leute berichten, sie hätten spätabends mehrere bewaffnete Männer um das Haus schleichen gesehen.

Die Schaulustigen werden bald auseinandergetrieben. Graf Bothwell, High Sheriff von Edinburgh, ist in Kirk o'Field eingetroffen und leitet die Erhebungen ein. Henrys Leiche wird in einem Nachbarhaus aufgebahrt und von mehreren Ärzten untersucht.

Der Geheime Staatsrat setzt eine Belohnung von 2000 Pfund in Silber für denjenigen aus, »der die Urheber und die Komplizen dieses abscheulichen Verbrechens« dingfest zu machen hilft. Ansonsten geschieht herzlich wenig. Die Frauen, die Henry schreien gehört haben wollen, werden nur kurz einvernommen und dann heimgeschickt. Nach den Männern, die angeblich ums Haus geschlichen sind, wird nicht weiter gefahndet. Und Henry wird nächtlicherweile, in aller Stille, beigesetzt, ein offizieller Obduktionsbefund nicht verlautbart. Wildesten Gerüchten ist somit Tür und Tor geöffnet.

Bereits wenige Tage nach Henrys Tod tauchen Wandzeitungen auf, in denen Bothwell allein des Mordes an Henry geziehen wird. Die Kampagne gegen ihn scheint so gezielt und wohlvorbereitet, daß hinter ihr kaum die noch völlig verwirrten und ahnungslosen Untertanen zu vermuten sind, denen das Treiben der hohen Herrschaften zeitlebens ein Buch mit sieben Siegeln bleibt. Jemand muß ein starkes Interesse daran haben, den Verdacht ausschließlich auf Bothwell zu lenken. Der Graf tobt: »Ich werde meine Hände im Blut der Leute waschen, die solche Verleumdungen verbreiten.« Vorsichtshalber begibt er sich nur noch in Begleitung mehrerer Bewaffneter auf die Straße.

Am 1. März schließlich erscheint eine Karikatur, welche eindeutig die Königin der Mitschuld an dem Verbrechen bezichtigt. Sie ist auf dem Flugblatt als Nymphe (=Hure) dargestellt, Bothwell als Hase (ein solches Tier ziert sein Wappen). »Die Freunde des Toten halten sie (Maria) für schuldig, ihre Freunde sagen das Gegenteil«, schreibt der spanische Botschafter.

Wer hinter dieser Attacke gegen die Königin steckt, ist ungewiß. Moray? Vielleicht Moray: Er hat, während im Land nach dem Tod des Königs alles drunter und drüber geht und nichts so dringend gebraucht würde wie eine ruhig lenkende Hand, überstürzt die Stadt verlassen – angeblich dringender und unaufschiebbarer Geschäfte wegen. Er reist zunächst nach London, wo er einige Tage bleibt und mit dem englischen Hof Kontakt hält, dann nach Frankreich. Erst fünf Monate später kehrt er zurück, um den Sturz seiner Schwester zu besiegeln und die Regentschaft zu übernehmen.

Und was tut Maria die ganze Zeit?

Ihre erste Reaktion ist: Angst! Noch am Tag von Henrys Tod schreibt sie dem Erzbischof von Glasgow, sie sei überzeugt, daß das Attentat auch ihr gegolten habe. Wörtlich heißt es in einem tags darauf verfaßten Brief an ihren Botschafter in Paris: »Wer auch immer diesen niederträchtigen Anschlag unternommen hat, Wir sind überzeugt, daß er ebenso gegen Uns wie gegen den König gerichtet war. Wir haben den größten Teil der letzten Woche in diesem Haus geschlafen ... und nur durch Zufall sind Wir wegen eines Maskenspiels im Schloß nicht die ganze Nacht dort geblieben.«

In diplomatischen Kreisen von Paris erzählt man sich, das Attentat sei von Protestanten verübt worden, obwohl Maria in ihrem Brief an Katharina von Medici vom 11. Februar keinen in diese Richtung weisenden Verdacht äußert. Sie schreibt der ehemaligen Schwiegermutter in sachlichen Worten über »das schreckliche Ereignis, daß ich glaube, es hat nie zuvor in einem Land etwas derartiges gegeben«. Man wisse nicht, wer es getan habe, aber sie hoffe inständig, »daß gründliche Nachforschungen ... alles ans Licht bringen werden, und dann soll das Verbrechen mit aller Härte bestraft werden.«

Katharina von Medici sieht denTatsachen recht nüchtern ins Auge, wenn sie feststellt: »Der junge Wirrkopf ist nicht lange König gewesen. Hätte er sich klüger verhalten, so wäre er noch ... am Leben. Es ist ein Glück für die Königin von Schottland, daß sie von ihm befreit wurde.«

Maria begeht einen entscheidenden Fehler: Statt in aller Öffentlichkeit Trauer zu zeigen oder zumindest vorzugeben und lauthals Rache und Vergeltung zu schwören, zieht sie sich auf die Festung Edinburgh zurück, wo sie sich sicherer wähnt als in Holyrood. Keinen einzigen Besucher empfängt sie, verläßt ihre Gemächer kaum. Teilnahmslose Starre hat sich ihrer bemächtigt.

Sechs Tage später reitet sie auf ihren Landsitz Seton, hält wiederholt Besprechungen mit ihren Beratern ab. Einmal nimmt sie an einem Bogenschießen teil, und das wird ihr sehr übelgenommen. Eine frisch Verwitwete darf nicht bogenschießen! Später behauptet Buchanan, auch Bothwell wäre die ganze Zeit in Seton gewesen und hätte Tür an Tür mit der Königin genächtigt. Tatsächlich befindet er sich in Edinburgh und kommt nur zu den Konferenzen mit der Königin aufs Land geritten.

Am 20. März kehrt sie nach Holyrood zurück. Noch immer wirkt sie gefühllos und abwesend, die Tür ihres Zimmers bleibt meist verschlossen. Sie sei krank, heißt es. Mehr erfährt man nicht.

Indes bestürmt der Graf von Lennox seine Schwiegertochter brieflich, entschlossener gegen die Mörder seines Sohnes vorzugehen, die Untersuchungen verliefen viel zu schleppend. Maria antwortet, er möge Namen nennen und Beweise vorlegen, dann werde unverzüglich gehandelt. Lennox sagt nun klipp und klar, daß er den Grafen Bothwell für den Täter hält – und zwar für den alleinigen Täter.

Die Königin entscheidet, daß Lennox seine Anschuldigung einer Adelsversammlung vortragen soll, denn nur sie und kein gewöhnlicher Gerichtshof kann und darf über einen Standesgenossen zu Gericht sitzen.

Die Jury wurde für den 12. April in den Talbooth einberufen. Sie bestand aus zwölf Mitgliedern des Hochadels – und hier endet auch schon die Übereinstimmung in den verschiedenen Berichten über das Verfahren. Wie so oft in dieser verwickelten Geschichte weichen die Details in entscheidenden Punkten voneinander ab, und alle späteren Kommentatoren können daraus lesen, was ihnen ins Konzept paßt.

Einmal heißt es, der Gerichtshof sei aus Gegnern, das andere Mal, aus Anhängern Bothwells zusammengesetzt gewesen. Daß den Vorsitz der Graf Argyll führte, ein Schwager des entwichenen Moray, besagt gar nichts, da, wie wir immer wieder gesehen haben, verwandtschaftliche Bindungen ebenso größte Loyalität wie auch tiefste Feindschaft beinhalten konnten.

Bothwell ließ vorsichtshalber eine erkleckliche Anzahl seiner Gefolgsleute in der Stadt zusammenziehen, und es wimmelte in den

Straßen von Rüstungen und Lanzen. Auch Lennox marschierte mit einer kleinen Privatarmee heran, aber ehe es zum Blutvergießen kommen konnte, wurde ihm beschieden, daß er nur mit der gesetzlich zugelassenen Zahl von sechs Begleitern im Talbooth erscheinen dürfte. Daraufhin erklärte Lennox, er sei plötzlich erkrankt, und ersuchte – vergeblich – um Verschiebung des Prozesses.

Wie lang hat die Verhandlung gedauert? Sie dauerte nur ganz kurz, sei eine vollkommene Farce gewesen und der Freispruch schon von Anfang an vorhersehbar. Nein – sie währte von den Morgen- bis in die Abendstunden, man hätte eine Reihe von Zeugen angehört, aber die Anklage sei durch nichts untermauert worden. Nach langen, eingehenden Beratungen hätte man Bothwell von allen gegen ihn vorgebrachten Beschuldigungen entlastet.

Sofort schickte der Graf Herolde übers Land und ließ kundtun, er fordere »jeden Mann von gutem Ruf und hoher Geburt«, der ihn weiterhin verdächtige, zum Zweikampf.

Es stellte sich niemand. Aber das Kesseltreiben gegen Bothwell hielt in Wort und Schrift unvermindert an, bis klar schien, daß nur an seinen und keines anderen Mannes Händen das Blut des armen Henry klebte.

Folgt man den offiziellen schottischen Verlautbarungen, die nach Marias Sturz und Bothwells Flucht verbreitet wurden, dann hat sich das Verbrechen ungefähr so abgespielt: Bothwell ließ zu einem nicht näher angegebenen Zeitpunkt Pulver aus der Festung Dunbar nach Schloß Holyrood bringen und dort – wo, das bleibt unerwähnt – zwischenlagern. Am Abend des 9. Februar wurde es, in zwei Koffern und vier Ledersäcken verpackt, auf dem Rücken eines Pferdes durch das Blackfire-Stadttor zum weniger als hundertfünfzig Schritte davon entfernt liegenden Alten Probsthaus gebracht. Die Bürde war so schwer und so umfangreich, daß das Pferd den Weg zweimal machen mußte.

Das Pulver wurde zunächst im Garten des Hauses abgeladen, ein Diener öffnete die Hinterpforte des Hauses. Man brachte Säcke und Koffer in Marias Schlafzimmer und verstreute das Pulver dort. Ein Mann ging ins Schlafgemach des Königs, wo die Abschiedsparty stattfand, flüsterte Bothwell ins Ohr, daß alles bereit sei, worauf der Graf und die Königin das Haus verließen.

Nach Mitternacht kehrte Bothwell mit seinen Dienern zum Alten Probsthaus zurück. Zwei Männer schlichen ins Gebäude und zündeten die Lunte, während Bothwell im Durchgang zwischen dem Haus und der Stadtmauer wartete. Es dauerte fünfzehn Minuten, bis die Explosion erfolgte, und Bothwell, ungeduldig geworden, wollte bereits Nachschau halten, aber seine Komplizen hielten ihn davon ab. Gleich darauf flog das Haus in die Luft, und die Täter entflohen.

Diese Geschichte kam erst Monate, zum Teil Jahre später ans Tageslicht. Sie wurde von vier Dienern Bothwells in fast gleichlautenden Worten vorgebracht – und zwar nach schweren Folterungen. Ein Mann, der den Spitznamen »French Paris« führte und der erst zwei Jahre nach der Tat verhaftet werden konnte, wartete noch mit interessanten Einzelheiten auf: Sein Herr hätte ihn in alle Phasen des Verbrechens eingeweiht, und er, Paris, sei es gewesen, der den Schlüssel des Alten Probsthauses besorgen mußte. French Paris wurde ohne Verhandlung sofort hingerichtet – ehe er sein Geständnis widerrufen konnte.

Niemand scheint überlegt zu haben, warum ein Mann von der brillanten Intelligenz Bothwells sich der Komplizenschaft eines Dieners ausgeliefert haben soll. Hätte dieser einflußreiche Mann nicht Mittel und Wege finden können, Henry diskret und mit einem Minimum an Aufwand umzubringen? Wie war es möglich, das mit Pulver beladene Pferd zweimal quer durch die Stadt zu führen, ohne daß es jemandem aufgefallen wäre? Wie konnte die schwere Last heimlich durch das mit Gästen und Dienern vollgestopfte Haus über die schmale steile Wendeltreppe geschleppt werden?

Bothwell war ein Mann der Kriegspraxis, der unzählige gefährliche Unternehmen befehligt und selbst durchgeführt hatte – und ausgerechnet er soll derart dilettantisch vorgegangen sein? Warum hat Bothwell, als er nach Mitternacht zum Alten Probsthaus ging, laut nach dem Onkel gerufen und am Stadttor seine Identität preisgegeben, wenn er doch zu meuchlerischem Tun unterwegs war?

Keine dieser Fragen ist damals gestellt worden. Dafür hat sich die Phantasie – und das seit vierhundert Jahren stets aufs neue – umso eingehender mit den unverletzten Leichen Henrys und seines Dieners Taylor sowie mit den wahllos herumliegenden Gegenständen (Sessel, Seil, Umhang, Dolch) beschäftigt. Es wurde angenommen, Henry sei, durch ein Geräusch geweckt, in Panik in den Garten geflüchtet und dort, zusammen mit dem nachkommenden Taylor, erwürgt worden. Dies ließ sich durch die Aussagen der Frauen erhärten, die gehört haben wollen, wie der König um sein Leben bettelte. Warum aber hat Henry, als er aus dem Haus stürzte, nicht die anderen Diener geweckt? Und wie kamen die verschiedenen Gegenstände in den Garten? Ganz einfach. Der besonnenere Taylor packte sie rasch noch zusammen, um es seinem Herrn bequemer zu machen (Sessel und Umhang), ihn zu schützen (Dolch). Für das Seil gab es keine Erklärung. Wer aber waren die Mörder, die im Garten lauerten, obwohl sie doch wissen mußten, daß das Haus jeden Augenblick in die Luft fliegen würde, und sie nicht ahnen konnten, daß Henry aufwachen und aus dem Haus laufen würde? Bothwells Leute? Andere? Welche anderen? Wieso wurden nirgendwo Würgemale am Hals der Toten erwähnt?

Eine weitere Version besagte, daß Henry und Taylor bereits im Schlafzimmer umgebracht und dann in den Garten geschleppt wurden. Zwei Leichen über die Wendeltreppen ins Freie tragen, ohne die anderen Diener zu wecken? Wozu das Manöver, wenige Minuten vor der sicheren Explosion? Das Rätsel von Umhang, Dolch, Seil und Sessel ist damit auch nicht gelöst.

Ein wenig Licht ins Dunkel brachten nach dem Zweiten Weltkrieg die Forschungen des britischen Generalmajors R. H. Mahon, eines berühmten Sprengstoffexperten: Aufgrund der im Bombenhagel von London gewonnenen Erkenntnisse sei mit an Sicherheit grenzender Wahrscheinlichkeit anzunehmen, daß Henry und Taylor durch die Wucht der Explosion aus dem Haus geschleudert wurden und nur scheinbar unversehrt blieben. Der enorme Luftsog hat dabei die Lungen zerrissen, äußerlich blieben die beiden Männer unverletzt. So gelangten auch die einzelnen Gegenstände in den Garten, und so geriet einer der Diener auf die Stadtmauer. Der hatte Glück und überlebte, die übrigen Bewohner des Hauses starben unter den Trümmern.

Noch wesentlich aufschlußreicher ist das Ergebnis der eigentlichen Untersuchung des Generals. Er hat nachgerechnet, daß die in zwei Koffer und vier Ledersäcke verpackte Menge des damals wenig wirksamen Pulvers, das angeblich in Marias Schlafzimmer ausgestreut worden war, bei weitem nicht ausgereicht hätte, ein solide gebautes Steinhaus vollkommen zu vernichten. Um zu bewirken, daß das gesamte Gebäude zu einem einzigen Trümmerhaufen zusammenstürzte, hätten sämtliche Kellergewölbe mit Pulver randvoll gestopft werden müssen. Dazu aber reichte die kurze Zeit am Nachmittag des 9. Februar nicht aus.

Mahons Folgerung: Das Pulver wurde entweder vor Henrys Ankunft im Keller versteckt, oder aber es wurde mit Henrys Wissen dorthin gebracht, während er bereits im Haus war. Sicher hätten, so meint Mahon, die Brüder Balfour davon gewußt. Der eine war Besitzer des Hauses, der andere hatte als Angehöriger der Leibwache Gelegenheit, Pulver zu beschaffen, soviel er brauchte. Aber in wessen Auftrag?

War es Moray, der seine Schwester samt Ehemann loswerden wollte, wobei Maria nur durch Zufall dem Attentat entging? Waren es andere Verschwörer? Katholiken, denen die katholischen Könige zu lax waren? Protestanten, die noch immer eine Gegenreformation fürchteten? Diese These ergibt sogar einigen Sinn. Während es töricht erscheint, jemanden auf so komplizierte und spektakuläre Weise umzubringen, den man viel bequemer durch Gift oder Dolch oder »Unfall« geräuschlos hätte töten können, setzte die Explosion ein Fanal, in dessen Gefolge Aufruhr und Bürgerkrieg leicht zu inszenieren gewesen wären.

In Verdacht geriet auch Henry selbst, der so wütend war, als seine Frau, entgegen einer getroffenen Vereinbarung, das Haus verließ, um einen Ball zu besuchen. Ist Henry nur durch eine Panne an ihrer Statt ums Leben gekommen? Hat er nicht für fünf Uhr früh die Pferde bestellt, eine Zeit also, da seine Frau noch längst geschlafen hätte? War es Zufall, daß Henrys Vater, Graf Lennox, sich zur Zeit der Tat nur zwanzig Meilen von Kirk o'Field entfernt auf einem Schloß aufgehalten und dort mehrmals Moray getroffen hat?

Erhielt Bothwell eine Warnung und holte darum Maria um Mitternacht vom Fest weg, um dann lang mit ihr und Traquair zu verhandeln? Ging er deswegen noch einmal nach Kirk o'Field? Aber was hat er dort eigentlich getan?

»Wer immer den Mord geplant, wer immer das Opfer sein sollte: Es hätte tausend Möglichkeiten gegeben, die Tat im Stil der Zeit ... durchzuführen. Die große Frage ist: Wozu der riesige Aufwand ... um sich eines Menschen, vielleicht zweier Personen zu entledigen. Dieses Rätsel ist bis heute nicht gelöst«, schreibt die englische Historikerin Antonia Fraser, deren 1969 erschienene Maria-Stuart-Biographie bis heute als die wichtigste und respektabelste Sammlung allen verfügbaren Quellenmaterials gilt.

Während wir bei der Erörterung der verschiedenen Mord-Theorien die Jahrhunderte übersprungen haben, sind in Edinburgh gerade fünf

Tage verstrichen. Am 12. April 1567 wurde Bothwell von der Adelsversammlung freigesprochen, am 17. April schreitet er an der Seite der in tiefes Schwarz gehüllten Königin zur Parlamentseröffnung. Wie stets bei solch feierlichem Anlaß darf er das Schwert tragen.

Zunächst wird Nebensächliches diskutiert: Wo wird der kleine Prinz Jakob seinen ständigen Wohnsitz haben? Unter welchen Bedingungen sollen dem längst rehabilitierten Grafen Huntley seine Güter zurückgegeben werden?

Nach sehr heftigen Debatten werden schließlich zwei Gesetze beschlossen, die auf Bothwells Initiative zurückgehen. Das eine, wesentlich brisantere, gewährt allen Konfessionen unumschränkte Glaubensfreiheit – und das einunddreißig Jahre vor dem berühmten Edikt von Nantes, das den französischen Hugenotten ähnliche Gunst gewährte. Das andere Gesetz drohte jedermann Strafe an, »der einen Aushang oder Anschlag verfaßt ... worin die Majestät der Königin beleidigt wird«.

Am 19. April ist die Parlamentssession zu Ende, und für denselben Abend lädt Bothwell die dreißig führenden Notabeln des Landes zu einem Dinner in »Ainslie's Schenke«. Achtundzwanzig erscheinen, und kein einziger verweigert seine Unterschrift unter einen »Bond«, den Bothwell ihnen unterbreitet. Schon wieder ein »Bond«, zwischen dessen Zeilen unweigerlich Verrat und Mord und Totschlag lauern müssen – wie es damals Brauch ist im wilden Schottland ...

Der »Bond« umfaßt zwei Artikel. Im ersten werden die Lords aufgefordert, das Urteil der Adelsversammlung anzuerkennen, das Bothwells Unschuld am Mord Henrys bestätigt, und ihn im Kampf gegen böswillige Verleumder zu verteidigen.

Im zweiten Artikel bittet Bothwell die edlen Herren um ihre Zustimmung »für den Fall, daß Ihre Majestät, die zur Zeit ohne Gatten ist, die Neigung verspürt, sich wieder zu verheiraten, und bereit sein sollte, einen ihrer Untertanen ... in Anbetracht der treuen Dienste, die er ihr stets geleistet hat ... zum Gemahl nehmen wollte«. Das Gemeinwohl erfordere, »daß sie nicht in diesem Zustand (der Witwenschaft) verharre, und möge es ihr gefallen, den besagten Earl (Bothwell) zu ihrem Gemahl zu wählen«. Die Unterzeichneten verpflichten sich, Bothwell zu unterstützen und gegen jeden Partei zu ergreifen, der diese Heirat verhindern möchte.

Niemand kann bis heute sagen, was Bothwell just in der gefährlichen, von bebender Unruhe geprägten Situation des Landes bewogen haben mag, diesen tollkühnen Schritt zu wagen, notabene er noch immer in aufrechter Ehe mit seiner Frau lebte. War es pure Machtgier? War es verantwortungsvolle Sorge um das Königreich, das dringend einer ordnenden Hand bedurfte? Liebe war es gewiß nicht. Bothwell gehörte nicht zu den Männern, die einer Leidenschaft wegen ihren Kopf verlieren.

Ein weiteres Geheimnis bleibt, warum die Lords überhaupt Bothwells Einladung folgten und allesamt unterschrieben. Später behaupteten sie, Furcht hätte die Feder geführt, denn die Schenke sei von Bothwells Männern umstellt gewesen. Das erklärt aber noch immer nicht, warum sie überhaupt dorthin gekommen waren. Die am häufigsten gehörte Theorie besagt, die Herren hätten einander, wie stets, von Herzen mißtraut und wollten überhaupt einmal sehen, was eigentlich gespielt wurde. Es kann aber auch sein, daß eine Verbindung Marias mit Bothwell ihren dunklen Absichten entgegenkam: In dem Augenblick, da die Königin ihr Schicksal mit dem eines Mordverdächtigen verknüpfte, machte sie sich zur Komplizin und lieferte damit jeden Vorwand, ihr die Gefolgschaft zu kündigen. Was ja dann auch prompt geschehen ist.

Das Original des »Bonds« ist verschollen. Erhalten gebliebene Abschriften weichen in Einzelheiten der Formulierung voneinander ab, und nicht auf allen sind Signaturen von acht Bischöfen, neun Grafen und sieben Baronen identisch. Eine ziert sogar der Namenszug Morays – der aber war nun ganz gewiß nicht in »Ainslie's Schenke«.

Bothwell besuchte Maria am 20. April auf ihrem Landsitz Seton, und Moray behauptete später, der Graf hätte ihr bereits damals einen Antrag gemacht. Sie hätte aber abgelehnt, »weil noch zu viele Gerüchte über den Tod des Königs im Umlauf wären«. Nach Darstellung eines gewissen Kirkcaldy of the Granges, der ebenfalls zu den Signataren des »Bonds« gehörte, hätte die Königin erklärt, »es mache ihr nichts aus, Frankreich, England und Schottland zu verlieren, und sie wollte eher in einem einfachen Unterrock bis ans Ende der Welt gehen, als dulden, daß sie von Bothwell getrennt würde«. Bereits in der englischen Gefangenschaft gab Maria zu Protokoll, als Bothwell ihr zum ersten Mal eine Heirat vorgeschlagen habe, hätte sie eine Antwort gegeben, »die in vollkommenem Gegensatz zu seinen Wünschen stand«. Ein Datum erwähnte sie nicht.

Am 23. April verläßt Maria Seton in Begleitung von dreißig Berittenen, um ihren Sohn in Stirling zu besuchen. Tags darauf macht sie sich auf den Weg nach Edinburgh, und sie sieht sich, kurz vor einer Brücke, plötzlich einer kleinen Streitmacht unter Bothwells Führung gegenüber – die Schätzungen gehen von fünfhundert bis achthundert Mann.

Der Graf fordert die Königin »höflich«, wie sie selbst angibt, auf, mit ihm ins Kastell von Dunbar zu reiten, da ihr Leben in Edinburgh aufs höchste gefährdet sei. Maria scheint nicht sehr überrascht, und als ihre Begleiter zu den Waffen greifen, gebietet sie Einhalt, »damit es kein Blutvergießen gibt«. James Melville, dessen Memoiren wir schon einmal zitiert haben, schreibt: »Hauptmann Blacater, der mich ergriffen hatte, sagte, alles geschehe mit Einwilligung der Königin.«

Dieser Zwischenfall ist als »Entführung« in den Annalen festgeschrieben – tatsächlich sieht es nicht ganz danach aus. Unterwegs trifft der Trupp wiederholt auf Bauern, die ihre Feldarbeit unterbrechen, um ihre Königin demütig zu grüßen. Maria nickt huldvoll zurück und läßt keineswegs schrille Hilferufe ertönen, wie man es vom Opfer einer Entführung erwarten könnte.

Was in Dunbar geschehen oder nicht geschehen oder vielleicht geschehen ist – man wird es nie erfahren. Das wußten nur zwei Menschen, und einer von ihnen, Bothwell, schwieg. Allein Maria hat verschiedene Versionen der Ereignisse erzählt. Melville schreibt, die Königin hätte ihm gesagt, sie müsse Bothwell heiraten, da er sie »gegen ihren Willen« besessen hätte. »Obwohl Wir sein Vorgehen unhöflich fanden, waren seine Worte sanft«, und er hätte sie »mit beharrlichen Bitten, die nichtsdestoweniger von Gewalt begleitet waren«, bedrängt. Melville fügt hinzu: »Der Königin blieb nichts anderes übrig, als ihn zu heiraten, denn er hat ihr gegen ihren Willen beigewohnt.«

In einem Brief an den Bischof von Dunblane schreibt Maria, daß Bothwell »starken Druck« ausgeübt hätte, und sie habe niemanden um Rat fragen können. Schließlich »milderten Wir Unser Unbehagen und begannen, über seine Vorschläge nachzudenken«.

Und je länger sie darüber nachdachte, desto plausibler müssen ihr seine Pläne erschienen sein. Schottland brauchte dringend einen starken Mann, jemanden, der ihr beistand »in den oftmaligen Aufständen, die sich gegen Uns gerichtet haben, seit Wir in Schottland angekommen sind«. Die Schotten würden keinen Landfremden mehr als Gemahl der

Königin anerkennen, und »im Hinblick auf die Verdienste, die er (Graf Bothwell) sich in der Vergangenheit erworben hat, kann kein anderer Schotte vorgezogen werden«.

Man darf die Tatsache nicht übersehen, daß sich Maria noch immer in einer depressiven Krise befand und umso leichter zum Nachgeben bereit war, als Bothwell ihr die schriftliche Einwilligung der Lords zu dieser Ehe gezeigt hat.

Marias Verteidiger wie Bothwells Feinde waren sich stets einig, daß sie entführt und vergewaltigt wurde, um ihr Jawort zu erzwingen. Allerdings läßt ihr passives Verhalten während der »Entführung« und auch später, als sie ungezählte Male die Gelegenheit gehabt hätte, ihrem »Vergewaltiger« zu entkommen, den Schluß zu, daß ihr, aus welchen Gründen immer, eine Ehe mit Bothwell das geringste unter allen vorstellbaren Übeln erschienen sein mag.

Warum der ganze Entführungsspuk überhaupt inszeniert wurde, werden wir nie herausfinden können, da uns Heutigen die verschlungenen Gedankengänge schottischer Clanfürsten des 16. Jahrhunderts für immer fremd bleiben werden. Ganz zu schweigen von den sprunghaften Entscheidungen einer zutiefst verunsicherten fünfundzwanzigjährigen Herrscherin, die noch dazu oftmaligen Stimmungsschwankungen unterworfen war.

Am 6. Mai kehrt die Königin nach Edinburgh zurück, hoch zu Roß. Bothwell führt das Pferd am Zügel – wie ein ehrerbietiger Diener. Er hält sie am Zügel fest wie eine Gefangene, so lautet die andere Lesart. Auf jeden Fall ist der Empfang durch die Bürger eisig. Die Lords haben gute Vorarbeit geleistet.

Denn schon eine Woche nachdem sie dem »Ainslie's Bond« – so wird er in der Geschichtsschreibung bezeichnet – beigepflichtet haben, schließen sie sich zu einem neuen »Bond« zusammen und schwören, alles zu tun, um die Königin aus den Klauen Bothwells zu befreien. An Moray geht der eilige Ruf, baldmöglichst in die Heimat zu kommen, um dem »Bond« beizupflichten. Den Plan allerdings, den kleinen Prinzen zu entführen, ihn zum König zu machen und in seinem Namen kollektiv zu regieren, den lassen die wetterwendischen Herren wieder fallen.

Der Königin überreichen sie eine Petition, worin sie ihr »nahelegen, diese Ehe genau zu überlegen«. Maria hätte in diesem Augenblick die günstige Gelegenheit gehabt, sich dem Schutz der Lords zu unterstellen, aber sie ließ sie ungenutzt verstreichen. Vielmehr unterzeichnete sie eine Erklärung, wonach sie nicht entführt und gegen ihren Willen festgehalten worden sei, um gleich darauf eine so heftige Kehrtwendung zu machen, daß man fast an ihrem Verstand zweifeln könnte: Vor dem Parlament verkündet sie, daß sie sehr wohl gegen ihren Willen in Dunbar festgehalten worden sei. Im Hinblick auf Bothwells »tadellose Haltung« ihr gegenüber und in Anbetracht seiner bisherigen großen Meriten sei sie nun aber zufrieden und vergebe ihm und seinen Mittätern.

Das komplizierte Verfahren von Bothwells Scheidung wird blitzartig abgewickelt. Bereits am selben Tag, da er Maria nach Dunbar brachte, beantragte seine Frau die Scheidung wegen Ehebruchs mit einer gewissen Betty Crawford. Lady Jean war demgemäß in die Pläne ihres Mannes eingeweiht und hat ihnen zugestimmt, ehe die ganze Affaire überhaupt publik wurde.

Sowohl von den protestantischen wie auch von den katholischen Kirchenoberen mußte die Trennung sanktioniert werden, da Bothwell Protestant und Lady Jean Katholikin war. Die Protestanten genehmigten die Scheidung wegen erwiesenen Ehebruchs, die Katholiken annullierten die Ehe, nachdem sie »überraschend« festgestellt hatten, daß Bothwell und seine Frau nahe verwandt waren.

Am 12. Mai beruft Maria eine Adelsversammlung ein und betont neuerlich, daß sie dem Grafen Bothwell »in Anbetracht seiner ausgezeichneten Dienste, die er geleistet hat und wohl auch in Zukunft leisten wird«, vergebe und ihn zu heiraten wünsche. Sie verleiht ihm den Titel eines Herzogs der Orkney- sowie eines Lords der Shetland-Inseln, und sie selbst drückt ihm die Herzogskrone aufs Haupt.

Die Volksseele kocht. Augenblicklich tauchen wieder bösartig formulierte Affichen auf, diesmal fast ausschließlich auf die Königin abzielend. Überaus scharf reagiert das Ausland. Königin Elisabeth schickt einen Sonderbotschafter nach Edinburgh, der Maria vor »überstürzten Schritten« abhalten soll. Katharina von Medici schreibt: »Wenn die Königin den Grafen Bothwell heiratet, kann sie nicht mehr auf das Wohlwollen und die Freundschaft des Königs von Frankreich zählen.« Wie bereits bei der Hochzeit mit Henry kommen all die Warnungen und Drohungen viel zu spät.

Das Aufgebot wird bestellt, aber der Pfarrer von St. Giles, der Stadtpfarrkirche von Edinburgh, weigert sich, es von der Kanzel herab zu verlesen. Erst nachdem er einen von Maria persönlich signierten schriftlichen Befehl erhält, in dem die Königin ausdrücklich versichert, weder entführt noch vergewaltigt worden zu sein, lenkt er ein.

Am 14. April wird der Ehevertrag unterzeichnet, tags darauf findet im Festsaal von Holyrood die protestantische (!) Trauung statt. Wie bei der Hochzeit mit Henry trägt die Braut eine schwarze Robe, und sie macht einen verstörten Eindruck. Fast stumm bleibt sie beim Mahl im kleinsten Kreis – sie an einem Ende der Tafel, ihr neuer Gemahl am weit entfernten anderen. Weitere Festlichkeiten sind nicht vorgesehen.

Später ist immer wieder behauptet worden, Maria Stuart sei Bothwell in blinder Leidenschaft verfallen gewesen. Davon ist in den Berichten von Zeitzeugen niemals die Rede.

»Auf dem Weg von jener ketzerischen Zeremonie konnte sie ihre Tränen nicht zurückhalten. Sie ließ mich rufen und versprach ... sie wolle nie wieder gegen die Regeln der heiligen Kirche verstoßen«, schreibt Bischof Leslie Ross, einer ihrer ergebensten Berater. Aus der Feder von James Melville erfahren wir, sie hätte mit ihrem Gemahl gestritten und sagte: »Sie wünsche nichts als den Tod. Gestern, als sie mit dem Grafen Bothwell allein im Zimmer war, rief sie einmal laut, man möge ihr ein Messer bringen, damit sie sich töten könne.«

Nichtsdestoweniger zeigt die Jungvermählte bald unübersehbare Zeichen der Eifersucht und behauptet dem französischen Botschafter gegenüber, »daß der Herzog (Bothwell) seiner früheren Gemahlin sehr viel mehr Liebe entgegenbringt als der Königin«. Und das, obwohl jedermann weiß, daß Bothwell und Lady Jean eine reine Vernunftehe geschlossen und teilnahmslos nebeneinander hergelebt haben. Im nächsten Augenblick beklagt sie unter Strömen von Tränen Bothwells Eifersucht, der ihr nicht erlaubte, »irgend jemanden anzusehen«.

Vor anderer Augen sind die beiden ein Herz und eine Seele. Man sieht sie eingehängt, plaudernd und lachend spazierengehen, »der Herzog zeigt der Königin größten Respekt und begleitet sie nur barhäuptig«. Bei einer Sportveranstaltung »trug das königliche Paar große Freude zur Schau«, während des Besuchs bei Freunden auf einem Jagdschloß »machten sie einen zufriedenen Eindruck«.

Maria scheint in jenen Tagen, wie so oft in ihrem Leben, von widersprechenden Gefühlen beseelt gewesen zu sein, schwankend zwischen Lebenslust und Melancholie, immer am Rande der Hysterie.

Viele dieser zwiespältigen Empfindungen schimmern in den Botschaften durch, die sie an die Höfe von London und Paris sendet, um ihre Eheschließung zu begründen. Sie schildert die Ereignisse vom 24. April, als der Graf sie aufhielt, und »er führte mich in aller Eile nach Dunbar«. (Er *führte,* nicht: er *entführte.)* »Obwohl sein Handeln hart war, waren seine Worte sanft. Er versprach, daß er mich ehren und lieben werde, bat um Verzeihung für seine freche Tat ... Schließlich zeigte er mir das Dokument, in dem ihm der Adel meines Reiches Unterstützung versprochen hatte ... Da ich sah ... daß alle Edelleute mit seinem Tun einverstanden waren, gewährte ich ihm die Gunst, ihn zu heiraten. Ich werde ihn lieben und ehren als meinen Gemahl.« Zum Schluß: »Da Tugend durch Neid verfolgt wird und Unser Land von sich aus zur Zwietracht neigt, begannen andere, seine Handlungsweise zu mißbilligen, und versuchten, ihn durch Gerüchte und falsche Darstellungen bei Uns in Mißkredit zu bringen.«

Nüchterner und sachlicher sind die Briefe, die Bothwell zur gleichen Zeit an Königin Elisabeth und König Charles IX. übermittelt, worin er die beiden Monarchen seiner »Zuneigung versichert« und »der guten Absicht, welche ich mein Leben lang hegen werde, Euch und Eurer Krone ergeben zu dienen«. Er sei bestrebt, die guten Beziehungen zwischen Schottland und dem jeweiligen anderen Königreich aufrechtzuerhalten und bittet, den »bösen Gerüchten keinen Glauben zu schenken«, die über ihn von seinen Gegnern verbreitet würden.

Überflüssig zu sagen, daß diese Schreiben nichts bewirkten. England sah in Bothwell ohnehin den eingeschworenen Feind, und in Frankreich sorgte Moray dafür, daß man den Erzbösewicht keiner Antwort würdigte. Die schottische Königin sei »durch Zauberei und Hexerei in die Irre geführt worden, worauf er (Bothwell) sich sehr gut versteht, denn schon in der Schule hat er nichts anderes getan, als Nekromantie (Wahrsagerei durch Totenbeschwörung) und Zauberei zu studieren«.

Insgesamt blieben Bothwell nur kurze Wochen, um zu zeigen, daß es Schottland vermutlich zum Wohle gereicht hätte, wäre es ihm vergönnt gewesen, die Geschicke des Landes für längere Zeit zu beeinflussen. Huntley, Bothwells ehemaliger Schwager, scheint dies auch geglaubt zu haben, denn er nahm ohne Zögern das Angebot an, den Vorsitz im neugebildeten Staatsrat zu führen.

Weit davon entfernt, diktatorische Züge zu zeigen, agierte Bothwell mit Einsicht, Takt und Autorität. Neben einer Reihe von Maßnahmen, die überraschenderweise sofort Wirkung zeigten (eine neue Taktik gegen die Grenzräuberei, Unterbindung der Falschmünzerei, die das Land bereits wirtschaftlich auszuhöhlen begann), gebar er eine Königsidee, die, konsequent und über einen längeren Zeitraum durchgeführt, endlich den inneren Frieden gebracht hätte: Nach dem Rotationsprinzip sollten die ewig untereinander zerstrittenen Clanchefs in die Entscheidungen des Geheimen Staatsrats eingebunden werden.

Die ewig untereinander zerstrittenen Clanchefs sind sich aber gerade jetzt in ihrer großen Mehrzahl einig: einig in ihrem Willen, Bothwell und, im gleichen Atemzug, die Königin zu vernichten. Allenthalben ziehen sie ihre Vasallen zum letzten Kampf gegen den Bösen und die von ihm verhexte Königin zusammen.

Maria und Bothwell halten sich am 6. Juni in Holyrood auf, als ihnen die Nachricht zugespielt wird, daß Rebellen, bereits in geschlossenen Formationen, unterwegs seien. Bothwell bringt Maria eiligst zur stark befestigten Burg Borthwick, etwa fünfzehn Meilen südwestlich von Edinburgh, aber binnen Stunden ist auch dieses Kastell von Aufständischen umzingelt und scheinbar hoffnungslos abgeschnitten.

Dennoch gelingt es Bothwell, sich durch die feindlichen Linien zu schlagen, Maria bleibt über Nacht und wartet auf weitere Weisungen ihres Mannes. Er wird versuchen, Streitkräfte zu mobilisieren.

Die Belagerer fordern Maria auf, sich von ihrem Mann zu trennen und mit ihnen nach Edinburgh zu reiten. Als sie das ablehnt, brüllen sie Schimpfworte, »zu gemein und anstößig, um wiederholt zu werden«, schreibt ein Zeuge.

Im Morgengrauen schafft Maria die Flucht in Männerkleidern. In Black Castle, das einem Freund Bothwells gehört, trifft sie ihren Mann. Gemeinsam macht sich das Paar auf den Weg nach Dunbar, von wo aus sie Herolde übers Land senden, um alle Untertanen zwischen sechzehn und sechzig Jahren anzuweisen, ihrer Königin zu Hilfe zu eilen.

Diese gewagte Flucht beweist wie kein anderes Indiz, daß Maria, wie immer die Umstände ihrer Eheschließung gewesen sein mögen, gewillt war, ihr Schicksal weiterhin an das des Grafen Bothwell zu knüpfen. Nichts wäre für sie leichter gewesen, als einfach in die andere Richtung und in die Arme der Rebellen zu reiten.

Inzwischen haben die Lords eine schlagkräftige Armee auf die Beine gestellt und Edinburgh besetzt. Landauf, landab geht der Ruf, »die Königin zu befreien ... Da der Graf von Bothwell sich mit Gewalt der Königin bemächtigt hat, ... da er an König Henry ein abscheuliches Verbrechen begangen hat und plant ... den Prinzen in seine Gewalt zu bringen ... ergeht an alle Untertanen der Befehl ... sich zusammenzuschließen und die Königin zu befreien und besagten Bothwell der gerechten Strafe für seine Verbrechen zuzuführen.«

Was nun passiert, ist schlichtweg unfaßbar: Bothwell, der gewiegte Taktiker, der Mann, der mit allen Ränken, Intrigen und Falschheiten seiner Standesgenossen wohlvertraut und dementsprechend auf der Hut sein müßte, schenkt einer Botschaft aus Edinburgh Glauben, deren Absender kein anderer ist als James Balfour – Bruder des Eigentümers vom Alten Probsthaus, James Balfour – dessen Rolle im Mordfall Kirk o-'Field äußerst zwielichtig und der nun Kommandant der Festung Edinburgh ist. Er hätte die Lage fest im Griff, schreibt er, die Königin und Bothwell mögen rasch nach Edinburgh zurückkehren, wo sie wesentlich sicherer seien als in Dunbar.

Aber halt! Bietet sich nicht doch noch eine Erklärung für Bothwells Gutgläubigkeit? Könnte nicht Balfour Bothwells Komplize gewesen und in seinem Auftrag das Alte Probsthaus unterminiert, in der Zwischenzeit aber die Fronten gewechselt haben? Es gibt sogar ein Indiz für diese Theorie: James Balfour wurde (aus Dankbarkeit?) unmittelbar nach dem Mord zum Kommandanten der Festung befördert!

Blindlings tappen die Königin und ihr Gemahl in die weit aufgesperrte Falle. An der Spitze ihrer kleinen Truppe – zweihundert Bogenschützen, sechzig Reiter und mit nur drei Feldgeschützen – brechen sie auf. Maria, bar ihrer eigenen Garderobe, hat sich von einer Bauersfrau die landesübliche Tracht ausgeliehen: kniekurzer Kilt, darüber ein Kittel aus grobem Zeug, auf dem Kopf ein kleines Barett. Unterwegs stoßen noch weitere Gefolgsleute zu ihnen, teils gut, teils miserabel ausgerüstet, aber über ihren Häuptern flattert das königliche Löwenbanner, und alle sind guten Mutes.

Fast zur gleichen Zeit, da die Königstreuen Dunbar den Rücken kehren, verlassen an jenem 15. Juni 1567 die Rebellen mit ihrer weitaus stärkeren, bestens gerüsteten und wohldisziplinierten Streitmacht Edinburgh. Auch sie tragen ein Banner vor sich her. Darauf sieht man die nackte Leiche Henrys unter einem Baum. Daneben kniet Prinz Jakob mit gen Himmel gereckten Armen, darunter die Worte: »Räche meine Sache, o Herr.«

Acht Meilen östlich von Edinburgh, nahe einem Flecken namens Carberry Hill, treffen die Gegner aufeinander. Die Königlichen haben die bessere Position, denn sie halten einen kleinen Hügel, und die Männer der Lords haben sich noch nicht geordnet. Bothwell möchte den Vorteil nutzen und sofort attackieren, doch ehe er das Zeichen zum Angriff geben kann, nähert sich ein Parlamentär.

Es ist der französische Botschafter Philibert du Croc, den Maria als zuverlässig und ihr wohlgesonnen schätzt. Du Croc überbringt ein Angebot der Aufrührer. Die Lords seien bereit, sich der Königin »als ergebene Diener vor die Füße zu werfen«, wenn sie ihrerseits gewillt wäre, von Bothwell zu lassen. Maria antwortet kalt und unmißverständlich: Schließlich seien es die Lords selbst gewesen, die der Ehe mit Bothwell zugestimmt hätten. Jenen Bothwell, den sie »zuerst freigesprochen haben und den sie nun anklagen wollen«. Sie vermutet vielmehr, »der Angriff (gelte) der Königin, um ihr die Krone wegzunehmen«. Sie werde aber »die Lords mit offenen Armen aufnehmen, wenn sie um Vergebung flehen«.

Wie den Aufzeichnungen du Crocs zu entnehmen ist, mischt sich nun Bothwell ein. Er fragt laut, fast schreiend, ob man es auf ihn abgesehen hätte. Du Croc brüllt zurück, die Lords seien ergebene Diener der Königin, und flüsternd fügte er hinzu, sie seien sehr wohl Bothwells Todfeinde.

Nach endlosem Palaver, das nichts gefruchtet hat, zieht sich du Croc zurück. Viele Kommentatoren sind der Ansicht, daß der Franzose längst nicht mehr Marias Freund, sondern der heimliche Verbündete der Lords gewesen ist, in deren Auftrag er das Gespräch so lange wie möglich hingezogen hat.

Inzwischen ist es hoher Mittag geworden, eine gnadenlose Sonne brennt hernieder, und Bothwell faßt einen ritterlichen Entschluß – offenbar auch im Hinblick darauf, daß seine Truppen denen der Gegner weit unterlegen sind, nachdem die beste Möglichkeit vertan war, die Rebellen vom Hügel aus anzugreifen, ehe sie sich noch zum Kampf geordnet hatten. Er schlägt vor, sich mit einem einzelnen Gegner im ritterlichen Zweikampf zu messen, um sinnloses Blutvergießen unter der Mannschaft zu vermeiden. Ein Gottesurteil soll entscheiden.

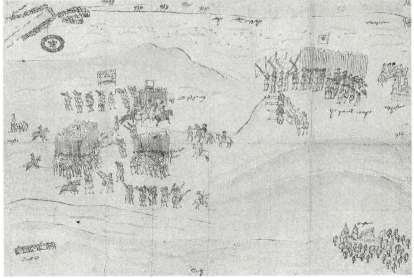

Oben: James Stewart, Graf von Moray, Halbbruder Maria Stuarts und schottischer Regent
Unten: Das Schlachtfeld von Carberry Hill, wo Maria Stuart und ihr dritter Ehemann, James Graf Bothwell, die fatale Niederlage erlitten

Hat schon das Gespräch mit du Croc kostbare Zeit gekostet, so ziehen sich nun die Verhandlungen über das Duell endlos hin. Den ersten Gegner will Maria nicht anerkennen, da er ihrem Gemahl, dem Herzog, nicht ebenbürtig sei. Das ist typisch für sie: Über belanglosen Nebensächlichkeiten verliert sie nur allzugern das Große und Ganze aus den Augen.

Der nächste Kontrahent ergreift in letzter Minute das Hasenpanier, und ein dritter trödelt so lange mit den Vorbereitungen für das Recontre, bis Maria die Nerven verliert und den Kampf Mann gegen Mann überhaupt untersagt. Die letzte Chance ist vertan.

Inzwischen naht der Abend. Viele von Bothwells Mannen haben sich aus dem Staub gemacht, und er weiß, daß in offener Feldschlacht nichts mehr zu holen ist. Die Lords schlagen neue Verhandlungen vor. Zögernd stimmt Maria zu, nachdem die Aufständischen freies Geleit für Bothwell ausdrücklich zugesagt und versprochen haben, daß der Fall des Grafen vor dem Parlament nochmals aufgerollt und unparteiisch beurteilt werden soll. Die Rechte und die Person der Königin sollen unangetastet bleiben.

Bothwell mißtraut dem lockenden Angebot, aber Maria, am Ende ihrer Kräfte und wohl wissend, daß die Feinde ihr Kind als Geisel halten, bestürmt ihren Mann, dem Vorschlag zuzustimmen. Er möge nach Dunbar reiten, die Entscheidung des Parlaments abwarten und, falls diese ungünstig ausfiele, neue Kräfte für den Widerstand sammeln.

Ein französischer Hauptmann im Dienst der Königin hält die herzergreifende Abschiedsszene fest: »Sie küßten sich viele Male, und als der Graf davonritt, sah sie ihm mit großem Bangen und schmerzvoll nach.«

Bothwell kommt unbehelligt davon, Maria wird ins Lager der Lords geleitet – und von der Mannschaft mit Pfiffen und wüsten Beschimpfungen empfangen: »Verdammte Hure, verbrennt die Gattenmörderin! Sie verdient es nicht zu leben. Tötet sie! Ertränkt sie!«

Man bringt sie nicht nach Edinburgh, sondern sperrt sie im Haus des Provost von Craigmillar ein. Verzweifelt stürzt sie zum Fenster und schreit um Hilfe. Aber der Pöbel, der sich draußen versammelt hat, speit ihr Obszönitäten und Verachtung ins Gesicht.

Dann wird sie zum einsam gelegenen Lochleven verfrachtet, einem großen See, in dessen Mitte eine festungsartige Burg steht, denn es zeigt sich, daß sie nicht gewillt ist, von ihrem Mann zu lassen.

Der neue englische Gesandte Nicolas Throckmorton darf sie besuchen und bestürmt sie, Bothwell aufzugeben, doch »sie erwiderte, sie wollte lieber sterben, denn sie sei schwanger ... und würde das Kind zum Bastard machen, wenn sie sich von ihm (Bothwell) trennte«. In seinem Brief an Königin Elisabeth führt Throckmorton weiter aus, er hätte den Eindruck, die Königin sei bereit, ihr Land zu verlassen, um als einfache Frau mit ihrem Mann zu leben. Du Croc berichtet an Katharina von Medici, Maria weinte bittere Tränen, weil sie den Fehler gemacht hätte, nicht mit ihrem Mann zusammengeblieben zu sein.

Am 21. Juni 1567 übernimmt der Geheime Staatsrat die Regierungsgeschäfte. Marias private Besitztümer, vor allem Juwelen, Gold und Silber, werden beschlagnahmt – und sofort unter den neuen Herren aufgeteilt.

Während die Annexion der Regierungsgewalt vor den Augen der Welt stattfindet und sowohl im Inland wie auch in ganz Europa ausgiebig besprochen wird, spielt sich im verborgenen eine Episode ab, die bald gewaltige politische Bedeutung gewinnen, die aber in keinem einzigen offiziellen oder offiziösen Bericht aus jenen Tagen auch nur andeutungsweise oder verschlüsselt erwähnt wird.

Den Häschern der neuen Regierung ist ein Diener Bothwells, er heißt George Dalgleish, in die Hände gefallen. Nach schweren Folterungen gesteht er (angeblich), er hätte eine Kassette seines Herrn unter dessen Bett versteckt. Sie wird (angeblich) aufgefunden und dem Haupt der Verschwörung, dem Grafen James Douglas Morton, übergeben. Der öffnet (angeblich) die Kassette in Gegenwart zahlreicher Zeugen, »ohne etwas zu verderben, zu verändern, hinzuzufügen oder wegzunehmen«. Es ist bemerkenswert, daß in den akribischen Vernehmungsprotokollen des Dieners Dalgleish nicht der geringste Hinweis auf die Kassette zu finden ist ...

Im zweiten Drittel des Monats Juli – das genaue Datum ist nicht bekannt – erleidet Maria, die sich noch immer völlig isoliert auf der Burg im Lochleven befindet, eine Fehlgeburt. Es sollen Zwillinge gewesen sein. Die durch Jahrhunderte erzählte Geschichte, daß sie im Februar 1568 Mutter einer Tochter geworden wäre, die nach Frankreich geschmuggelt wurde und dort hochbetagt als Nonne gestorben sei, ist mittlerweile längst in das Reich romantischer Phantasien verwiesen worden.

Am 26. Juli 1567 suchen drei Lords die Königin heim. Einer von ihnen ist ausgerechnet Lord Patrick Ruthven, der brutale Anführer im Rizzio-Mord. Sie heischen die Unterschrift unter drei Dokumente. Maria weigert sich, und sie gibt erst nach, als Ruthven droht, ihr die Kehle durchzuschneiden. Wir erinnern uns: Er hat sie schon einmal mit einer Morddrohung eingeschüchtert, als sie, nach dem Verbrechen an Rizzio, sich dem Volk zeigen wollte. Sie sei, so schreibt sie Jahre danach, durch »die äußersten Unbilden, die ich ertragen mußte, und durch einen starken Blutfluß« so geschwächt gewesen, daß sie keinen Widerstand mehr leisten konnte.

Auf dem ersten Papier dankt sie zugunsten ihres Sohnes ab, im zweiten wird den Lords die Erziehung des Prinzen übertragen – Graf Lennox, der Vater Henrys, ist darunter. (George Buchanan wird, nicht viel später, als Chef-Pädagoge dem kleinen Prinzen das Gift des Hasses gegen die eigene Mutter in raffiniert gestaffelten Dosen einflößen.)

Im dritten Schriftstück ernennt die Königin ihren Halbbruder James Stewart Graf Moray zum Regenten: »Eingedenk der engen Blutsbande zwischen uns, der natürlichen Zuneigung und Liebe, welche er Uns stets bezeugt hat, seiner erwiesenen Ehrlichkeit (sic!), seines Geschicks und seiner Fähigkeit, die Last der Regierungsgeschäfte zu tragen ...« Entweder hat man ihr dieses Schanddokument diktiert, oder sie hat sich, allen Unbilden und durch starken Blutfluß verursachter Schwäche zum Trotz, die Fähigkeit bewahrt, mit bitterem Hohn und schwarzer Ironie der Nachwelt kundzutun, was sie über den sauberen Bruder wirklich dachte ...

Sechs Jahre sind vergangen, seit Maria Stuart auf Drängen eben dieses Bruders nach Schottland heimgekehrt ist. Sechs Jahre lang hat er mit scheinheiliger Liebe, mit List und mit Gewalt darauf hingearbeitet, unumschränkter Herrscher über das Königreich zu werden. Nun ist er am Ziel aller Wünsche, und es gilt nur noch, einen kleinen, aber wesentlichen Makel aus der Welt zu schaffen: Die Rebellion der Lords gegen die gesalbte, gekrönte und damit dem Gottesgnadentum unterstellte Herrscherin. Wie ist sie unanfechtbar zu rechtfertigen?

Am 16. September, also drei Monate nach ihrer angeblichen Entdeckung, wird die ominöse Kassette aus dem Besitz Bothwells zum ersten Mal amtlich erwähnt: »Der edle und mächtige Fürst James Stewart Graf von Moray bestätigt, aus den Händen von James Graf von Morton eine mit Gold beschlagene silberne Kassette empfangen zu haben, darin

Briefe, Heiratsverträge, Liebesgedichte und Schreiben enthalten sind, welche zwischen der Königin ... und James, ehedem Graf von Bothwell, ausgetauscht wurden. Besagte Kassette ... und alles, was darin enthalten ist, wurde bei George Dalgleish, Diener jenes Grafen Bothwell, am 20. Juni im Jahre 1567 entdeckt und beschlagnahmt.«

Wieder drei Monate später tagt das Parlament. Es nimmt die Regentschaft Morays zur Kenntnis und erklärt den Aufstand gegen die Königin und ihre Gefangennahme für rechtens, nachdem den Abgeordneten die einzelnen Beweisstücke aus der Kassette vorgelegt worden waren. »Es ist durch verschiedene Briefe, welche sie mit eigener Hand an den Grafen Bothwell, den Hauptschuldigen des Mordes an dem König ... teils vor der Ausführung, teils nach der Ausführung des Mordes, geschrieben hat, und durch ihre ... empörende Heirat mit jenem bewiesen, daß sie von dem besagten Mord am König, ihrem rechtmäßigen Gatten, wußte und ihre Hände im Spiel hatte.«

Was heute vom Inhalt der Kassette bekannt ist, sind Abschriften von Abschriften in Englisch und Latein. Nur vier der Briefe sind, wie die angeblichen Originale, in französischer Sprache verfaßt. Nirgendwo ist ersichtlich, wie viele Schriftstücke sich ursprünglich in der Kassette befunden haben sollen. Sämtliche Schreiben sind undatiert, und man kann sie, je nach Belieben, dort einreihen, wo sie gerade passend erscheinen.

Würde man den Briefen trauen, dann wäre Maria dem Grafen Bothwell bis an die Grenze der Selbstaufgabe hörig gewesen, er hingegen hätte sie nur kalt, ablehnend und verächtlich behandelt.

Der am schwersten belastende, sogenannte »lange Brief« stammte, so wird behauptet, aus Glasgow, wohin Maria gereist war, um ihren kranken Mann abzuholen. Aus ihm geht hervor, daß Maria in die bevorstehende Ermordung Henrys eingeweiht und damit einverstanden war. Es bleibt unerklärlich, warum sie sich über ein so gefährliches Thema des langen und breiten ausgelassen haben sollte, wenn sie nur wenige Tage von ihrem Komplizen getrennt war. Und warum hat Bothwell, wie von Maria nachdrücklich gebeten, das im wahrsten Sinn des Wortes hochexplosive Dokument nicht vernichtet?

Der »lange Brief« umfaßt nicht weniger als fünftausend Worte, das ist etwa soviel wie zehn Seiten dieses Buches. Sie muß praktisch Tag und Nacht geschrieben haben – an einen Mann, den sie, wenn das Elaborat endlich fertig ist, ohnehin gleich wiedersehen wird. Völlig absurd heißt es gegen Ende der Epistel: »Denke an Deine Freundin und schreibe ihr oft.« Sie wird ihm morgen oder übermorgen begegnen – wozu und wohin soll er denn schreiben?

Nicht wegzuleugnen ist allerdings die Tatsache, daß der Brief viele Interna aus dem Hofleben enthält. Wenn sie nicht selbst die Autorin ist, dann jemand, der mit ihrer Umgebung und ihrer Denkweise innig vertraut war. Der Verdacht fällt auf einen Mann aus ihrer engsten Umgebung, durch dessen Hände ihre gesamte Post gegangen ist.

Natürlich hat die Spanne von wenigen Monaten zwischen der angeblichen Entdeckung der Kassette und der Veröffentlichung ihres Inhaltes nicht ausgereicht, all die Briefe und zwölf Sonette mit 159 Versen aus dem Nichts zu zaubern. Man vermutet daher, daß in dem Kästchen in der Tat persönliche Schriftstücke Marias lagen, die dann von geschickten Fälschern ausgeweitet und verdreht wurden. Einige Briefe dürften ursprünglich von Anna Throndsen gestammt haben, der weinerliche, um Liebe und Anerkennung bettelnde Ton paßt recht gut zu einer sitzengelassenen Braut.

Die mittelmäßigen Verse flossen bestimmt nicht aus Marias Feder, die eine recht begabte Poetin war. Das beteuert jedenfalls Pierre de Ronsard, der Dichterfürst jener Tage, der Marias Werke genau kannte. Viel eher deutet der Inhalt der Sonette auf eine verlassene Geliebte (Anna Throndsen?) als auf eine stolze Fürstin. Weder hat sie für ihn, wie es in einem der Verse heißt, »Verwandte, Freunde und Eltern ziehen lassen«, noch kann man sich recht vorstellen, daß Maria bereit war, »in den Tod zu gehen«, falls der Geliebte sie nicht erhörte.

In England, Frankreich und Schottland ließ Moray ungezählte Abschriften der Papiere verbreiten, auch Königin Elisabeth wurden sie vorgelegt. Wer immer nur wollte, bekam sie zu sehen – nur Maria nicht, obwohl sie stürmisch danach verlangte, wenigstens ein paar Zeilen der »Originale« begutachten zu dürfen. Da die sogenannten Urschriften längst verschollen sind – wenn es sie denn je gegeben hat –, ist es heute nicht möglich, ein graphologisches Gutachten zu erstellen.

Nach Morays Tod wechselte die Kassette samt Inhalt mehrfach die Besitzer. Schließlich gelangte sie in die Hände eines Grafen Gowrie. Er wurde 1584, liebgewordener schottischer Tradition folgend, hingerichtet. Erst 1632 tauchte eine ähnlich aussehende leere Kassette wieder auf und wurde dem Herzog von Hamilton zum Kauf angeboten. Man weiß nicht, ob es sich tatsächlich um Bothwells Kästchen handelte und, wenn es echt war, wo es sich zwischen 1584 und 1632 befand.

Schon bald scheinen etliche Lords Zweifel an der Authentizität der Dokumente gehegt und überdies Morays harschen Führungsstil abgelehnt haben. Zahlreichen Diplomatenberichten ist zu entnehmen, daß führende Edelleute immer nachdrücklicher die Absetzung Morays und die Wiedereinsetzung Marias forderten, unter ihnen auch solche, die an der Rebellion gegen sie beteiligt waren. Nun behaupteten sie, ihr Widerstand hätte sich ausschließlich gegen Bothwell und keineswegs gegen ihre Majestät gerichtet.

Am 5. Mai 1568 gelingt Maria die Flucht aus ihrem Kerker. Noch einmal kann sie eine Reihe von Lords samt deren Hausmacht für sich begeistern. Dennoch wird ihre 6 000 Mann starke Armee von den nur 4 000 Mann, die Moray um sich geschart hat, am 13. Mai innerhalb von nur sechzig Minuten beim Dörfchen Langside nahe Glasgow geschlagen. Es wird so heftig gekämpft, »daß die Soldaten, nachdem sie ihr Pulver verschossen hatten, ihre Musketen als Knüppel benützten und ihre Gegner (damit) erschlugen«, schreibt James Melville.

Ungeklärt ist, ob der Kommandant von Marias Truppe im alles entscheidenden Augenblick wirklich einen epileptischen Anfall erlitten oder ihn nur vorgetäuscht hat, weil er bereits wieder auf Morays Seite stand. Maria entkommt mit knapper Not der Gefangennahme und wechselt am 16. Mai nach England über, wo sie in die Hände ihrer »guten Schwester Elisabeth« fällt.

Und wo ist ihr Gemahl, Lord James Hepburn Graf von Bothwell, Herzog der Orkney- und Lord der Shetland-Inseln? Gefangen in Dänemark. Eingeholt vom Schatten seiner Vergangenheit namens Anna Throndsen!

Vermutlich auch zu seiner eigenen Überraschung gelangte Bothwell nach dem Fiasko von Carberry Hill ungeschoren in die rund fünfundzwanzig Meilen entfernte Festung zu Dunbar. Es glückte ihm sogar das unglaubliche Wunder, eine kleine Armee auf die Beine zu stellen, mit deren Hilfe er die Königin befreien wollte. Einige Lords, die dem Treiben der Verräter von Anfang an mit gesundem Mißtrauen gegenübergestanden waren, schlossen sich ihm an.

Sie hielten auch noch zu ihm, nachdem an ihn der Ruf ergangen war, sich binnen dreier Wochen im Talbooth einzufinden, um sich neuerlich für die Ermordung Henrys und die Entführung der Königin zu verantworten. Als aber, fünf Tage vor Ablauf der Frist, Bothwell für gesetzlos und vogelfrei erklärt wurde, verliefen sich die letzten Freunde im Nu. Auf Bothwells Kopf war eine Prämie von tausend Kronen ausgesetzt worden, »jedermann, der den Grafen in sein Haus aufnimmt, ihn mit Männern, Waffen, Schiffen oder sonstiger Ausrüstung versorgt, wird als Komplize des schrecklichen Mörders vor Gericht gestellt«. Das aber wollte niemand, und wäre er noch so königstreu, riskieren – außer Patrick Withelaw. Er hielt die Festung Dunbar bis zum 1. Oktober, nachdem Bothwell die Stadt verlassen hatte, um anderswo sein Glück zu versuchen.

Zunächst wandte er sich an den Grafen Huntley in Aberdeenshire, doch der allzeit Getreue hatte bereits jegliche Hoffnung fahren lassen und hieß den ehemaligen Schwager weiterziehen. Mit offenen Armen wurde der Flüchtling von seinem Großonkel, dem Bischof von Moray, aufgenommen, bei dem er die meisten Jahre seiner Kindheit verbracht hatte. Der alte »Hurentreiber« scheint Bothwells riskanten Plänen, sich auf die Orkney-Inseln zurückzuziehen und von dort aus, ein winziger David gegen den Riesen Goliath, den Kampf aufzunehmen, nicht ablehnend begegnet zu sein. Denn von wem, wenn nicht vom Onkel, hatte Bothwell die Mittel, sechs Kaufmannsschiffe und Fischerboote mit insgesamt dreihundert Mann zu rekrutieren?

Mit dieser kleinen, schäbigen Flotte brach er zu den Orkneys auf, und dort wurde er, ihr Herzog, von den Landeskindern jubelnd empfangen – bis ihm die ersten Kugeln von Kirkwall-Castle aus um die Ohren flogen: Der Kommandant der Festung war ihm offensichtlich weniger gewogen als die einfachen Leute. Bothwell zog sich mit seinen Schiffen in den Hafen von Scapa Flow zurück. Von dort aus kreuzte er zu den sicherer scheinenden Shetland-Inseln.

Auch hier ein freundliches Willkommen, und sogar der Landvogt gewährte seinem Lord Gastfreundschaft, wahrscheinlich noch nicht ahnend, daß Schottlands neuer Herrscher Moray einen weiteren Haftbefehl gegen seinen Widersacher erlassen hatte, »der sich mit berüchtigten Piraten verbündet (hat) und mit aller Grausamkeit brave Kaufleute und Reisende zu überfallen gedenkt«.

Moray sandte eine Flottille gen Norden, um des Ersten Lords der Admiralität habhaft zu werden. Als sich die wohlgerüsteten Schiffe den Shetlands näherten, gelang Bothwell mit zwei kleineren Booten im letzten Augenblick die Flucht.

Nach einer stürmischen Überfahrt näherten sich Bothwell und seine Leute der Küste Norwegens. Sie wurden von einem Patrouillenboot angehalten, das sich auf Piratenjagd befand.

Kapitän Christian Aalberg kletterte an Bord und fragte nach dem Woher und Wohin. Bothwell, noch nicht bereit, seine Identität preiszugeben, erklärte vage, er sei ein schottischer Edelmann auf dem Weg zum dänischen König – eine Auskunft, die den braven Kapitän ein Lachen gekostet haben mag, angesichts der abgerissenen, verdreckten Figur, die ihm da gegenüberstand. Das Lachen verging ihm schnell, als der Fremde plötzlich behauptete, er sei der Ehemann der schottischen Königin Maria Stuart.

Egal ob er ihm glaubte oder nicht, Aalberg wagte es nicht, eine eigenmächtige Entscheidung zu treffen, und sandte, mit der Bitte um Weisungen, einen Boten zum Kommandanten der Festung Bergen, Erik Oettensen Rosenkrantz, der zugleich Vizekönig von Norwegen war. (Wie erinnerlich, gehörte Norwegen damals zu Dänemark).

Rosenkrantz schickte eine vierzehnköpfige Untersuchungskommission an Bord, die herausfinden sollte, ob der Mann ein Pirat, ein Hochstapler oder gar am Ende doch der Gemahl Maria Stuarts wäre. Bothwell blieb bei seiner Behauptung und erklärte, auf dem Weg nach Frankreich zu sein, um Beistand für seine Gemahlin zu erbitten. Vorher wollte er den dänischen König besuchen, dessen Gast er sieben Jahre zuvor gewesen wäre. Ob er wußte, daß Maria mittlerweile bereits resigniert hatte, ist unklar.

Sie seien ja gerne bereit, alles zu glauben – aber doch nicht ohne Vorlage amtlicher Papiere, sagten die Herren. Wütend fuhr sie Bothwell an: »Wer soll mir Ausweise geben! Bin ich nicht selbst Schottlands höchste Autorität? Von wem soll ich Vollmachten erhalten?«

Die sehr verwirrten Herren der Kommission berieten sich kurz und beschlossen, die letzte Entscheidung dem Vizekönig zu überlassen. Bothwell wurde also nach Bergen gebracht. Man schrieb den 2. September 1567.

Rosenkrantz empfing Bothwell sofort, und er glaubte ihm seine Geschichte. Er glaubte ihm peinlicherweise ohne Papiere und ohne weitere Nachforschungen, denn der Beweis für dessen Identität wurde dem Vizekönig aus übervollem, gekränktem Herzen geliefert – durch Anna Throndsen!

Dies war einer der seltsamen Zufälle, wie sie nicht allzu oft in der Weltgeschichte vorkommen und auch Einzelschicksalen entscheidende Wendungen geben können – in diesem Fall eine eher fatale. Anna Throndsen, die verlassene Braut, hatte nach ihrer Rückkehr aus Schottland nicht geheiratet, nicht vergeben und nicht vergessen. Sie lebte zunächst in Kopenhagen und, nach dem Tod des Vaters, mit ihrer Mutter auf einem einsamen Landsitz im Weichbild von Bergen. Und ausgerechnet in jenen Tagen kam sie in die Stadt, um an einer Hochzeit teilzunehmen, bezog Quartier auf der Burg bei Rosenkrantz – ihrem lieben Vetter!

Auf der Stelle erhob sie Klage gegen Bothwell, der sie »aus ihrem Heim und ihrem Vaterland weggebracht, fern von ihren Eltern, in ein fremdes Land ...« (Zwischenbemerkung: Diese Formulierung kommt uns sehr bekannt vor. Haben wir sie nicht in einem der angeblich von Maria Stuart verfaßten Sonette gelesen?) Weiter im Klagetext: » ... (Bothwell hat) ihr die Ehe schriftlich und mündlich versprochen.« Allerdings forderte sie nicht die Einlösung des Eheversprechens, sie verlangte nur die Rückzahlung des Geldes, das sie ihm seinerzeit für die Reise nach Frankreich geliehen hatte.

Bothwell war Gentleman genug, nicht zu erwähnen, daß Anna ihm das Geld und sich selbst aufgedrängt hatte. Er verpflichtete sich, ihr sein bestes Schiff zu überlassen und jährlich eine Rente von hundert Talern zu zahlen. Damals muß er noch voller Zuversicht gewesen sein. Wie sonst hätte er annehmen können, daß es ihm möglich sein würde, Jahr für Jahr diesen nicht unerheblichen Betrag aufzubringen?

Der blinde Zufall, der ihm plötzlich Anna Throndsen über den Weg laufen ließ, war unvorhersehbar und daher unausweichlich gewesen. Der Entschluß, den Bothwell in dieser entscheidenden Minute seines Lebens faßt, war sein ureigenster, und klugerweise hätte er ihn unterlassen: Er sagte, an Bord des Schiffes, das jetzt in den Besitz Annas übergehen sollte, sei eine kleine Kassette versteckt, die er nun gerne wiederhätte. Eine Kassette. Schon wieder eine Kassette! Doch unglücklicherweise eine ganz und gar echte Kassette.

Nach langem Suchen fand man das Kästchen, aber man übergab es nicht seinem rechtmäßigen Eigentümer, sondern dem Vizekönig Rosenkrantz. Zweifelsohne waren die Dokumente, die nun zum Vorschein kamen, nicht gefälscht. Da war die Urkunde, die Bothwell zum Herzog der

Orkneys erhcb. Da war überraschenderweise ein Brief Maria Stuarts, zwar undatiert, aber eindeutig nach ihrer Gefangennahme geschrieben, die miserable Behandlung, die man ihr angedeihen ließ, und den Verlust aller Freunde beklagend.

Dieser Brief ist der einzige Hinweis, daß Maria Stuart nach der Trennung von ihrem Mann noch einmal versucht hat, Kontakt mit ihm aufzunehmen. Über einen späteren heimlichen Briefwechsel gibt es ebensoviele Berichte – aber keine stichhaltigen Indizien – wie gegenteilige Behauptungen.

Schließlich wurde in der Kassette noch ein weiteres Papier gefunden, das in Bothwells Interesse besser niemals ans Tageslicht gelangt wäre: eine Kopie der Kundmachung, die ihn zum Mörder Henrys und für vogelfrei erklärte.

Rosenkrantz, unsicher, was in dieser delikaten Situation zu tun sei, wies Bothwell fürs erste an, Bergen nicht zu verlassen. Er konnte sich allerdings frei in der Stadt bewegen. Nach einigen Tagen beschloß der Vizekönig, die schwierige Causa an die höchste Obrigkeit, an König Frederick II., zu delegieren und Bothwell nach Kopenhagen zu überstellen. Am letzten Abend vor der Abfahrt gab er allerdings noch ein großartiges Bankett zu Ehren Bothwells. Allen Bedenken und Zweifeln zum Trotz hielten sie noch immer, die geheimen Bande der Bruderschaft von internationalen Hocharistokraten.

Am 30. September 1567 bestieg Bothwell das Schiff nach Kopenhagen. Seine Männer durften nach Schottland zurückkehren. Kein einziger entkam dort den Schergen, allesamt wurden sie vom Leben zum Tod befördert, zumeist ohne ordentliche Gerichtsverhandlung.

In Bergen war Bothwell eine Verlegenheit für Rosenkrantz gewesen, in Kopenhagen wurde er zur politischen Trumpfkarte in der Hand von Frederick II. Der Dänenkönig weilte zur Zeit von Bothwells Ankunft außerhalb von Kopenhagen. Schatzmeister Peter Exe von Giessefeld hatte aber Anweisung, den »schottischen König« (sic!) ehrerbietig zu empfangen und standesgemäß in Schloß Christianborg unterzubringen.

Frankreichs Botschafter in Dänemark, Charles de Dancey, stattete Bothwell einen Besuch ab, fragte ihn über die vorangegangenen Geschehnisse in Schottland aus. Der Graf überreichte dem Franzosen einen Brief mit der Bitte, ihn an Charles IX. weiterzuleiten.

Darin schildert er, in gestochener Schrift und makellosem Französisch, seine prekäre Lage und schließt, was ihm sicher nicht leichtgefallen ist, mit einer untertänigen Bitte: »In aller Bescheidenheit ersuche ich Eure Majestät des guten Willens (eingedenk zu sein), den ich zeitlebens in Eure Dienste gestellt und den weiter zu erweisen ich vorhabe. Möget Ihr die Ehre einer Antwort erweisen einem Mann, der, außer Gott, in niemanden, außer in Eure Majestät, seine Hoffnungen setzen kann. Euer demütiger und gehorsamer Diener James, Herzog von Orkney.«

Der Brief klingt resigniert. Mit keinem Wort ist darin die Rede von militärischer oder diplomatischer Intervention zugunsten der gestürzten Königin von Schottland.

Zu gleicher Zeit aber übermittelte Bothwell ein Schreiben an Frederick II. und behauptet darin, nicht ganz wahrheitsgemäß, die überwiegende Mehrheit des schottischen Adels hätte ihn ausgesandt, die dänische Majestät um Rat und Hilfe zu bitten.

Bald hatte sich in ganz Europa die Nachricht von Bothwells Aufenthalt in Kopenhagen herumgesprochen, und Moray beeilte sich, durch einen Sonderbotschafter dringend die Auslieferung des »gefährlichen und gottlosen Mannes« zu fordern.

Frederick II. ließ Moray bestellen, daß er den Tod Henrys außerordentlich bedauere, von Bothwells Schuld aber nicht überzeugt sei, umsomehr als seine Ankläger gleichzeitig die Rebellen gegen Königin Maria gewesen wären.

Zweifelnd, ob der ungebetene Gast nicht doch Schwierigkeiten bereiten könnte, ließ Frederick Bothwell nach Schloß Malmö bringen – mit allen königlichen Ehren, versteht sich. Der Graf erhielt die elegantesten Räume, das beste Essen, die aufmerksamsten Diener, und er wurde in Samt und Seide gekleidet. Eines allerdings wurde ihm verweigert: die unumschränkte Freiheit. Die Fenster seiner prächtigen Gemächer waren vergittert.

Vom 5. Januar 1568 datiert ein Protest Bothwells an den König: »Ich werde grundlos von jenen festgehalten, von denen ich Hilfe und Unterstützung erwartet habe. Ich werde daran gehindert, Beziehungen zu verschiedenen Fürsten verschiedener Länder aufzunehmen, um meine Königin zu befreien. Das ist ungerecht, unehrenhaft und führt zu meinem Untergang.«

Der nächste Brief Bothwells enthält gleichermaßen konkrete wie unrealistische Vorschläge: »Ich ersuche Eure Majestät, den Freund und Alliierten der Königin, um Hilfe und Beistand mit Schiffen als auch mit Truppen, um sie aus ihrer Gefangenschaft zu befreien. Als Gegenleistung und Bezahlung biete ich die Orkney- und Shetland-Inseln der Krone von ... Dänemark an, zu deren Oberhoheit besagte Inseln einst gehört haben ...«

Es ist nicht überliefert, ob, und wenn ja, was Frederick auf dieses Angebot erwidert hat. Ganz unbeeindruckt kann es ihn nicht gelassen haben, denn schon mehrmals hatte er nachdrücklich die Herausgabe der Inseln gefordert. Knapp hundert Jahre zuvor waren sie von Schottland besetzt worden, weil Dänemark nicht imstande war, die ausgehandelte Mitgift für eine dem schottischen König vermählte Prinzessin zu zahlen.

Marias Entweichen aus Lochleven, ihre Niederlage in der Schlacht von Langside und ihre Flucht nach England blieben nicht ohne nachhaltigen Einfluß auf Bothwells weiteres Geschick. Sein »Wert« war in den Augen Fredericks dramatisch gesunken, und er bot Moray einen nicht sehr sauberen Handel an: Er sei bereit, den Grafen auszuliefern, wenn Schottland 2 000 Mann für Dänemarks Krieg gegen Schweden stellte.

Morays schockierende Antwort kam prompt: Er würde Dänemark soviel Soldaten schicken, wie es wollte, doch hielte er die Überstellung Bothwells nach Schottland für gefährlich und außerdem kostspielig. In der Nordsee wimmle es von Piraten, teurer militärischer Begleitschutz müßte aufgeboten werden. Beiliegend übersende er alle Unterlagen, wonach Bothwell zweifelsfrei des Mordes an Henry überführt werde, und er schlage darum vor, den Übeltäter gleich in Dänemark zu exekutieren. Das Haupt des Hingerichteten möge man dann nach Edinburgh schicken. »Wenn Eure Hoheit dem zustimmt, werdet Ihr eine uns höchst willkommene und Euch zur Ehre gereichende Tat gesetzt haben«, schließt diese merkwürdige diplomatische Note.

Da Frederick einen von Moray abweichenden Ehrbegriff sein eigen nannte, aber nicht sicher war, wie er sich in dieser heiklen Lage verhalten sollte, holte er den Rat befreundeter Fürsten ein: von seinem Schwager, dem Kurfürsten von Sachsen, von seinen drei Onkeln, den Herzögen von Schleswig-Holstein, von Braunschweig-Wolfenbüttel und von Mecklenburg. Bis auf den Kurfüsten von Sachsen, der von Bothwells Schuld überzeugt schien, rieten ihm die anderen, den Fall genauestens zu prüfen, alle Argumente für und wider zu erwägen und die Entscheidung einem unabhängigen Gerichtshof zu überlassen – einem dänischen! Der Herzog von Mecklenburg meinte überdies, der Neffe möge nichts überstürzen, komme Zeit, so komme vielleicht auch Rat.

Die Zeit brachte tatsächlich eine große Veränderung mit sich, der Rat indes blieb aus: Am 11. Januar 1570 wurde Moray ermordet – kurioserweise von einem Mann namens Bothwellhaugh. Aber da sein Nachfolger als schottischer Regent ausgerechnet Henrys Vater, der Graf von Lennox, war, änderte das nur wenig an Bothwells Lage. Aufs neue und ganz dringend wurde Bothwells Auslieferung verlangt, und überdies wandte sich Lennox an Königin Elisabeth von England um Beistand.

Elisabeth, die Bothwell niemals seine kompromißlos englandfeindliche Haltung vergeben hatte, übersandte Frederick eine in scharfen Worten gehaltene Note: »Es gereicht dem König nicht zur Ehre, daß ein Königsmörder ungestraft in Freiheit bleibt.« Frederick möge Bothwell entweder der schottischen oder der englischen Gerichtsbarkeit überlassen.

Lennox schied von dieser Welt – auch er wurde, im September 1571, von Mörderhand ins Jenseits befördert. (Wie man sieht, hatte das blutige Wüten aller gegen alle in Schottland noch längst kein Ende genommen.) Sein Nachfolger, ein Graf von Mar – Jahre später ebenfalls gewaltsam zu Tode gebracht –, appellierte erneut an Kopenhagen, den Schurken Bothwell preiszugeben.

Nachdem der Krieg gegen Schweden beendet und Bothwell nicht länger als mögliches Tauschobjekt dienlich war, lenkte Frederick ein. In Botschaften an London und Edinburgh tat er seinen Willen kund, den Mann der Königin Maria herauszugeben, unter der Bedingung, daß ihm, entweder in England oder in Schottland, faire Gerichtsverhandlungen gewährt und durch diesen Präzedenzfall das Recht der dänischen Krone nicht geschmälert würden. Er setzte für die Antwort eine Frist – aber die Antwort kam nie.

Dafür erwachte Frankreich zu hektischem Tun: Der französische Hof mußte fürchten, daß in einem Prozeß gegen Bothwell – ob der nun in Edinburgh oder in London stattfände – Material zu Tage kommen könnte, das Maria belastete. Der Einspruch des französischen Botschafters gegen Bothwells Auslieferung war erfolgreich. Er blieb in Dänemark. In seinem Erfolgsbericht nach Paris deutete Botschafter Charles

Schloß Dragsholm, Gefängnis und Todesstätte des Grafen Bothwell

de Dancey an, daß Marias Sache am besten gedient wäre, wenn Bothwell baldmöglichst stürbe ...

Warum Bothwell kurz darauf von Schloß Malmö in das Staatsgefängnis Dragsholm im Norden von Seeland verlegt wurde, ist nicht ganz klar. Mag sein, daß Frederick über angebliche Mordpläne, sowohl von seiten Frankreichs als auch von seiten Schottlands, Wind bekommen hat und seinen Gefangenen in sicherem Gewahrsam wissen wollte; mag aber auch sein, daß die Fama stimmt, wonach Bothwell wahnsinnig geworden war. Sichere Verwahrung war damals die einzig mögliche und anerkannte Behandlungsmethode für Geisteskranke, die man, ob hoch, ob niedrig, in »Narrentürme« steckte. Die Legende, daß Bothwell den Rest seiner Tage in Ketten gelegen wäre, konnte nicht belegt werden.

Es gibt keine gesicherten Berichte über Bothwells letzte Lebensjahre, nur nebulose Andeutungen, die meist so exakt übereinstimmen, daß die eine von der anderen abgeschrieben sein mag. Bothwells langjähriger Freund, Lord Harries, schreibt ohne Angabe von Quellen: »Der König von Dänemark ließ ihn in einen schrecklichen Kerker bringen, wo ihn niemand besuchen durfte. Er sah nur die Leute, die ihm das Essen durch ein kleines Fenster reichten. Dort wurde er jahrelang festgehalten, bis er vor Dreck starrte, verrückt wurde und starb.«

Frankreichs Botschafter schreibt: »Der Graf wird in einem schlimmen und strengen Gefängnis gehalten«, und der schottische Erzbischof Spottiswood – er war acht Jahre alt, als Bothwell starb –, hält verdächtig gleichlautend fest: »Er wurde in ein schreckliches Gefängnis gebracht, wurde wahnsinnig, und er nahm ein schändliches und furchtbares Ende.«

Am 24. November 1575 meldet der französische Botschafter nach Paris, daß Bothwell gestorben sei. Gerüchteweise hätte er auf dem Totenbett in Anwesenheit mehrerer Zeugen ein Schuldgeständnis abgelegt.

Die Gerüchte verstummten bald, und Bothwell war noch lange nicht tot, wenn auch nicht viel mehr als ein lebender Leichnam. Das nächste, das wir über ihn erfahren, ist eine kurze Eintragung im Gefängnisbuch: »Im Jahre 1578, am 14. April, starb der schottische Graf in Dragsholm und wurde in der dortigen Kirche beigesetzt. Sein Name war James Hephune (sic!) Graf von Bothwell.« Er war zu einem bedeutungslosen Niemand geworden, und man hat sich nicht einmal die Mühe genommen, den Namen des einstmaligen »Königs« von Schottland korrekt zu schreiben.

Neun Jahre später folgte Maria Stuart, Königin der Schotten, ihrem Gemahl in den Tod nach, als am 8. Februar 1587 ihr Haupt vom Richtblock rollte. Ihr Name ist mit flammenden Lettern ins Buch der Geschichte geschrieben. Die blutige Spur der Männer, die dem Lebensweg dieses Todesengels folgt, ist im Lauf der Jahrhunderte verblaßt. Es waren so viele, daß sie alle zusammen die Stärke eines ganzen Clans verkörperten.

Eines natürlichen Todes starben Marias erster Verlobter, König Eduard VI. von England, sowie ihr erster Ehemann, König Franz II. von Frankreich.

Ermordet wurden: ihr Sekretär David Rizzio, ihr zweiter Gemahl Henry Stewart Lord Darnley, ihr Halbbruder James Stewart Graf von Moray, ihr Schwiegervater Mathew Stewart Graf Lennox.

Hingerichtet: Pierre de Châtelard, Hofsänger, sowie Thomas Howard Herzog von Norfolk und Anthony Babington. Beide waren in Befreiungsversuche verwickelt, als sich Maria in englischer Gefangenschaft befand.

Geistig umnachtet im Kerker gestorben: James Hepburn Graf von Bothwell, Herzog der Orkneys und Lord der Shetlands, Marias dritter Ehemann.

Das sind die namentlich bekannten Männer. Namenlos geblieben und für ewig aus dem Gedächtnis der Geschichte gelöscht sind die Tausenden, die auf dem Schlachtfeld ihr Leben für Maria Stuart geben mußten.

Kindischer Kaiser

Sophie (alias Katharina) 1729–1796 und Karl Peter Ulrich (alias Peter) 1728–1762

Bebend vor Angst saß der Knabe bei Tisch und lauschte den Drohungen seines Erziehers. Der Junge hatte die Lateinlektion nicht ordentlich gelernt, zur Strafe müßte er nach dem Essen ... Er würgte und erbrach sich in den Teller. Nun gut: Alle Mahlzeiten gestrichen, bis das Kind vor Hunger halb ohnmächtig war. Da hängte ihm sein Peiniger eine Eselsfigur um den Hals, setzte ihm eine Narrenkappe auf den Kopf und befahl ihm, habtacht zu stehen neben der Tafel, die sich unter der Fülle der Speisen bog. Ohne aufzumucken mußte er mitansehen, wie sich seine Untertanen die Mägen vollschlugen.

Schauplatz der sich mehrfach wiederholenden Gruselszenen war das Schloß zu Kiel, der Folterknecht hieß Graf Otto Friedrich Brümmer. Das Opfer war Karl Peter Ulrich, Sohn des Herzogs Karl Friedrich von Holstein-Gottorp und der Anna Petrowna, Tochter des Zaren Peter I., der den Beinamen »der Große« führte.

Auf den ersten Blick ist nicht einsichtig, warum der Zar sein geliebtes Täubchen aus dem glanzvollen St. Petersburg in ein deutsches Provinznest versprach; auf den zweiten leuchtet ein, daß der gewiegte Taktiker durch diese hochpolitische Heirat einen Fuß nach Schweden zu setzen hoffte. Während seiner ganzen Regierungszeit mit dem mächtigen Nachbarn in blutige Händel verstrickt, scheint der Zar gehofft zu haben, durch Blutsbande friedlichen und vorteilhaften Ausgleich mit dem Rivalen an der Ostsee zu erreichen.

Herzog Karl Friedrich von Holstein-Gottorp, eng verwandt mit dem schwedischen Königshaus, war am Stockholmer Hof seines Onkels Karls XII. aufgewachsen, und es stand so gut wie fest, daß er, oder später vielleicht sein Sohn, die schwedische Krone erben sollte. So wurde denn die Zarentochter nach Kiel verfrachtet, gebar am 21. Februar 1728 wunschgemäß einen Sohn, der auf den Namen Karl Peter Ulrich getauft wurde. Drei Wochen später war sie tot und kehrte als Leichnam auf derselben Fregatte, die sie nach Kiel gebracht hatte, ins Vaterland zurück.

Als Todesursache wurde Lungenentzündung angegeben. Das Volk murmelt, die russische Prinzessin sei an Heimweh und gebrochenem Herzen gestorben. Ihre dreizehn Jahre jüngere Schwester Elisabeth – von der wir später noch sehr viel zu hören bekommen werden – behauptete, Anna sei ein Opfer ihrer Lesewut geworden. Elisabeth hielt die Beschäftigung einer Frau mit Büchern und anderen Hilfsmitteln der Gelehrsamkeit für äußerst schädlich, wenn nicht gar lebensgefährlich.

Noch vor Annas Hochzeit war auch Peter der Große gestorben. In St. Petersburg flaute das Interesse am Haus Holstein-Gottorp und seinen schwedischen Verbindungen ab, und es versiegte der Geldstrom, mit dem St. Petersburg Kiel im Hinblick auf Stockholm verwöhnt hatte.

Der Kieler Hof war nun ärmlich wie zuvor, ein Umstand, der für das mutterlose Baby kaum ins Gewicht fiel. Viel schlimmer waren die Kälte und die Lieblosigkeit, denen das Kind von Geburt an ausgesetzt war, sodaß es seelisch und körperlich nur schleppend reifte.

Vom Vater sträflich vernachlässigt, der Obhut gleichgültiger Diener und schrecklicher Lehrer überlassen, war der Junge ständig krank. Er litt an Fieberattacken, Krämpfen und fiel häufig in Ohnmacht, was kein Wunder war, denn man ließ ihn oft tagelang nicht an die frische Luft, verabreichte ihm nur unregelmäßig Mahlzeiten. Wenn er nicht wie am Schnürchen parierte, wurde er mit der Reitgerte ausgepeitscht, mußte stundenlang auf Erbsen knien oder bekam die Narrenkappe aufgesetzt, mit der man ihn auch manchmal vors Schloßtor stellte, zum Entsetzen oder zum Gaudium der Passanten.

Einige wenige Sternstunden gab es allerdings in der Trübsal dieses verpfuschten Kinderlebens. Das war, wenn der Vater, ansonsten kaum sichtbar, den Sohn holte, um ihn zum Gardeexerzieren mitzunehmen. Bis an sein Ende sollte sich der Junge an den »schönsten Tag in meinem Leben« erinnern, da der Vater den gerade Neunjährigen zum Leutnant machte und an der Offizierstafel Platz nehmen ließ. Dieses prägendste Erlebnis seiner Kindheit wird in späteren Jahren ungeahnte Auswirkungen zeitigen, wenn der Junge immer heftiger, immer manischer mit Soldaten zu spielen beginnt – zuerst mit hölzernen, dann mit Menschen aus Fleisch und Blut. Wirklich wohl wird sich der Erwachsene dereinst nur in Gesellschaft von holsteinischen Offizieren fühlen ...

Karl Peter war noch nicht ganz elf, als ihm auch der Vater verstarb und ein Onkel, der evangelische Bischof von Lübeck, zum Vormund bestellt wurde. Der gute Mann kümmerte sich noch weniger um das Kind als der Vater, und so war Karl Peter endgültig und hoffnungslos den sadistischen Schikanen des Grafen Brümmer ausgeliefert, von dem gesagt wurde, daß er hervorragend im Zureiten störrischer Pferde, aber gänzlich ungeeignet zur Prinzenerziehung sei.

Mit äußerster Härte versuchte er, das zarte, ängstliche Kind zu stählen, es lebenstauglich zu machen, und erreichte damit genau das Gegenteil: Karl Peter war nichts als ein Bündel Angst, meist in sich selbst verkrochen, unfähig zum leisesten Widerstand, zur lebensrettenden Abwehr. Er hatte durch seine ganze Kindheit keinen einzigen Spielkameraden. Allein die Tocher von Brümmers Maitresse, Frau von Brockdorff, durfte er zeitweilig sehen, um tanzen zu lernen. Wenn er nur ein wenig stolperte, ließ ihn Brümmers Geliebte von einem Lakaien verprügeln. Er lernte das Tanzen ebenso zu hassen wie Latein. Und wie Rußland.

Die Abscheu vor Rußland wurde ihm nicht mit der Muttermilch eingegeben – aber auch nicht viel später, und das, obwohl er ein direkter Nachfahre Peters des Großen war. Auf die komplizierte russische Erbfolge wird später einzugehen sein, nur soviel vorweg: 1730 starb Peters des Großen Enkel Zar Peter II., und damit erlosch der männliche Stamm der Romanow. Logischer Nachfolger schien Karl Peter Ulrich aus Kiel – doch der wurde übergangen, an seiner Statt gelangte eine entfernte Tante auf den Thron. Die Wut in Holstein war gewaltig; Karl Peter lernte es, Rußland als ein Land der Barbaren und Verräter zu verachten, seine ganze Aufmerksamkeit wurde auf das große, das herrliche, das zivilisierte Schweden gelenkt, dessen Krone ihm so gut wie sicher war.

Die imaginär über dem Haupt des Kindes schwebende Krone machte keinerlei Eindruck auf seine unmittelbare Umgebung, sonst hätte sie ihn nicht so unmenschlich behandelt. Fasziniert von der Idee, einem zukünftigen König gegenüberzustehen, war hingegen seine Cousine Sophie, genannt Fieke, der Karl Peter 1739 am Hof des bischöflichen

Onkels und Vormunds in Lübeck begegnete. Er war damals elf Jahre alt, das Mädchen gerade zehn.

Der Onkel hatte zu einem Familientreffen geladen, in welcher Absicht auch immer, aber das kleine Mädchen hörte in seiner Umgebung munkeln »… man könnte uns füreinander bestimmen. Ich fühlte kein Widerstreben dagegen«, heißt es später in ihren Aufzeichnungen. Sie fand den Vetter »schön, liebenswürdig und wohlerzogen«, bedauerte ihn aber, denn der strenge Graf Brümmer ließ den Jungen »Tag und Nacht nicht aus den Augen«.

Die Kinder unterhielten sich prächtig miteinander. Karl Peter kroch, animiert von der lustigen und lebhaften Cousine, aus seinem Schneckenhaus. Die beiden gaben ein nettes Pärchen ab. »Von dieser Zeit an neckte mich meine Umgebung mit ihm, und allmählich glaubte ich daran, daß ich für ihn bestimmt sei … Der Königstitel klang mir, so klein ich war, sehr süß in den Ohren … Insgesamt habe ich mich immer als seine Braut gesehen, weil er von allen Partien, die für mich in Frage kamen, die beste war.«

Diese wohlwollenden Zeilen hat Fieke Jahre später ergänzt und teilweise völlig revidiert, nachdem sie den Vetter, der dann Zar und tatsächlich ihr Ehemann geworden war, gestürzt und seine Hinschlachtung fast kommentarlos zur Kenntnis genommen hatte. Er sei, so suggerierte sie, bereits im Kindesalter durch und durch verderbt gewesen, und legte damit den Schluß nahe, daß jener Mensch in die Kategorie »lebensunwert« einzuordnen sei. Sie schreibt: » … doch war schon damals (bei ihm) die Neigung für Wein bemerkbar und Widerwillen gegen alles, was ihm unbequem war … Seine Umgebung hinderte ihn mit Mühe, sich bei Tisch zu betrinken … Mich konnte er nicht leiden.«

Am 25. November 1741 trat ein Ereignis ein, das Karl Peters Leben eine neue, gänzlich unvermutete Richtung geben sollte. An diesem Tag erstürmte im fernen St. Petersburg das glorreiche Preobraschenskij-Garderegiment, in dem sich einstmals Peter der Große seine ersten militärischen Sporen verdient hatte, den Winterpalast, schlug alles kurz und klein, das sich ihm in den Weg stellte. Der erst ein Jahr alte, aber bereits gesalbte und gekrönte Zar Iwan VI., seine Mutter, die für ihn die Regierungsgeschäfte führte, und seine Geschwister wurden fortgeschleppt und eingekerkert.

Nach Erledigung des brutalen und blutigen Teils des Dramas folgte das lärmende Freudenfest, in dessen Verlauf die einunddreißigjährige Elisabeth Petrowna, zweite Tochter Peters des Großen, von den Spitzen des Militärs und des Adels auf den Zarenthron gehoben wurde.

An dieser Stelle muß kurz auf die verwirrende Herrscherabfolge in Rußland eingegangen werden, vornehmlich deshalb, weil sich daraus gewisse unterschwellige Animositäten erklären lassen, denen sich der Held unserer Geschichte zeitlebens ausgesetzt sah.

Peter der Große hatte eine neue Ordnung für die Thronfolge geschaffen, sie aber selbst nicht beherzigt, was zu einer endlosen Folge von Intrigen, Verschwörungen und Palastrevolutionen führte. Er hatte bestimmt, daß nicht automatisch der älteste Sohn die Krone übernehmen sollte, sondern vielmehr der Mann oder die Frau, den oder die der jeweilige Zar für am besten geeignet hielt. Peter der Große ging von dieser Welt, ohne einen Erben bestimmt zu haben.

Zur Zeit seines Todes lebten in St. Petersburg die Tochter Elisabeth und der Enkel Peter. Den Vater des Knaben, seinen Sohn Alexej, hatte Peter der Große hinrichten lassen. Weder Elisabeth noch der kleine Peter bestiegen den Thron, sondern die Zaren-Witwe als Katharina I. Sie war eine Marionette in den Händen der Männer, die sie zur Zarin gemacht hatten. Ihr folgte dann doch Peters des Großen Enkel als Peter II. nach, der allerdings bald an den Pocken starb.

Statt nun den zweiten Enkel, aus Kiel, in die Erbfolge eintreten zu lassen, gelangte Anna Iwanowna, eine Nichte Peters des Großen und Witwe nach dem deutschstämmigen Herzog von Kurland, auf den Thron. (Kurland, dessen Staatsgebiet ungefähr dem heutigen Lettland entsprach, war polnisches Lehen.) Die Dame erwies sich bedauerlicherweise als nicht so dankbar und lenkbar wie von ihren Protektoren erwartet. Zusammen mit ihrem Geliebten, einem Deutschen namens Johann Biron (ursprünglich von Bühren), errichtete sie ein Terrorregime, das von manchen modernen Historikern mit den finstersten Perioden der russischen Geschichte unter Iwan dem Schrecklichen und Stalin verglichen wird.

Nach dem Tod Annas wurde es nicht besser. Die kinderlose Zarin hatte ihren Großneffen Iwan, einen Säugling von wenigen Wochen, zum Erben bestimmt. Seine Mutter, Anna Leopoldowna, mit einem deutschen Fürsten verheiratet, führte die Regierungsgeschäfte mit einem Klüngel machtberauschter deutscher Berater, welche die russische Seele weißglühend machten.

Peter der Große hatte viele Deutsche nach Rußland geholt, die wesentlichen Anteil an der Modernisierung und Europäisierung des Landes hatten. Sie waren hoch angesehen. Doch das zügellose Treiben der Fremden unter den beiden Annas brachte die Deutschen gründlich in Mißkredit. Unser Karl Peter sollte es zu spüren bekommen.

Die Palastrevolution vom 25. November 1741 machte dem Regime der Deutschen ein jähes Ende. Die meisten von ihnen wurden nach Sibirien verbannt, und es kamen wieder gute, treue, russische Patrioten zum Zug, die der neuen Zarin die Last des Regierens zum großen Teil abnahmen.

Elisabeth Petrowna war eine wunderschöne Frau, deren Charakter aber merkwürdig widersprüchliche Züge aufwies. Einerseits war sie fromm bis an den Rand der Bigotterie, andererseits ließ sie dem vom Vater ererbten wilden Temperament ungehinderten Lauf, schwankend zwischen Jähzorn und äußerster Nachgiebigkeit, maßlos in ihren Begierden. Sie trank wie ein Gardeoffizier, sie liebte üppiges Tafeln, und ihr sexueller Appetit war schier unstillbar.

In jungen Jahren war sie mit Karl August von Holstein-Gottorp verlobt gewesen, der wenige Tage vor der Hochzeit ein Opfer der Blattern wurde. Elisabeth bewahrte ihm ein sentimentales Andenken und hielt ihm auf ihre Art die Treue, indem sie sich niemals mit einem Herrn von Stand, sondern nur mit Kutschern, Läufern und Lakaien einließ. Schließlich heiratete sie sogar einen ukrainischen Bauern namens Alexej Rasumowski, dessen stattliche Erscheinung in Verbindung mit einer betörenden Baßstimme sie in seinen Bann gezogen hatte. Der zum Grafen erhobene Bauer machte sogar passable Figur bei Hof und gute Miene zu den weiteren Eskapaden seiner Gemahlin.

Ihre Bildung war beklagenswert gering. Zum Beispiel war sie nicht wenig erstaunt, als sie erfuhr, daß England eine Insel sei. Doch dieses Manko fiel nicht weiter ins Gewicht, denn viele ihrer Höflinge konnten kaum lesen und schreiben: Nachdem Peter der Große die alten Adelsstrukturen zum Teil zerschlagen hatte, tummelten sich viele Günstlinge ungewisser Herkunft um den Zarenthron. Sie ließen sich nur zu gerne in den Reigen von Festen und Bällen, Banketten und Maskeraden hineinziehen, die Elisabeths Tage, vor allem aber die Nächte, füllten.

Ausländischen Besuchern fiel der übertriebene Luxus ins Auge, der einem armen Agrarland nicht gut anstand. Elisabeth soll

Die Zarin Elisabeth Petrowna bestimmte ihren Neffen (Karl) Peter (Ulrich) zum russischen Thronerben.

15 000 (!) Roben besessen haben, und sie zog sich mindestens dreimal täglich um. Schon vormittags war sie mit Juwelen behängt, wobei die Farbe der Edelsteine genau auf jene der Kleider abgestimmt war.

Ursprünglich war die Zarin blond gewesen, bis sie fand, daß schwarzes Haar besser zu ihren vergißmeinnichtblauen Augen kontrastierte. Das ständige Färben und das häufige Pudern der Haare zu offiziellen Anlässen führte mit der Zeit dazu, daß der natürliche Kopfschmuck heillos verfilzte. Kurzerhand ließ sich die Zarin die Haare abrasieren und befahl allen Hofdamen, es ihr gleichzutun.

Soweit eine kurze Beschreibung der Frau, die so dramatisch und nachhaltig in das Leben des jungen Herzogs Karl Peter Ulrich von Holstein-Gottorp eingreifen sollte: Unmittelbar nach ihrer Thronbesteigung beschloß sie bereits, ihren Erben zu bestimmen, und die Wahl fiel wie selbstverständlich auf den einzigen Sohn ihrer Schwester Anna Petrowna. Als kleines Mädchen hatte Elisabeth die dreizehn Jahre ältere Schwester vergöttert, und sie war nun von der Idee besessen, diese Liebe auf den Sohn zu übertragen.

So kam es, daß der Knabe, der nicht wußte, wie ihm geschah, sich in ein fremdes, fernes Land entführen lassen mußte, das zu verabscheuen man ihn gelehrt hatte. Es mutete wie eine Strafverschärfung an, daß auch der schreckliche Graf Brümmer mitkam.

Tatsächlich trägt die Abreise Karl Peters aus Kiel starke Züge einer Entführung. Sie erfolgt in größter Heimlichkeit, niemand erfährt davon, erst nach drei Tagen wird bekannt, daß der Knabe – er ist ja immerhin der Landesherr des Herzogtums Holstein! – zu seiner Tante nach St. Petersburg gebracht wurde. Unter dem Namen eines Grafen Dücker reist er im strengsten Inkognito und kommt im Januar 1742 in St. Petersburg an.

Der Empfang durch Elisabeth entspricht ihrem Temperament, das zu ungezügelten Gefühlsausbrüchen neigt. Unter Lachen und Weinen drückt sie den Knaben an die Brust, läßt eine Reihe von Dankgottesdiensten aus Anlaß seiner glücklichen Ankunft lesen – um schon wenig später, nach näherer Betrachtung des Objekts ihrer heftigen verwandtschaftlichen Liebe, hemmungslos Wut und Enttäuschung zu zeigen. Der Kleine ist nadeldünn, bleich wie der Mond, sein fahlblondes Haar hängt in dürftigen Strähnen auf die schmalen Schultern. Er hält sich starr aufrecht, als hätte er einen Gewehrlauf verschluckt, und die Stimme, mit der er sein schauriges Kauderwelsch aus Französisch und Deutsch vorbringt, geht schrill durch Mark und Bein.

Dieses elende Geschöpf hat nicht das geringste mit dem strahlenden Prinzen gemein, den Elisabeth sich ausgemalt und erwartet hat. Das soll der Sohn der wunderbaren großen Schwester sein?

Wir wissen nicht, ob Anna Petrowna eine gute Mutter gewesen wäre und mehr aus dem Jungen gemacht hätte – aber Elisabeth Petrowna, die Tante und Adoptivmutter, besaß weder die Fähigkeit noch Geduld und Willen, um auch nur einen Hauch von Liebe und Verständnis an dieses Wrack von einem Kind zu verströmen.

Da er nun einmal da war, hatte Elisabeth nichts Eiligeres zu tun, als ihn, gegen den dringenden Rat der Ärzte, bei klirrender Kälte nach Moskau zu schleppen, wo sie im Kreml ihre zweite, ebenso kostspielige Residenz wie in St. Petersburg unterhielt. Ihre spontan aufgebrochene Abneigung gegen den Neffen begrub sie unter dem Pomp einer ausgedehnten Feier anläßlich seines vierzehnten Geburtstags, die mit der Erhebung des Knaben in den Rang eines Obersten ausklang. Peter hat sich über diese Ehrung niemals geäußert. Daraus ist zu schließen, daß sie ihn weit weniger beeindruckte als die Beförderung zum Leutnant durch den Vater, fünf Jahre zuvor.

Obwohl Elisabeth nicht allzuviel von übertriebener Bildung hielt, machte sie sich doch Gedanken um die Ausbildung ihres Neffen. In der ihr eigenen exzessiven Art wies sie ihre Botschafter in den europäischen Metropolen an, nach den besten Pädagogen Ausschau zu halten und sich über die neuesten Lehrmethoden zu informieren.

Da die Ausführung dieser Anordnungen nicht von heute auf morgen erfolgen konnte, verlor die ungeduldige Zarin jegliches Interesse. Sie bestimmte den in St. Petersburg tätigen sächsischen Philosophieprofessor Jakob von Stählin, einen der wenigen nach wie vor anerkannt »guten Deutschen«, zum Erzieher für den Prinzen. Sein pädagogisches Programm hatte sie beeindruckt.

Sie selbst führte ihn bei Karl Peter mit den Worten ein: »Ich glaube, daß Sie noch eine Menge schöner Dinge zu lernen haben. Monsieur de Stählin wird sie Ihnen so unterhaltsam beibringen, daß es der reine Zeitvertreib für Sie sein wird.«

Stählin erfaßte sofort, daß der Junge sich nur kurze Zeit voll konzentrieren konnte, daß er eine schwache Auffassungsgabe, aber eine überraschend hohe Merkfähigkeit besaß. Darum bediente er sich ausgeklügelter Methoden, mit denen er seiner Zeit des geistlosen Drills weit voraus war. Er versuchte seinen Schüler spielerisch und in kleinen Schritten an die verschiedenen Wissensgebiete heranzuführen. Geschichte trug er anhand von Münzen, Orden und Medaillen vor, Geographie mit Hilfe von Generalstabskarten (der Junge interessierte sich noch immer glühend für alles Militärische). Mit Zeitungen aus ganz Europa und einem Globus wurden Zeitgeschichte und Sprachen durchgenommen. Naturgeschichte fand womöglich im Freien statt.

Wirklich interessiert war der Junge nur am technischen Zeichnen, überhaupt an allem, das nur im entferntesten mit Technik zu tun hatte, und an Musik, die zu seiner großen Leidenschaft wurde. Elisabeth war zutiefst unmusikalisch, und ausgerechnet im Geigenspiel, das er über alles liebte, erhielt er daher keine fachmännische Ausbildung. Er war reiner Autodidakt und spielte, nach den ersten Jahren des schrecklichen Kratzens auf den gequälten Saiten, so passabel, daß er sogar im Hoforchester mithalten konnte.

An erster Stelle des Unterrichtsprogramms standen Russisch und (orthodoxe) Religion. Die Lehrer hatten ihre liebe Not mit einem ständig unaufmerksamen, nervösen und aufsässigen Schüler. Es war damals schon vorauszusehen, daß Karl Peter die russische Sprache (die er dank seines guten Gedächtnisses mühelos erlernte), wann immer es anging, vermeiden würde. Und daß er im Innersten seines Herzens stets Lutheraner bleiben würde. »Dem jungen Herzog sind die russische Sprache und die griechische Religion so gut wie fremd, aber der letzteren, wie überhaupt allen Sitten des Landes, bezeugt er bei jeder Gelegenheit Verachtung ...«, heißt es im Bericht eines preußischen Diplomaten.

Mit betonter Gleichgültigkeit ließ Karl Peter im Dezember 1742 die Feierlichkeiten über sich ergehen, in deren Rahmen er in den Schoß der orthodoxen Kirche aufgenommen wurde. Er führte von da an den Namen Peter Fedorowitsch, den Titel »Großfürst« und erfüllte die Funktion des Zarewitsch, des offiziellen Thronerben.

Wenige Wochen später sprach eine Delegation des schwedischen Riksdag im Kreml vor, um Peter die Krone des Landes anzutragen. Kurz und bündig erklärte die Zarin, daß die Zukunft des Jungen bereits beschlossen und jede weitere Anfrage in diese Richtung überflüssig sei. Über Befehl seiner Tante lehnte auch Peter, in wohlgesetzten und penibel einstudierten Worten, das Ansinnen ab, aber, so beobachteten Teilnehmer an dem Empfang, »Wut und Verzweiflung« seien ihm »ins Gesicht geschrieben gewesen«. »Man hat mich in das verdammte Rußland geschleppt, wo ich mich wie ein Staatsgefangener fühlen muß, während ich jetzt, wenn man mich freigelassen hätte, auf dem Thron eines zivilisierten Landes sitzen könnte«, hat er wiederholt erklärt – leider meist vor vielen, vielen Zeugen. (Die Krone Schwedens ging übrigens an eine Nebenlinie des Hauses Holstein-Gottorp, und zwar an einen Onkel der uns schon bekannten Sophie-Fieke, der wir sehr bald wiederbegegnen werden.)

Schon unmittelbar nach dieser niederschmetternden Enttäuschung, da Peter jede Hoffung für die Zukunft fahren lassen mußte, machte er seinen Gefühlen in einem spontanen Ausbruch von Aggressivität Luft. Graf Brümmer hatte wieder einmal zu einem seiner probaten Erziehungsmittel gegriffen und auf eine Unachtsamkeit des Knaben mit einem Faustschlag in dessen Gesicht reagiert. Peter stürzte zum Fenster und rief um Hilfe. Als nichts geschah, lief er in sein Schlafzimmer, kam mit gezücktem Säbel zurück und schrie: »Sobald Sie es wagen, noch einmal die Hand gegen mich zu erheben, werde ich Sie niederstechen.«

Dieser Eruption folgte eine Periode apathischer Niedergeschlagenheit, und eines Tages, im Frühherbst 1743, brach der Junge, der in den vorangegangenen Wochen überdurchschnittlich stark gewachsen war, zusammen und wurde so krank, daß man ihn für todgeweiht hielt. Nirgendwo ist vermerkt, woran er litt. Es ist zu vermuten, daß eher das Gemüt als der Leib geschädigt war. »Er ist auf das äußerste geschwächt«, schreibt Professor Stählin, »und hat an allem die Lust verloren. Als man am letzten Samstag nach dem Abendessen im Vorzimmer seiner Hoheit musizierte und der Kastrat seine Lieblingsweise sang, sagte er mit kaum vernehmbarer Stimme ›Wann hören sie endlich auf zu singen?‹« Plötzlich machte sich auch Elisabeth, die nur mit Widerwillen und Abscheu von ihrem Neffen zu sprechen pflegte, Sorgen – vielleicht auch Vorwürfe? – und eilte zu ihm. »Sie war in Tränen aufgelöst, und man hatte Mühe, sie vom Lager des Großfürsten loszureißen.« (Stählin.)

Nach Peters Genesung, gegen Jahresende, registrierte Stählin voller Betrübnis, daß sein Schutzbefohlener während des Unterrichts noch unaufmerksamer, noch zerstreuter war als zuvor. Ob er nicht wollte oder nicht konnte – das bleibt unklar.

Wie beklagenswert auch die innere und äußere Verfassung des Knaben gewesen sein mag – er wurde sechzehn und kam damit, nach den ungeschriebenen Gesetzen der europäischen Dynastien, in das Alter, da nach einer passenden Braut Ausschau gehalten wurde. Elisabeths Kanzler, Graf Alexej Bestuschew-Rjumin, der Mann, der Rußlands Politik nach seinen Vorstellungen gestaltete, erwählte die sächsische Prinzessin Maria: Sachsen und Polen wurden damals in Personalunion regiert, und eine enge Verbindung Rußlands mit dem unmittelbaren Nachbarn schien dem Kanzler erstrebenswert. Überhaupt nichts von dieser Idee hielt hingegen Friedrich der Große. Er befürchtete eine würgende Umkreisung seines Staatsgebiets und übte so lange Druck auf den Dresdner Hof aus, bis von dort, diplomatisch verklausuliert, eine Absage nach St. Petersburg gesandt wurde: Es sei der katholischen Prinzessin Maria nicht zuzumuten, zum orthodoxen Glauben überzutreten.

Da er sich nun schon einmal in die russischen Heiratsgeschäfte eingemengt hatte, machte Friedrich seinerseits eine Braut für den Zarewitsch namhaft, die – in den Augen des Preußenkönigs – zwei Vorteile aufzuweisen hatte: Ihr Vater war ein General seiner eigenen Armee, es war also damit zu rechnen, daß die Tochter auch als Gemahlin des Zaren Preußen die Treue bewahren würde. Außerdem entstammte besagtes Fräulein einem so unbedeutsamen Fürstentum, daß von dort nicht die geringsten Versuche zu erwarten waren, auf die große europäische Politik Einfluß zu nehmen.

Der russische Kanzler war mit dem Vorschlag Preußens einverstanden, und die Zarin zeigte sich entzückt: Die Zunkünftige des Zarewitsch war eine leibliche Nichte ihres frühverstorbenen, aber unvergessenen Bräutigams Karl August von Holstein-Gottorp: Sophie Friederike von Anhalt-Zerbst, der wir schon einmal begegnet sind. »Fieke« – eine Cousine zweiten Grades des Zarewitsch.

Sophie wurde am 2. Mai 1729 in Stettin geboren, als Tochter des Fürsten Christian August von Anhalt-Zerbst und der Johanna Elisabeth von Holstein-Gottorp. Anhalt-Zerbst war eines der ungezählten mitteldeutschen Fürstentümer, die man nur mit Hilfe einer Lupe auf der Landkarte ausfindig machen konnte. Sophies Vater, der noch dazu ein zweitgeborener Sohn war, mußte den Lebensunterhalt in der preußischen Armee verdienen. Seine Frau brachte nur ihren klingenden Namen, aber keine großen Reichtümer mit in die Ehe. Der Haushalt in Stettin, Christian Augusts Garnisonsstadt, war von fast bürgerlicher Bescheidenheit. Erst später, Sophie war bereits dreizehn, übersiedelte die Familie ins Stammschloß Dornburg in Zerbst, wo ihr Vater, zusammen mit seinem älteren Bruder, die Regierungsgeschäfte nach dem Tod seines Onkels übernahm.

Der Vater war Sophie herzlich zugetan, aber er hatte kaum Zeit für sie. Die Mutter hingegen zeigte ihre Enttäuschung, daß Sophie nur ein Mädchen war, mit bestürzender Offenheit. Ihre Liebe galt ausschließlich Sophies jüngerem Bruder. Das Mädchen war sich meist selbst überlassen, genoß dafür ungewöhnliche Freiheiten und konnte mit gleichaltrigen Kindern, vorwiegend Jungen, spielen, sogar in den Gassen von Stettin umhertollen. Dabei entwickelte sie sich rasch zur Anführerin bei den Unternehmungen der kleinen Bande.

Sie war kein hübsches Kind, und man hat es ihr auch oft genug gesagt, besonders als sich nach einer Brustfellentzündung eine starke Verkrümmung der Wirbelsäule bemerkbar machte, sodaß Sophie jahrelang ein eisernes Korsett tragen mußte.

Dennoch scheint sie eine fest umrissene Vorstellung von ihrer Zukunft gehabt zu haben. »Zur Zeit ihrer Jugend nahm ich an ihr einen ernsten und berechnenden Verstand wahr«, schreibt Baronesse von Prinzen, die beste Freundin von Sophies Mutter.

Und in ihren Memoiren bekennt Sophie in erfrischender Offenheit, was in der erst Siebenjährigen vorging, als der Freund ihres Vaters begann, » ... mir die Weisheit und alle christlichen Tugenden und Sittenstrenge zu predigen, damit ich würdig wäre, eine Krone zu tragen, wenn mir je eine beschieden sein sollte. Diese Krone ging mir nicht mehr aus dem Kopf und hat mich seither viel beschäftigt.«

Und plötzlich, am Neujahrstag des Jahres 1744, begann das Phantom der Krone sich zu materialisieren, als fast zugleich zwei Eilboten in Zerbst eintrafen – mit Briefen verschiedener Absender, jedoch ähnlich schwerwiegenden Inhalts. Das eine Schreiben stammte vom Grafen Brümmer, der Sophie und ihre Mutter im Namen der Zarin aufforderte, nach Rußland zu kommen, und zwar »so schnell wie möglich und ohne Zeit zu verlieren«. Während in Brümmers Brief nur von einer Einladung die Rede war, drückte sich der zweite, er stammte von der Hand Friedrichs II., deutlicher aus: Die Einladung der Zarin ziele auf eine Verlobung des russischen Thronfolgers mit Sophie von Anhalt-Zerbst hin, und er, Friedrich, begrüße und unterstütze dieses Vorhaben.

Sophies Eltern waren überrascht und bestürzt. »Sie schlossen sich ein ... und es gab ein großes Gelaufe im Haus. Dieser und jener wurde gerufen, aber mir sagte keiner ein Wort ... Drei Tage verliefen so«, schreibt Sophie.

Nach langem Hin und Her wurde das Mädchen doch eingeweiht und auch gleich mit einer Fülle elterlicher Bedenken und Einwände überschüttet. Aber die Vierzehnjährige wußte nur zu genau, was sie wollte: »Ich ergriff die Gelegenheit und stellte ihr (der Mutter) vor, wenn man aus Rußland wirklich solche Vorschläge machte, dürfte man sie nicht abweisen, denn schließlich sei es doch auch ein Glück für mich ... Der liebe Gott würde schon für die Ordnung sorgen, wenn dies sein Wille sei. Ich besäße den Mut, mich allem auszusetzen, und die Stimme meines Herzens sagte mir, es werde alles gutgehen.«

Mitgerissen und angesteckt von der Energie ihrer Tochter, machte sich die Mutter mit der Kleinen auf die Reise, unter Zurücklassung eines tieftraurigen Vaters, den man erst gar nicht eingeladen hatte. Die Damen waren inkognito als Gräfin und Comtesse Reinbeck unterwegs. In Berlin machten sie Station, wo Friedrich II. die Prinzessin, die sozusagen »seine Erfindung« war, in Augenschein nahm und einer längeren Prüfung unterzog. Er schien angetan vom munteren Geplauder des Mädchens, das angesichts des mächtigen Königs keine Spur von Angst oder Verlegenheit zeigte. Vollauf befriedigt, ließ er sie gen Osten weiterziehen.

Auf russischem Gebiet werden Mutter und Tochter wie hohe Staatsgäste empfangen und am 3. Februar 1744, kaum in St. Petersburg angekommen, gleich nach Moskau weitergereicht, wo die Zarin augenblicklich residiert.

Mit der gleichen Inbrunst, mit der sie zwei Jahre zuvor ihren Neffen an die Brust gedrückt hat, empfängt Elisabeth jetzt dessen zukünftige Braut. Da gibt es aber doch einen schwerwiegenden Unterschied: Die Zuneigung zu Sophie hält nicht nur an, sie wird im Laufe der nächsten Jahre immer tiefer. Kein Wunder, denn Sophie ist ein reizendes, quickes Persönchen, bezaubert durch ihr offenes Wesen und die jedermann entgegengebrachte Liebenswürdigkeit. Überdies ist das häßliche Entlein soeben dabei, sich in einen strahlenden Schwan zu verwandeln. Ein paar kurze Jahre noch, und die Berichte über ihre Schönheit werden Europas Höfe staunen machen. Ganz zu schweigen von dem, was man sich ein-

Sophie von Anhalt-Zerbst, die spätere Zarin Katharina die Große, im Alter von fünfzehn Jahren

mal über ihre geistigen Fähigkeiten erzählen wird, so daß sie den respektvollen Beinamen »Philosophin auf dem Thron« erhält.

Bei weitem nicht so erfolgreich verlief das erste Zusammentreffen Sophies mit Peter, obwohl – oder gerade weil – der Junge in heftigster Gefühlsbewegung mehr hervorsprudelte, als der eben erst begonnenen Beziehung der beiden zuträglich war. Peter war so glücklich, ein vertrautes Gesicht aus der Heimat vor sich zu haben, so froh, endlich wieder einmal eine deutsche Unterhaltung führen zu können, so selig, sich, einer Verwandten gegenüber, einmal nicht in acht und kein Blatt vor den Mund nehmen zu müssen, daß er alles auf einmal erzählte. Unter anderem auch, daß er (kaum fünfzehn Jahre alt!) eigentlich sehr für eine Hofdame der Zarin geschwärmt und sie auch habe heiraten wollen. Aber wenn die Tante es nun einmal wünschte, würde er auch gern die liebe Cousine nehmen. Da hat sie aber schon gar nicht mehr richtig zugehört. Sie fühlte sich zurückgestoßen und verraten. Begreiflicherweise! Denn woher sollte die Halbwüchsige das Einfühlungsvermögen nehmen, die komplizierte, verworrene Seelenlage eines entwurzelten Jungen zu begreifen, der noch dazu an der Schwelle zur Pubertät stand?

Peter hegt anfänglich echte Zuneigung für Sophie – was sie später immer entschieden bestritten hat. Doch aus einem Brief von Sophies Mutter an ihren Mann läßt sich eindeutig ablesen, daß Peter durch die Aussicht, Sophie heiraten zu dürfen, in einen wahren Glücksrausch versetzt wurde. Die Fürstin von Anhalt-Zerbst schildert Peters Reaktion, als der Brief des Vaters mit der endgültigen Zustimmung zur Hochzeit der beiden jungen Leute in St. Petersburg eintraf. Der Junge riß den Brief an sich, bedeckte ihn mit Küssen und tat jauchzend einen Luftsprung. »Ich hätte nicht gedacht«, schreibt die Fürstin, »daß der Großfürst von Deinem Brief so gerührt sein würde. Wenn alle Schwüre Deines zukünftigen Schwiegersohnes in Erfüllung gingen, wärst Du sicher einer der glücklichsten aller Männer ...«

In Sophies Autobiographie heißt es hingegen: »Ich wußte wohl, daß er ohne Bedauern auf mich verzichtet hätte. Er war mir, angesichts seiner Veranlagung, ziemlich gleichgültig, nicht aber die russische Krone ...«

Die russische Krone! Ihretwegen arbeitete Sophie von der ersten Stunde ihres Aufenthalts auf russischem Boden zäh und verbissen darauf hin, eine gute Russin zu werden. Zur Verblüffung ihrer Umgebung konnte sie bereits nach zehn (!?) Tagen soviel Russisch, daß sie einer einfachen Konversation fähig war, und auch im Studium der orthodoxen Religion machte sie phänomenale Fortschritte.

Im Gegensatz zu dem aufs äußerste lernunwilligen Peter studierte sie Tag und Nacht – und das buchstäblich. Barfuß und nur mit einem leichten Negligé bekleidet, lief sie die halben Nächte in ihrem Zimmer auf und ab, paukte Vokabeln und den Ablauf religiöser Riten. Die Folge war eine schwere Erkältung, eine Lungenentzündung gar – Mitte des 18. Jahrhunderts in der überwiegenden Zahl der Fälle ein glattes Todesurteil.

Tagelang rang sie mit dem Tod, und als das Schlimmste unabwendbar schien, wollte Sophies Mutter einen protestantischen Pastor holen lassen, auf daß er ihr geistlichen Trost auf den letzten Weg mitgebe. Mit ersterbender Stimme verbat sich die Kranke den Besuch des Lutheraners – ein Pope sollte es sein, nur ein Pope. Die Zarin, der Hof, die Stadt, das Land – alle waren zu Tränen gerührt angesichts dieses wunderbaren Kindes, das schon jetzt eine vollkommene Russin war. 25000 Rubel hat die Brillantbrosche gekostet, welche die Zarin dem braven kleinen Mädchen zur Genesung schenkte.

Am 28. Juni 1744 trat Sophie zum orthodoxen Glauben über und wurde auf den Namen Katharina Alexejewna getauft. Auch sie erhielt den Titel einer Großfürstin, hatte Anspruch auf die Anrede »Kaiserliche Hoheit« und auf Handküsse von Herren wie von Damen. Anderntags fand die Verlobung zwischen Peter und Katharina statt, und sie erhielten, jeder für sich, einen kleinen Hofstaat. Sobald die beiden heirateten, würden die Höfe zusammengelegt werden, den Namen »Junger Hof« erhalten, im Gegensatz zum »Großen Hof« der Zarin.

Ungefähr in Jahresfrist soll also Hochzeit gefeiert werden. In diesen paar Monaten treten nach und nach große, schicksalshafte Veränderungen ein, und damit verknüpft Metamorphosen, die Peters und Katharinas Beziehung in einem solchen Maß ungünstig beeinflussen, daß ein Miteinander immer schwieriger wird. Bis schließlich nicht einmal mehr ein Nebeneinander möglich sein und nur mehr die Überlebensfrage »er oder ich« – »sie oder ich« bleiben wird. Zwangsläufig muß einer von beiden auf der Strecke bleiben ...

Die ersten Wochen nach der Verlobung lassen sich noch heiter und unbeschwert an. Katharina hat ihr Pensum in Windeseile gelernt, ihre

Aufnahmsprüfung in russisches Leben und Denken glänzend bestanden. Noch einmal leistet sie sich den Luxus kindlicher Unbekümmertheit, und Peter ist ihr ein begeisterter und anhänglicher Gefährte.

Kindisch tollen die beiden mit ihrem ebenfalls überwiegend jungen Hofstaat durch Schlösser und Parks. Sie spielen Fangen, Blinde Kuh und Verstecken, sie montieren von einem Cembalo den Deckel ab und fahren damit »Schlitten« über einen Rasenhügel. Zum ersten Mal sieht man Peter herzlich lachen, und es besteht kein Zweifel, daß Katharina, wie schon in ihren Stettiner Kindertagen, die Anführerin des vergnügten Haufens ist.

Irritiert ist sie allerdings von einer Marotte Peters, stundenlang mit Holzsoldaten zu spielen und komplette Schlachten nachzustellen. Sie findet, daß er » ... sehr kindisch (ist). Von früh bis spät beschäftigt er sich mit Spielzeug und Soldaten ... Ich glaube aber, in Wahrheit lag mir an der Krone mehr als an seiner Person.«

Das große Kind wird im Herbst dieses Jahres dann auch von einer richtigen Kinderkrankheit heimgesucht, liegt wochenlang mit Masern darnieder, wächst ein ganzes Stück – ist aber noch immer nicht erwachsen. Mit kindlichem Trotz reagiert er auf alle Vorschriften, die ihm die Umgebung machen will, besonders auf Brümmer hat er es abgesehen, und seine Soldatenspielerei nimmt allmählich absurde Formen an: Nicht länger genügen ihm die hölzernen Soldaten, er will Soldaten aus Fleisch und Blut um sich haben, kleidet seine Diener in hastig zusammengestoppelte Phantasieuniformen, kommandiert sie wie ein Feldwebel. Aber auch an diesen merkwürdigen Exerzitien nimmt Katharina noch widerspruchslos teil: Die lockende Krone, sie ist nur über das Ehelager mit diesem großen Kind zu erlangen.

Im Dezember kommt es dann zur Katastrophe. Auf der Schlittenreise von Moskau nach St. Petersburg bricht Peter in dem Dorf Khotilowo bewußtlos zusammen. Als er wieder zu sich kommt, fiebert er hoch und deliriert: Pocken! Fluchtartig verlassen die Zarin und ihr gesamter Hofstaat den Kranken – nur Katharina, zu ihrer Ehre sei es gesagt, will in seiner Nähe ausharren. Die Abreise wird ihr befohlen. Peter bleibt in der Obhut seiner Diener in dem Nest zurück.

Dies war vermutlich Katharinas letzte Regung eines flüchtigen Gefühls für den Mann, an den sie bald gekettet sein wird – von nun an konnte sie nicht einmal mehr seinen bloßen Anblick ertragen. Nach der

Peter, wie er sich selbst am liebsten sah: in der Pose des Feldherrn

Krankheit, die ihn mit ungewöhnlicher Heftigkeit befallen hatte, war sein blasses, aber ebenmäßiges Bubengesicht mit den schwermütigen blauen Augen in eine zerklüftete Kraterlandschaft verwandelt, verzerrt, verstümmelt, unaussprechbar abstoßend.

Als die beiden jungen Leute einander zum ersten Mal nach Peters Genesung wiederbegegneten, fragte er ängstlich, ob sie ihn überhaupt erkenne. Sie war dermaßen schockiert, daß sie keinen Ton hervorbrachte. Dennoch reagierte sie zornig und beleidigt, daß er ihr von da an geflissentlich aus dem Weg ging und »nach Vorwänden suchte, in seiner kindischen Umgebung zu bleiben«, schreibt sie. »Nur mit größtem Widerwillen« dachte sie an die bevorstehende Vermählung.

Sie ahnte nicht, sie konnte nicht begreifen, was in dem Jungen vorging, dessen Gesicht zur Fratze entstellt war, dessen Körper während der Pockenerkrankung einen weiteren enormen Wachstumsschub erlitten hatte und der nun, gebrechlicher und labiler denn je, schattengleich umherwankte.

Die Zarin trug das Ihre dazu bei, Peters Verstörung zu vertiefen. Sie verwöhnte Katharina übertrieben, zog sie bei jeder sich bietenden Gelegenheit dem Zarewitsch vor, als versuchte sie, das Leid zu lindern, das ihr durch Peters Krankheit widerfahren war. Niemand fragte nach *seinem* Leid.

Er schottete sich ab, suchte und fand Abwechslung und eine Art von kumpelhaftem Verständnis bei seinen Dienern und Lakaien, die ihn mit groben Späßen unterhielten, ihm beibrachten, wie man trinkt und wie man raucht und was man von dem elenden Weibervolk zu halten hat – und die sich nicht an seinem bestialischen Aussehen stießen.

Peter und Katharina, die noch wenige Monate zuvor in geschwisterlich-herzlichem Einvernehmen gelebt hatten, sahen einander fast nur zu offiziellen Anlässen, steif, fremd und mit steigender Feindseligkeit. Schuld – wer trug die Schuld? Wagt es jemand, bei zwei Kindern nach Schuld zu forschen, wenn auch, zugegebenermaßen, das eine »Kind« schon recht fortgeschritten war in vorausblickender Berechnung, das andere »Kind« stehengeblieben, wenn nicht gar zurückgeworfen in seiner ohnehin schleppenden und immer wieder verzögerten Entwicklung.

Die Zarin, wenn sie Augen im Kopf gehabt hätte zu sehen und ein Herz, um mitzufühlen, sie hätte erfassen müssen, wie es um den Jungen stand. Sie hätte hören müssen auf die Warnung der Ärzte, die bescheinigten, daß Peter noch sehr, sehr weit von männlicher Reife entfernt war. Sie tat nichts dergleichen und setzte den Hochzeitstermin für den 21. August 1745 fest.

Daß Peter zwei Monate vor der Hochzeit für majorenn erklärt worden, also nun Souverän eines eigenen kleinen Landes war, spielt nicht die geringste Rolle. In der Tat war der Siebzehnjährige körperlich noch kein Mann und geistig nicht viel mehr als ein Kind. Erschreckend wirkte auf viele Beobachter sein manischer Bewegungsdrang, der sich nach den beiden letzten Krankheiten immer mehr verstärkt hatte. Er konnte weder ruhig stehen noch sitzen, und häufig grimassierte er unvermittelt. Vermutlich war dies ein nervöser Tic, der ihm jedoch als Respektlosigkeit und Bösartigkeit ausgelegt wurde, wenn er, zum Beipiel, während des Gottesdienstes Gesichter schnitt.

Aus der erzieherischen Aufsicht von Stählin und Brümmer entlassen, gab man ihm neue Aufpasser, als Haushofmeister getarnt. Das Ehepaar Tscholokow hatte Anweisung, ihn »von unanständigen Späßen und Ausgelassenheiten« abzuhalten, von Zügellosigkeiten gegenüber Bediensteten, »nämlich Begießen von Kleidern und ihren Gesichtern«. Weiters: »Sie haben auf jede Weise das Lesen von Romanen, Spielen auf Instrumenten (sic!), mit Jägern, Soldaten und anderem Spielzeug hintanzuhalten.« Man soll »die verderbliche Familiärität mit gewöhnlichen Dienern verhindern«.

Nicht genug damit: Unmittelbar vor der Hochzeit wurden schlagartig alle vertrauten Gesichter aus seiner Umgebung entfernt. Die Läufer, Kutscher und Lakaien, mit denen er auf seine Weise Spaß gehabt und gespielt hatte. »Drei oder vier Pagen, die er besonders mochte, (wurden) verhaftet und in die Festung geschafft ... Sobald man bemerkte, daß er irgend jemandem seine besondere Zuneigung zeigte, wurde der Betreffende entfernt«, berichtet Katharina.

Was immer man mit dieser Maßnahme beabsichtigt haben mag, das Ergebnis war niederschmetternd: Peters Haß auf alles Russische stieg ins Ungemessene, die Sehnsucht nach der Heimat, nach allem Deutschen desgleichen.

Sowenig die Zarin ihren selbstgewählten Nachfolger leiden konnte, sosehr bemühte sie sich, der Welt ein glanzvolles Hochzeitsschauspiel zu bieten, das bis in alle Einzelheiten nach Versailler Vorbildern über die verschiedenen Schauplätze, Palast – Straße – Kirche – Palast, ging. Die

Brautleute waren in weiße Seide gehüllt, über und über mit Perlen und Edelsteinen bestickt. Der Hochzeitszug umfaßte vierundachtzig vergoldete Kutschen, jede von sechs Schimmeln gezogen, und die Trauungszeremonie währte viele Stunden.

Nicht so der Hochzeitsball. Bereits nach einer halben Stunde brachte die Zarin Katharina in das mit rotem Samt tapezierte Brautgemach, kleidete sie persönlich aus und drapierte sie auf dem gigantischen Himmelbett. Mit eigener Hand holte sie den Bräutigam aus dem Vorraum, um ihn der Braut zuzuführen. Nichts auf der Welt wünschte Elisabeth so inbrünstig wie die baldige Geburt eines Thronerben.

Bereits um sieben Uhr früh erschien die Zarin wieder bei den Jungvermählten, stellte aber keine Fragen. Dem Zarewitsch übergab sie zwei prachtvolle Toilettengarnituren aus Gold, mit Smaragden und Saphiren besetzt, die er seiner Frau als Morgengabe überreichen sollte. Um elf Uhr mußte sich das junge Paar wieder dem Hof zeigen, und dann wurde zehn Tage lang gefeiert, gefeiert, gefeiert.

Zu feiern gab es eigentlich nichts. Was sich in der Hochzeitsnacht abgespielt hat – daran mag man nur schaudernd denken. Katharina war vollkommen unaufgeklärt, und als sie am Tag vor der Hochzeit ihre Mutter bat, zu erläutern, was denn nun den Unterschied zwischen Mann und Frau ausmachte, wurde sie wegen ihrer »taktlosen Neugier« gescholten und zurückgewiesen. Peter wird von seinen Kumpanen so manches, wenn auch in verzerrter und ordinärer Form, erfahren haben, doch nützte ihm dieses rudimentäre Wissen wenig. Erstens hatte er noch längst nicht Geschlechtsreife erlangt, und zweitens litt er, wie sich sehr viel später herausstellte, an einer Phimose, einer Verengung der Vorhaut, die ihm die Erfüllung der ehelichen Pflichten unmöglich machte.

Stocksteif lagen die beiden nebeneinander im Bett. Katharina fror entsetzlich, und als nicht das Geringste geschah, begann sie sich zu fragen: »Soll ich liegenbleiben, soll ich aufstehen?« Wie es dann genau weiterging, erfahren wir aus ihren Memoiren nicht – nur soviel, daß Peter am Morgen danach sagte: »Es wird die Domestiken amüsieren, uns zusammen im Bett zu sehen.«

Wenn es Katharina später auch immer bestritt – in den ersten Monaten der Ehe herrschte, zumindest nach außen hin, Einvernehmen zwischen den jungen Leuten. Ohne aufzumucken, machte sie bei seinen Soldatenspielereien mit, stand sogar »Schmiere«, wenn er die Holzpuppen auf dem Bett ausbreitete und das plötzliche Auftauchen der Aufpasser befürchtete.

Er bat sie wiederholt um Rat in der Führung seiner holsteinischen Angelegenheiten. Dies erfahren wir aus den Berichten eines englischen Diplomaten, der nicht zu betonen vergißt, daß Katharina wesentlich mehr von politischen Dingen verstehe als ihr Gemahl. »Ihre Hoheit (Katharina) ist diejenige, welche im Fall gewisser Ereignisse hier einmal herrschen wird.«

Am ersten Hochzeitstag veranstaltete Peter ein großartiges Fest in seinem Sommersitz Oranienbaum, rund dreißig Kilometer außerhalb von St. Petersburg, wo er sogar zu Ehren seiner Gemahlin eine kleine »Katharinenburg« errichtet hatte.

In ihren Memoiren erwähnte Katharina niemals die scheuen Versuche des Knaben, um ihre Gunst zu werben, auch nicht den traurigen Brief, von dem wir aus dem Lebensbericht Stählins erfahren. »Madame«, schreibt der junge Ehemann, »ich bitte Sie, sich nicht die Ungelegenheit zu machen, heute nacht bei mir zu schlafen, denn es ist nicht mehr die Zeit, mich zu täuschen. Ihr sehr unglücklicher Gatte, den Sie niemals dieses Namens würdigen.«

Lange kommt es nicht zum dramatischen Bruch zwischen den Eheleuten. Die Trennung erfolgt langsam, in kleinen Schritten. Katharina residiert meist in Schloß Peterhof, einer der ländlichen Residenzen im Weichbild der Metropole, zumeist seichten Vergnügungen frönend, dann, von plötzlichem Ehrgeiz und Bildungsdrang erfaßt, in Bücher versunken, in geistreiche Gespräche mit gewichtigen Persönlichkeiten vertieft, auch schon langsam, tastend, sich annähernd an das höfische und politische Netzwerk. Sie, die vorbildliche Russin, findet leicht Anschluß an die führenden politischen Kräfte und beginnt, sich darin einzubauen.

Peter verkriecht sich in Oranienbaum, wo er – da er nun einmal Herzog von Holstein ist und man es ihm nicht gut verwehren kann – einige Holsteiner Beamte um sich schart, mit ihnen einen Miniaturstaatsrat bildet. In der Mitte des Konferenztisches steht ein maßstabgetreues Abbild von Kiel, in Holz geschnitzt, mit all den Häusern und Gäßchen und Türmchen, die er als Kind kaum zu sehen bekam, nach denen sich aber jetzt sein Herz in Sehnsucht verzehrt.

Er hat es auch durchgesetzt, ein Regiment aus der Heimat nach Oranienbaum kommen zu lassen, und nun kann er endlich richtig exerzieren und muß nicht nur die hölzernen Puppen tanzen lassen. Je fremder ihm die neue Heimat wird, desto drängender erscheint der Wunsch, sich in der alten zu entfalten und vor allem, die volle Souveränität über sein ganzes Staatsgebiet zurückzugewinnen: 1745 wurde in einem Vertrag zwischen Schweden und Rußland, der auch zahlreiche außenpolitische Klauseln enthielt, ein Teil von Schleswig, das eigentlich zu Holstein gehörte, der dänischen Krone zugesprochen – ohne Peter auch nur zu fragen. Seit damals begann die fixe Idee in ihm zu reifen, sein Land, koste es, was es wolle, zurückzugewinnen.

Zu einer zweiten Obsession entwickelte sich die Schwärmerei für Friedrich den Großen, den er zwar nie persönlich gesehen hatte, den er aber mit geradezu fanatischer Inbrunst verehrte. Er hatte alles Erreichbare über sein Idol gelesen, dessen Kriege bis in die letzten Einzelheiten verfolgt und mit Spielzeugsoldaten die Schlachten nachgestellt. Die Namen sämtlicher Kommandeure und deren Stellvertreter in Friedrichs Regimentern konnte er im Schlaf auswendig.

Er war weder gewillt noch fähig, seine Vorliebe für Preußen und dessen König vor seiner Umgebung zu verbergen. Die Erinnerung an die noch gar nicht so lange zurückliegende, durch Deutsche verursachte Mißwirtschaft war aber noch viel zu frisch im Gedächtnis seiner Untertanen, um diese Preußenschwärmerei als harmlose Marotte durchgehen zu lassen: »Das russische Volk haßt den Großfürsten, sodaß dieser Gefahr läuft, seine Krone auch dann zu verlieren, wenn sie nach dem Tod der Kaiserin ohne weiters auf ihn übergehen sollte«, schreibt der preußische Botschafter in St. Petersburg.

Unsanft aus seinen heroischen Träumen gerissen wird Peter im Jahre 1752, da ein junger Mann zur Hofgesellschaft stößt, »schön wie der junge Morgen, und weder am Großen Hof noch gar an unserem konnte sich jemand mit ihm messen«, schreibt Katharina. Saltykow, Sergej Saltykow war der Name des morgenschönen Kammerherren, dem gelang, was Peter in sieben Jahren nicht vermocht hatte. In einer stürmischen Nacht, da Katharina mit einer kleinen Jagdgesellschaft auf einer einsamen Insel vom Festland abgeschnitten war, wurde sie von ihrer nachgerade blamablen Jungfernschaft befreit.

Herrn von Saltykow war nicht nur die Kunst der Verführung gegeben, er verfügte auch über ein gerüttelt Maß an pfiffiger Hinterlist. Es gelang ihm, Peter, dessen noch immer währende Impotenz, wie man inzwischen wußte, auf eine Phimose zurückzuführen war, zu einer kleinen Operation zu überreden. Nachdem dies erledigt war, führte man Peter eine junge hübsche Witwe zu, die ihm einfühlsam beibrachte, was eine Frau von einem Mann erwartet. Schließlich wurde eilig dafür gesorgt, daß alle Welt von dem gelungenen Experiment erfuhr.

Es war auch allerhöchste Zeit, denn mittlerweile war Katharina von Saltykow schwanger geworden, und sie durfte nun mit Fug und Recht behaupten, daß sie das Kind des eigenen Gemahls unter dem Herzen trug. Kurz nach einer Fehlgeburt kam sie erneut in andere Umstände – und diesmal konnte Peter in der Tat nicht sicher sein, ob er nicht doch der Vater war, denn Katharina hatte rechtzeitig die »ehelichen Pflichten« gegenüber ihrem Gemahl auf sich genommen.

Von da an wurde Peter noch mürrischer, unzugänglicher, eigenbrötlerischer, saß stundenlang im Konferenzzimmer von Oranienbaum und starrte das Modell seiner Vaterstadt Kiel an.

Aber kein einziges Mal hat er dagegen Protest erhoben, daß ihn alle Welt, seine Frau und die Zarin eingeschlossen, als legitimen Vater des erwarteten Kindes ansahen: eine schmutzige Verschwörung aus dynastischen Gründen, ohne Rücksicht auf die Gefühle der Beteiligten.

Noch krasser zeigte sich die Kälte der Herzen am 20. September 1754, als Katharina, neun Jahre nach ihrer Vermählung, einem Sohn das Leben gab. Auf der Stelle nahm die Zarin den kleinen Paul an sich, weder Katharina noch Peter bekamen das Kind während der nächsten acht Jahre auch nur zu sehen! Sergej Saltykow war überhaupt gleich vom Hof entfernt worden. Er wurde nicht mehr gebraucht, er hatte seine Schuldigkeit getan.

Der Plan Elisabeths war simpel und einleuchtend: Sie hatte nun das Kind, den Thronerben, den sie sich sehnlichst gewünscht, sie würde ihn ganz nach ihrem Willen und ihren Vorstellungen zum guten Russen formen und ihm, unter Umgehung seines unmöglichen nominellen Vaters, die Krone übertragen. Elisabeth war zur Zeit von Pauls Geburt erst fünfundvierzig Jahre alt, jung genug, um den Jungen zu behüten und zu führen, bis er die nötige Herrscherreife erreicht haben würde.

Der zweite in Katharinas stattlicher Liste ständig wechselnder Liebhaber war der polnische Graf Stanislaus Poniatowski, der 1755 im Gefolge des neuen englischen Botschafters Sir Charles Hanbury-Williams in St. Petersburg eintraf. Drei Jahre jünger als Katharina, war er angeblich der bestaussehende Mann seiner Zeit, sicher aber derjenige, der sie von all ihren Galanen am leidenschaftlichsten liebte.

Von ihm stammt – vielleicht ein bißchen stark durch die rosarote Brille betrachtet – die ausführlichste Beschreibung der jungen Katharina: »Ihre Haare waren schwarz, ihre Haut blendend weiß, sie hatte große, blaue, sehr ausdrucksvolle Augen, schwarze, sehr lange Wimpern, einen Mund, der nach Küssen schmachtete. Ihre Arme und Schultern waren vollendet schön, sie hatte eine biegsame, ziemlich hohe Figur … Der Klang ihrer Stimme war angenehm, ihr Lachen so fröhlich wie ihre Gemütsverfassung.«

Der Zauber der Romanze wurde anfangs durch den Reiz des heimlichen Abenteuers erhöht. Sehr detailfreudig berichtet Katharina, wie sie nachts aus dem Palast zu schlüpfen pflegte und in Männerkleidern zu den versteckten Rendezvous-Plätzen schlich, um die Süße der gestohlenen Stunden zu genießen.

Nicht nur das romantische Versteckspiel mit dem neuen Favoriten erfreute Katharina. Es freuten sie auch die reichlichen Geldzuwendungen aus den Händen von Sir Charles, der mit der sicheren Spürnase des routinierten Diplomaten erfaßte, daß in dieser jungen Person mehr steckte als Lust auf erotische Abenteuer. Es schien angebracht, daß man sie sich gewogen machte. Katharina nahm, was sie bekam – ihre Spielschulden überstiegen in einem Jahr die Wahnsinnssumme von 17 000 Rubel.

Peter kümmerte sich kaum um die Vorgänge in Peterhof. Nach der Erlösung von seinem schmählichen männlichen Unvermögen brachte er ein paar flüchtige Abenteuer hinter sich, um endlich die Liebe seines Lebens zu finden: Gräfin Elisabeth Woronzowna, ein Mädchen aus erstklassiger Familie. Ihr Vater war Vizekanzler, ihre beiden Schwestern brillierten als geistvolle Salon-Schönheiten. Dies war bereits alles, was an Positivem über sie erzählt wurde.

Die Woronzowna war dick und häßlich. Sie hinkte und sie schielte. Ihre Stimme war laut, ihr Lachen heftig, ihre Ausdrucksweise mitunter ordinär. Aber sie liebte Peter, weil er Peter und nicht weil er der Zarewitsch war. Sie gab ihm Wärme, Vertrauen und Zärtlichkeit. Wenn Peter in seinem armseligen kurzen Leben je ein bißchen Glück erfahren hat, dann an der Seite dieser Frau, die eine verlachte, verspottete, mißachtete Außenseiterin war – wie er selbst.

Katharina und Poniatowski hätten sich die Heimlichtuerei ersparen können. Nun, da Peter selbst sein kleines Glück gefunden hatte, förderte er die Liebschaft seiner Frau mit dem Polen wohlwollend: Solange Katharina zufrieden und guter Laune war, solange brauchte er sie nicht zu fürchten. Wiederholt speisten Peter und Elisabeth, Stanislaus und Katharina im intimen Rahmen zusammen, und am Ende der Mahlzeit zog sich Peter mit seiner Geliebten diskret zurück: »Nun, meine Lieben, jetzt braucht ihr uns gewiß nicht mehr.«

Katharina hat Peter vieles angekreidet und nachgetragen. Am allerwenigsten hat sie ihm die herablassende Großmut verziehen, mit der er ihre Eskapaden duldete. Sie machte sich nicht das Geringste aus ihrem Mann und legte sich ungeniert Liebhaber zu. Aber daß er nicht vor Eifersucht tobte und dann sogar Gleiches mit Gleichem vergalt, das machte sie noch vor Zorn beben, als sie in ihren alten Tagen die Memoiren verfaßte.

Am 9. Dezember 1757 wurde Katharina zum zweiten Mal Mutter. Nachdem Peter noch kurz zuvor gemurrt hatte: »Ich weiß nicht, woher meine Frau ihre Schwangerschaften nimmt«, schien er sehr erfreut über die Geburt der kleinen Anna und sehr traurig, als die Zarin auch dieses Kind mit Beschlag belegte. Ein Jahr später wurde Peter und Katharina mitgeteilt, daß das Mädchen gestorben sei. Poniatowski, der vielleicht der Vater des Kindes war, erfuhr nichts. Er war stillschweigend von der Bühne abgetreten, nachdem er die letzten Reste seines Vermögens für Katharina hingegeben hatte.

Mittlerweile war der seit 1756 tobende große europäische Krieg, der später der Siebenjährige heißen sollte, in eine entscheidende Phase getreten. Rußland kämpfte an der Seite Österreichs und Frankreichs gegen Preußen, und als die Russen 1758 Königsberg besetzten und immer weiter auf preußisches Gebiet vordrangen, wurde die Nation von patriotischem Taumel erfaßt: Man fühlte sich in die glorreichen Tage Peters des Großen zurückversetzt.

Nur einer, und es ist ausgerechnet der Mann, der einmal Rußlands Thron besteigen soll, nur Peter scheint innerlich Trauer zu tragen wegen der militärischen Niederlagen Preußens. »Ich sollte in den Dienst des Königs von Preußen treten«, hat er einmal kurz vor Kriegsausbruch räsoniert. »Heute wäre mir schon ein Regiment, der Rang eines Generalmajors, wenn nicht gar eines Generalleutnants sicher. Aber nichts dergleichen – und nur, weil man mich hierher gebracht hat, um mich in diesem verdammten Land zum Großfürsten zu machen.« Er sei nun einmal nicht für Rußland geschaffen, und nur zu bald werde er in diesem schrecklichen Land umkommen ...

Nach der verheerenden Schlacht bei Zorndorf im August 1758, die auf beiden Seiten mehr als 30 000 Tote und Verwundete gekostet hatte, geriet ein Graf Schwerin, persönlicher Adjutant Friedrichs des Großen, in russische Gefangenschaft und wurde, da es sich um eine außerordentlich wichtige Persönlichkeit handelte, nach St. Petersburg gebracht. Peter geriet außer sich, daß ein so hervorragender Diener seines Abgotts kriegsgefangen war. »Sie wären längst schon wieder frei, wäre ich bereits der Zar«, versicherte er dem Grafen.

Sprachlos vor Wut und Empörung mußten die Zeugen dieser peinlichen Szene dann noch mit anhören, wie ihr zukünftiger Zar erklärte, » ... er hätte für den König von Preußen allen erdenklichen Respekt ... und wünsche dem König umso mehr Erfolg, als er ihn für den Beschützer der deutschen Freiheit ansehe. Er, der Großfürst, könnte auch nicht ruhen, bis er unter einem so großen Helden eine Campagne mitgemacht haben würde, und er hoffte auch, die Zeit noch zu erleben«, schreibt ein Diplomat.

Gleich in der Nähe des Winterpalastes richtet Peter für Schwerin eine elegante Wohnung ein und läßt es ihm an nichts fehlen. Pro forma erhält Friedrichs des Großen Adjutant eine Wache, einen Aufpasser, der in Wahrheit ein respektvoller Begleiter ist: Gregorij Orlow, fünfundzwanzig Jahre alt, Leutnant der Garde, hochdekoriert und nach einer Verwundung in der Schlacht bei Zorndorf zum leichten Dienst in die Heimat abkommandiert.

Nirgendwo ist niedergeschrieben, wie und wann die nun dreißigjährige Katharina und der Leutnant einander zum ersten Mal begegnet sind. Es gibt nur eine romantische Anekdote, die besagt, Katharina hätte Orlow von einem Fenster aus erspäht, als er auf seinen Gefangenen, den Grafen Schwerin, wartete. Die junge Frau wäre auf der Stelle bezaubert gewesen von der martialisch-schönen Erscheinung des jungen Offiziers. Das Weitere besorgte eine Gräfin Bruce. Sie arrangierte die Bekanntschaft, sie bereitete die Liebesnester außerhalb der Stadt.

Gregorij war ein naives Gemüt, seiner Geliebten bedingungslos ergeben. Aus anderem Holz geschnitten war sein Bruder Alexej. (Es gab dann noch drei weitere Orlow-Brüder, alle Haudegen.) Auch Alexej war

Katharinas Liebhaber, in der Reihenfolge ihres Auftretens: Sergej Saltykow (links oben), Stanislaus Poniatowski (rechts oben), Gregorij Orlow (unten)

ein vielfach ausgezeichneter Offizier, scharfsinnig, vorausblickend, schnell zupackend und skrupellos. Die Geliebte des Bruders war eine wichtige Trumpfkarte in seiner Planung von Rußlands Zukunft und der eigenen Karriere.

Allerorten wurden Entwürfe für diese Zukunft gemacht, denn die Zarin dämmerte langsam ihrem Ende entgegen. Die Fünfzigjährige war so dick geworden, daß sie sich kaum mehr von ihrem Lager erheben konnte. Desinteressiert an allem, war sie nur noch süchtig auf die Worte der an ihrem Bett sitzenden Märchenerzählerin.

Einflußreiche politische Kreise erwägen, nach dem Tod der Zarin den kleinen Paul zu krönen und seine Mutter mit der Regentschaft zu betrauen. Was mit Peter geschehen soll, ist in diesem Plan noch unbestimmt.

Auch Peter fiebert dem Tag entgegen, da er seine Tante beerben wird, und macht keinerlei Hehl aus seinen Vorhaben: Den Krieg gegen Preußen will er beenden, Schleswig will er zurückerobern, und seine Geliebte Woronzowna wird er bestimmt heiraten. Und was soll aus Katharina werden? Meist schweigt er sich aus, doch wenn der Alkohol seine Zunge löst, verrät er, daß seine Frau am besten in einem Kloster aufgehoben wäre. Hat nicht auch Peter der Große Gemahlin Nummer eins zu den Nonnen verbannt?

Die Frau, um die es geht, ist auch nicht untätig. All die Unzufriedenen – und deren gibt es nicht wenige – schart sie um sich. Sie knüpft diskrete Beziehungen zu inländischen Politikern und ausländischen Diplomaten. Auf dem Weg über die fünf Brüder Orlow gewinnt sie die Zuneigung und die Gefolgschaft des Militärs – von den hohen Offizieren bis zu den einfachen Soldaten.

Dies alles arrangiert Katharina von ihren Privatgemächern aus, wo sie in der Pose der verlassenen oder verstoßenen Ehefrau in schmollender Zurückgezogenheit verharrt, aber einen sehr plausiblen Grund hat, die Öffentlichkeit zu meiden. Sie ist nämlich schwanger, und da sie seit zwei Jahren getrennt von ihrem Mann lebt, wäre es peinlich, erklären zu müssen, wer – außer dem Heiligen Geist, möglicherweise – für ihren Zustand verantwortlich sein könnte. Wüßte Peter, wie es um sie steht, er hätte den idealen Vorwand, sich legal von ihr zu trennen.

Die Zarin starb am 24. Dezember des Jahres 1761, und da sie keine andere Verfügung getroffen hatte, wurde der Neffe damit automatisch

Zar Peter III. Soviel ist sicher. Von irritierenden Zweifeln überschattet sind die nachfolgenden Ereignisse, denn, wie so oft, widersprechen einander die Berichte. Einmal heißt es, Peter hätte sich geradezu skandalös benommen und den Tod der Tante schamlos gefeiert. An anderer Stelle lesen wir, er hätte unmittelbar nach dem Tod Elisabeths seine Herrscherpflichten übernommen; die Garden leisteten ihm ergeben den Treueid und brachten Ovationen. Peter soll zu Tränen gerührt gewesen sein und gesagt haben: »Ich hätte nicht gedacht, daß sie mich so lieben.«

Fest steht, daß Katharina weiterhin, der tiefen Trauer und eines verstauchten Fußes wegen, monatelang in ihren Gemächern verharrte. Die Trauer verflog, der Fuß heilte nach dem 11. April 1762, da sie in größter Heimlichkeit einen Sohn namens Alexej geboren hatte.

Das hauptsächlich von Katharina und ihren Anhängern gezeichnete Bild Peters als eines haltlos dem Trunk ergebenen Halbidioten erweist sich als böswillig verzerrt, angesichts der Fülle von Ukassen aus seiner nur sechs Monate währenden Regierungszeit: In ihnen spiegeln sich Toleranz, Großzügigkeit und ein Widerschein der beginnenden Aufklärung. Daß diese neuen Gesetze, die zum Teil ihrer Zeit weit voraus waren, bei manchen Betroffenen keineswegs Zustimmung, sondern Ablehnung ausgelöst haben, steht auf einem anderen Blatt – ebenso wie Peters fatale Hörigkeit gegenüber Friedrich dem Großen. Hier scheint tatsächlich Wahn mit im Spiel gewesen zu sein.

Allgemein bejubelt der erste Ukas, der die ruinöse Salzsteuer aufhob, die Folter abschaffte und auch das Spitzelunwesen. Bis dahin konnte jeder unbescholtene Bürger aufgrund einer Denunziation ohne Gerichtsverfahren zu hohen Strafen verurteilt, ja nach Sibirien verschickt werden, wenn man ihn der Majestätsbeleidigung beschuldigte. Peter behielt sich vor, diesbezügliche Verfahren in St. Petersburg selbst zu übernehmen, »um ein Beispiel zu geben, wie man durch milde Untersuchungen, nicht durch Blutvergießen, die echte Wahrheit von der Verleumdung trennen kann und soll«. Gleichermaßen akzeptiert wurde die ersatzlose Streichung des Ukas, wonach jedermann, der am Zarenpalast vorbeiging, den Hut zu ziehen hatte.

Zwiespältiges Echo fand der Ukas, der allen von seiner Vorgängerin Verbannten die Heimkehr gestattete. Unter ihnen waren auch viele der einstmals verhaßten Deutschen, deren neuerliches Auftauchen alte Ängste schürte.

Mit einhelligem Mißtrauen nahmen die ansonsten sehr voneinander verschiedenen Interessens-Cliquen Peters Anteilnahme für den von seiner Tante eingekerkerten ehemaligen Zaren zur Kenntnis. Wir erinnern uns, daß Elisabeth Petrowna durch einen Staatsstreich an die Macht kam und den erst einjährigen, gesalbten und gekrönten Zaren Iwan VI. abservieren ließ. War nicht Peters Stellung allein schon prekär und umstritten genug? Mußte er unbedingt den gestürzten Zaren wieder ans Tageslicht holen und damit sich selbst, aber auch allen noch immer auf ihre Chance harrenden Nebenbuhlern einen weiteren Konkurrenten schaffen?

Die Sorge erwies sich als unbegründet. Iwan konnte niemandem mehr gefährlich werden. Peter war sichtlich erschüttert, als man ihm in der Festung Schlüsselburg einen großen, plumpen Mann mit wildem Bartwuchs und flackerndem Blick vorführte, der nicht wußte, wer er war, und der nur ein gestottertes Kauderwelsch von sich gab. Er trug nichts als dreckige Fetzen am Leib, in sein winziges Kerkergemach drang kaum ein Strahl Tageslicht.

Peter befahl, den Gefangenen in eine menschenwürdige Unterkunft zu bringen, bis man für ihn innerhalb des Festungsbereichs ein eigenes Haus errichtet haben würde. Später werde endgültig zu entscheiden sein, was mit dem unglückseligen jungen Mann geschehen sollte. Es wurde kein Haus gebaut, Iwan erhaschte niemals auch nur ein Zipfelchen Freiheit. Das Problem löste sich einige Monate später von selbst, indem Iwan von seinen eigenen Wächtern ermordet wurde. Katharina, dann schon Zarin Katharina II., wußte nichts von alledem ...

Große Begeisterung löst unter der Aristokratie der Ukas »über die Freiheit des Adels« aus, der, so der englische Botschafter, aus Sklaven »real gentlemen« macht. Die Adeligen können ab sofort frei über ihre Lebensgestaltung entscheiden, sie sind nicht mehr gezwungen, als Beamte oder Militärs, lebenslang dem Staat zu dienen. Sie dürfen sogar ohne besondere Bewilligung ins Ausland reisen.

»Der Kaiser verdient, daß man ihm ein Standbild aus Gold errichtet«, schreibt Fürst Draschkow. Allerdings flaut die Hochstimmung über die neugewonnene Freiheit bald ab, in dem Augenblick nämlich, da sich herausstellt, daß mit der Abhängigkeit vom Zaren auch eine Reihe von Privilegien verbunden waren, die nun für immer verlorengegangen sind.

In der Erläuterung zum Ukas heißt es, der Zar hoffe, daß »der wohl-

Peter III. in der Pose des Zaren

geborene russische Adel« die neue Freiheit nicht als »Freibrief für Faulheit und Müßiggang« betrachten werde, sich vom Dienst nicht entfernen, »vielmehr mit Eifer und Freude in diesen eintreten« möge. Der Appell verhallte ungehört: Die meisten Adelsherren zogen sich schleunigst auf ihre Güter zurück und beuteten die Leibeigenen mehr aus denn je zuvor. Denn zur Befreiung der Bauern aus ihrer Sklaverei, die er sich ebenfalls vorgenommen hatte, blieb Peter keine Zeit mehr: Lediglich den Verkauf der Leibeigenen konnte er noch durch ein neues Gesetz unterbinden.

Auf geharnischten Widerstand aus kirchlichen Kreisen stieß der Ukas, der den sogenannten Raskolniken (wörtlich übersetzt: »Kirchenspalter«) Religionsfreiheit und die Heimkehr aus der Verbannung gewährte. Es handelte sich dabei um Abtrünnige, die versucht hatten, eine Reform der orthodoxen Kirche herbeizuführen und grausamsten Verfolgungen ausgesetzt waren. In der Begründung dieses Ukas – zwanzig Jahre vor dem bahnbrechenden Toleranzedikt Kaiser Josephs II. – heißt es: »Selbst Mohammedaner und Heiden sind im Russischen Reich geduldet, und diese Raskolniken sind noch immer Christen, so fehlgeleitet sie auch sein mögen. Gewalt ist nicht der rechte Weg, sie zu bekehren.«

Die endgültige Todfeindschaft des Klerus zog sich Peter zu, als das Kirchengut beschlagnahmt, dem Staat einverleibt und angeordnet wurde, alle Ikonen, bis auf die von Jesus und Maria, aus den Kirchen zu entfernen. Die Popen stiegen auf ihre Kanzeln wie auf Barrikaden und hielten wutspeiende Predigten gegen den »Ketzer«, den »Lutheraner«, das »Werkzeug des Teufels«. Als dann noch bekannt wurde, daß der Zar im Winterpalast eine protestantische Kapelle errichten lassen wollte – angeblich nur für ausländische Diplomaten –, daß er das »Kieler Gesangsbuch« ständig mit sich führte, hatte er den letzten Rest von Zuneigung seitens des kirchenfrommen russischen Volkes eingebüßt.

Der Haß der Armee entlud sich, als Peter die geliebten farbenprächtigen Uniformen, die jeden Gemeinen wie einen General aussehen ließen, abschaffte und dafür die schlichten preußischen einführen ließ. Dazu noch das preußische Exerzierreglement, das alle, auch altgediente, rheumatische Generale, erlernen mußten.

Peter entwickelte einen fieberhaften Tatendrang – wie die meisten Menschen, die fühlen, daß ihnen nicht viel Zeit gegeben ist – und brachte die gesamte Bürokratie durcheinander, die unter der trägen Elisabeth ein geruhsames Dasein geführt hatte.

Der Zar erhob sich bereits um sieben Uhr früh. Während der Toilette mußten ihm die wichtigsten Depeschen vorgelesen werden. Kabinettsitzung von acht bis zehn Uhr. Anschließend Auftritt auf dem Paradeplatz – wehe, wenn auch nur ein Uniformknopf nicht geschlossen war! Bis ein Uhr preußischer Drill, danach ein einfaches Mittagsmahl ohne jedes Zeremoniell. Manchmal speiste Peter auch außerhalb, mit Vorliebe beim englischen Botschafter Sir Robert Keith – und dies nicht ohne gewisse Hintergedanken, wie wir gleich sehen werden.

An den Nachmittagen unternahm er unangesagte Inspektionen, oder er war wieder bei der Truppe. Manchmal musizierte er am Abend – er träumte davon, Rußland zu einem Zentrum moderner Musik zu machen, und wollte berühmte Komponisten, vorwiegend aus Italien, nach St. Petersburg kommen lassen.

Die meisten Abende allerdings verbrachte er in Gesellschaft seiner Holsteiner Offiziere, nach großem Vorbild mit wahren Pfeifenrauch-Orgien, aber es wurde auch ordentlich gebechert. Kaum jemals ging er vor zwei Uhr früh zu Bett: Der unruhige Geist brauchte nicht viel Schlaf. »St. Petersburg hat sich vollkommen verändert, und alles ist so anders geworden, daß man glaubt, eine andere Luft zu atmen ...«, klagt ein Hofmann.

Was also hatte Peter so oft bei Sir Robert Keith zu suchen? Wieso kam es, daß » ... kein Tag (verging), an dem der Zar nicht den englischen Botschafter sieht oder ihm wenigstens Blumen, Früchte, Aufmerksamkeiten übersendet«, schreibt der französische Botschafter.

Keith war 1758 von Wien nach St. Petersburg versetzt worden, um den Einfluß Österreichs und Frankreichs auf Rußland zu dämpfen. Damit war er nicht sehr erfolgreich, doch von Anfang an gewann er die Sympathien des damaligen Zarewitsch Peter. Als Keith begann, die Interessen des mit England verbündeten Preußen in St. Petersburg wahrzunehmen, wurde sein Einfluß auf Peter unübersehbar.

Schon vor seinem Regierungsantritt wurde vermutet, daß via Keith von Peter ausgeplauderte russische Staatsgeheimnisse an die Ohren Friedrichs des Großen gelangten. Dafür gibt es keine Beweise. Aber eine Eintragung in Keiths Tagebuch vom Februar 1762 dürfen wir, nach Lage der Dinge, wohl glauben: »Nach dem Dinner kam Seine kaiserliche Majestät ... lächelnd zu mir und flüsterte mir ins Ohr, er hoffe, ich würde mit ihm zufrieden sein, denn in der Nacht zuvor hatte er Kuriere an die verschiedenen Armeeinheiten gesandt, mit dem Befehl, nicht weiter in preußisches Gebiet einzudringen ...«

Damit begann die von niemandem für möglich gehaltene und absolut einmalige Geschichte, daß eine siegreich voranstürmende Armee, den totalen Zusammenbruch des Feindes unmittelbar vor Augen, vom eigenen obersten Kriegsherrn zurückgepfiffen wurde.

Mitte Januar hatte Friedrich II. seinem Freund und Minister Graf Wilhelm Finckenstein geschrieben: »Es ist dringend notwendig, daß wir uns mit Rußland versöhnen, um dem Sturz in den Abgrund zu entgehen.«

»Die Offiziere waren zum Teil halberwachsene Knaben, die meisten Soldaten ungeschulte Rekruten, nur wenige Veteranen waren noch übrig und erhielten im Heer den Fridericianischen Geist. Der Mangel an Geld stieg aufs höchste ... Die Lage des Königs war eine verzweifelte. Schlesien, Sachsen und Pommern waren nur noch zum Teil in seiner Gewalt, der Rest des Gebietes an Menschen und Geld völlig erschöpft ... Trotz seiner heldenmütigen Ausdauer und seiner unermüdlichen Tätigkeit ... schien Friedrich nach menschlicher Voraussicht verloren ...«, klagt noch hundertdreißig Jahre später Mayers Konversationslexikon.

Doch am 20. Februar 1762 geschieht das Unglaubliche: In Friedrichs Hauptquartier in Breslau erscheint der russische Brigadier Andrej Gudowitsch, nicht um einen schmachvollen Frieden zu diktieren, sondern um freundschaftliche Verhandlungen vorzuschlagen. Friedrich, ansonsten nicht gerade berühmt für herzlichen Überschwang, ruft: »Sie sind von der Vorsehung gesandt ... Ich betrachte Sie wie Noah die Taube ansah, die den Olivenzweig für seine Arche brachte.«

Nun geht es Schlag auf Schlag: Peter schließt Frieden, seine Truppen räumen alle besetzten Gebiete, die Allianz mit Frankreich und Österreich wird aufgegeben, und letzten Endes kommt sogar ein Bündnisvertrag mit Preußen zustande, worauf zwanzigtausend Russen zu den preußischen Truppen stoßen.

Friedrich, der alte Spötter, dankt Peter mit dick aufgetragenen Schmeicheleien: »Wenn jemand so edel handelt, mit einem Edelmut, wie er in heutigen Zeiten nicht mehr zu finden ist, dann hat er das Recht, bewundert zu werden ... Die ersten Schritte in der Regentschaft Eurer Majestät haben Segen über Ihr Volk gebracht und über Teile Europas ... Während der Rest Europas mich verfolgt, finde ich einen wahren

Freund in Ihnen, einen Freund mit einem treuen deutschen Herzen ... In Sie setze ich meinen Glauben, und ich verspreche Ihnen echte und ewige Freundschaft.«

Selbstverständlich durchschaute Peter den Zynismus zwischen den Zeilen, wenn er antwortet: »Sie lachen mich bestimmt aus, wenn Sie mich so hoch loben. In Wirklichkeit müssen Sie erstaunt sein über meine Nichtswürdigkeit, während ich Ihre großen Taten bewundere. Ihre Fähigkeiten sind außergewöhnlich. Ich erkenne in Ihrer Majestät den größten Helden, den die Welt je gesehen hat.«

Trockener Kommentar des sächsischen Botschafters zu den erstaunlichen Ereignissen: »Hier in St. Petersburg ist Friedrich der wahre Herr und Meister.«

Peters blinde Liebe für Friedrich hatte ihr Gegenstück in seinem blinden Haß auf Dänemark, das, wie erwähnt, einen Teil des eigentlich zu Holstein gehörenden Gebietes von Schleswig besetzt hatte.

Gestützt auf eine Geheimklausel im Friedensvertrag mit Preußen, das Rußland im Kriegsfall zu Hilfe eilen wollte (»Eure Majestät kann mit den Dänen machen, was sie will«, heißt es in einem Brief Friedrichs), forderte Peter von Dänemark Schleswig ultimativ zurück – oder es werde Krieg geben.

Friedrich warnte vor einem Feldzug: »Ich mißtraue den Russen. Jedes andere Volk würde dem Himmel danken, einen Herrscher, wie Sie es sind, sein eigen nennen zu dürfen, aber ich fürchte, daß es während Ihrer Abwesenheit zu einer Revolte kommen könnte. Was, wenn sich während Ihrer Abwesenheit eine Verschwörung bildet, um Eure Majestät abzusetzen?«

Friedrich riet Peter, alle verdächtigen Personen mit auf den Feldzug gegen Dänemark zu nehmen. Peter antwortete in völliger Verkennung der Lage: »Wenn die Russen mir Leides antun wollten, sie hätten es längst getan, da ich, auf Gott vertrauend, mich frei bewege und zu Fuß durch die Straßen gehe ... Wenn man einmal gelernt hat, mit den Russen umzugehen, kann man ganz sicher vor ihnen sein.«

Friedrich unternimmt einen letzten Rettungsversuch für seinen mit Blindheit geschlagenen Nothelfer. Er offeriert eine Konferenz in Berlin, wo die Streitparteien unter seiner Patronanz einen Weg aus der Krise suchen sollen. Peter stimmt zu – und rüstet gleichzeitig zum Krieg.

In der zweiten Junihälfte formieren sich 40 000 Mann in Kolberg für den Feldzug und ziehen durch Schwedisch-Pommern und Mecklenburg in Richtung Dänemark.

Unter dem Kommando des Grafen St. Germain, eines fähigen französischen Generals, marschieren 27 000 Dänen ebenfalls in Richtung Mecklenburg, schlagen in der Nähe von Wismar ein Lager auf, um die bewaffnete Auseinandersetzung mit den Russen vorzubereiten. Doch zu St. Germains Überraschung berichten seine Späher wenige Tage später, daß die Russen in größter Eile kehrtgemacht hätten. Ein Wunder? Vielleicht. Ein Rätsel – auf jeden Fall. Nach einer Woche ist es gelöst, und St. Germain erfährt den triftigen Grund für den Rückzug der Russen: Ihr oberster Kriegsherr, Zar Peter III., ist von seiner eigenen Frau gestürzt und gefangengesetzt worden.

Die Frau. Es war selbstverständlich nicht die Frau allein, die ihn vom Thron verjagte. Hinter ihr standen das um seinen Sieg betrogene Militär, die aufgebrachte Beamtenschaft, der wankelmütige Adel, die wütende Kirche, die enttäuschte Bauernschaft – mit einem Wort: Hinter Katharina stand fast das ganze Volk. Aber sie war die treibende Kraft – und das schon lange vor dem 9. Juni, dem schicksalshaften Datum, da sie sich – so beteuert sie zumindest in ihren Memoiren – zutiefst gedemütigt entschloß, dem Kerker ihrer Ehe zu entfliehen und ein für allemal tabula rasa zu machen.

An diesem 9. Juni 1762 wird die Ratifikation des Friedensvertrages mit Preußen gefeiert. Nach einer Parade mit viel Kanonendonner findet ein Galadiner statt, an dem vierhundert Personen teilnehmen, Peter bringt drei Toaste aus: den ersten auf den König von Preußen, den zweiten auf einen lang dauernden Frieden, den dritten auf die kaiserliche Familie. Wie üblich, erhebt sich jedermann während der Trinksprüche – beim dritten allerdings bleibt Katharina sitzen.

Peter schickt seinen Adjutanten ans Ende der Tafel, wo Katharina ihren Platz hat, und er läßt fragen, warum sie nicht aufgestanden sei. Sie bestellt, daß die kaiserliche Familie nur aus Peter, Katharina und ihrem gemeinsamen Sohn Paul bestehe. Wem hätte sie Ehre zu bezeugen gehabt? Wieder durch den Adjutanten läßt Peter sagen, zur kaiserlichen Familie gehörten auch seine beiden Onkel aus Holstein, und denen gebühre sehr wohl Hochachtung. Im übrigen sei sie eine »dura«, eine dumme Gans.

Weil Peter nicht sicher ist, daß der Adjutant dies auch wörtlich übermittelt hat, trompetet er über die ganze Tafel in die Richtung seiner Frau »dura«. Katharina bricht in Tränen aus und stürzt aus dem Saal.

In ihren Memoiren hat sie immer den Eindruck vermittelt, daß Peter sie durchwegs gemein und brutal behandelt hätte – und die meisten ihrer Biographen sind ihr darin getreulich gefolgt. In zeitgenössischen Berichten ist davon wenig die Rede, dafür erfahren wir, daß Peter unmittelbar nach der Machtübernahme sofort ihre nicht unbeträchtlichen Schulden beglich, ihre sämtlichen Wohnsitze aufs prächtigste renovieren ließ und ihr darüber hinaus einen riesigen Gutsbesitz schenkte.

Einem Brief des österreichischen Botschafters, der Peter aus begreiflichen Gründen überhaupt nicht gewogen war, entnehmen wir, daß der »Zar seine Frau überaus korrekt« behandle.

Eines stimmt allerdings: Das Hofleben hatte sich ausschließlich nach Peters Wünschen und Bedürfnissen zu richten, und Katharina war vollkommen in den Hintergrund gedrängt. Aber aus diesem Hintergrund erstrahlt ein glorioses Leuchten an russischem Patriotismus und orthodoxer Frömmigkeit. »Mit auffallender Genauigkeit beobachtet sie die Festtage, das Fasten, die Speiseregeln, alles Dinge, die dem Kaiser gleichgültig sind. Mit einem Wort: Katharina vernachlässigt nichts, womit sie gefallen könnte«, schreibt der französische Botschafter Graf Breteuil.

Peter macht in seinem Ungestüm einen Fehler nach dem anderen. Katharina tut nicht einen einzigen Mißgriff. Er kapselt sich mit seinen deutschen Freunden ab – sie pflegt Umgang mit allen wichtigen russischen Persönlichkeiten. Katharina ist höflich, freundlich zu jedermann, verliert nie die Geduld – aber auch niemals die Würde einer Kaiserin. »Sie wird von allen geliebt und respektiert ... Da ich ihre Verwegenheit kenne, wird sie früher oder später einen tollkühnen Schritt tun.« (Breteuil.) Da war sie schon dabei!

Zusammen mit ihrer Freundin, der wunderschönen und zugleich konspirativ begabten Fürstin Katharina Duschkowa – sie war übrigens die Schwester von Peters Maitresse Elisabeth – gewann die Zarin nach und nach die einflußreichsten Männer aus Politik, Armee und Kirche für ihre Sache. Als Koordinator wirkte Nikita Graf Panin, der Erzieher des Zarewitsch Paul.

Die Hauptarbeit leisteten die Brüder Orlow, die bis Ende Juni die meisten Offiziere für einen Staatsstreich gewonnen hatten. Ein glücklicher

Zufall fügte es, daß Alexej Orlow Schatzmeister der Garde-Artillerie war: Im Namen der guten Zarin ließ er der Mannschaft in den entscheidenden Stunden reichlich Wodka und Rubel zufließen.

Die Verschwörer teilten sich in mehrere Gruppen, und nur die Anführer hielten untereinander Kontakt. So perfekt war die Organisation, daß nicht ein Ton von der Wühlarbeit im Untergrund an die Oberfläche gelangte – schon gar nicht an die Ohren von Peter. Und wenn er etwas vernommen haben sollte – er hat es, wie wir aus seinem Brief an Friedrich erfahren, nicht geglaubt.

Ursprünglich war geplant, Peter in seinen Gemächern im Winterpalast zu überrumpeln und festzunehmen, genau so, wie einundzwanzig Jahre zuvor mit der Regentin Anna und ihrem einjährigen Sohn, Zar Iwan VI., verfahren worden war. Die Idee schien schließlich zu riskant, und so wurde beschlossen, den Zaren während seiner sicher turbulenten Vorbereitungen für die Abreise an die dänische Front zu stürzen – der genaue Zeitpunkt ergab sich dann ganz von selbst.

Am 26. Juni fragte ein Korporal der Garde einen Leutnant, ob es wahr wäre, daß der Zar entthront werden sollte. Der Leutnant verständigte seinen Major und dieser den Obersten. Der Korporal wurde einem strengen Verhör unterzogen und gab folgendes zu Protokoll: Es gingen Gerüchte, daß ein Umsturz bevorstünde, und er hätte darum seinen unmittelbaren Vorgesetzten, den Leutnant Passek, angesprochen. Der hätte ihm eine ausweichende Antwort gegeben, darum hätte er, der Korporal, sich bei einem anderen Leutnant weiter erkundigt.

Einen Tag später, am 27. Juni, wird Passek verhaftet. Nicht, weil er zum inneren Ring der Verschwörung gehört – davon ahnen seine Vorgesetzten (noch) nichts –, sondern weil er über das Gespräch mit dem Korporal keine Meldung gemacht hat.

Für die Aufständischen ist es hoch an der Zeit, zuzuschlagen, ehe Passek Einzelheiten der Umsturzpläne verraten kann. Im Morgengrauen des 28. Juni 1762 eilt Alexej Orlow nach Schloß Peterhof, wo sich Katharina die meiste Zeit aufhält, stürmt in ihr Schlafzimmer, nicht darauf achtend, daß sie noch im Nachthemd ist – und ruft: »Alles ist bereit. Es ist die Zeit gekommen, Sie zur Kaiserin zu machen.«

Hastig kleidet sich Katharina an, steigt in die wartende Kutsche, und auf geht's! Schon nach wenigen Minuten kommt ihr Gregorij Orlow entgegengeritten. Gemeinsam ziehen die Zarin und ihr Geliebter im

Alexej Orlow, der Mörder Peters, später hoch geehrt und reich bedankt

Dorf Kalinkina ein, wo das Ismailowski-Garderegiment stationiert ist. Die Kutsche hält vor der Kaserne, Trommelwirbel verkünden die Ankunft. In wilden Haufen stürzen Offiziere und Mannschaft herbei, fallen vor Katharina auf die Knie, küssen ihr Hände und Rocksaum, stammeln, rufen, schreien: »Es lebe unser Mütterchen Katharina.« Und auf der Stelle leisten sie ihren Treueid – die gleichen Worte, die sie knapp sechs Monate vorher dem Zaren Peter III. geschworen haben.

Begleitet von den Offizieren, fährt Katharina von Kaserne zu Kaserne, ein Regiment nach dem anderen geht buchstäblich vor ihr in die Knie. An der Spitze einer gewaltigen Truppe von mehreren tausend Mann bewegt sie sich nach St. Petersburg. Die Straßen quellen bereits über von hysterisch jubelnden Massen.

Drei Stunden nachdem sie Peterhof verlassen hat, wird sie, von Alexej auf der einen und Gregorij Orlow auf der anderen Seite, wie eine strahlende Braut in die Kasankathedrale geführt. Dort wartet bereits die gesamte hohe Geistlichkeit und segnet Katharina II. als Zarin und Selbstherrscherin.

Nächste Station: der Winterpalast. Man hat den Zarewitsch aus dem Bett geholt, schlaftrunken taumelt das Kind mit seinem Erzieher, dem Grafen Panin, und seiner Mutter auf den Balkon. Unten stehen sie zu Tausenden und schreien sich die Kehlen heiser vor Begeisterung.

Schon wenige Stunden später haben die Gardeoffiziere wieder ihre alten, vertrauten Uniformen an, die verhaßten preußischen speisen kleine Freudenfeuer.

Noch am gleichen Tag wird ein Manifest erlassen, das, nach längst festgelegten Texten, in der Nacht zuvor in der Druckerei der Akademie der Wissenschaften fertiggestellt worden war. Darin heißt es, die Nation befinde sich in großer Gefahr, die heiligsten Traditionen würden geschändet und fremde Sitten eingeführt. Das Ansehen der Armee sei durch den leichtfertigen Frieden mit Preußen in den Schmutz gezogen, das ganze Regierungssystem unterminiert worden. Um die Einheit des Vaterlandes zu gewährleisten, sei Katharina, getragen vom Willen des ganzen russischen Volkes, gezwungen, die Alleinherrschaft über das Reich anzutreten. Die lange Epistel bringt doch tatsächlich das Kunststück zustande, den Namen Peters nicht ein einziges Mal zu erwähnen.

Peter – die Unperson. Peter, der Zar. Wo ist er? Was geschieht mit ihm?

Am Morgen des 28. Juni – Katharina ist bereits auf dem Weg nach St. Petersburg, um dort zur regierenden Kaiserin gekürt zu werden – erhebt sich Peter in seiner Sommerresidenz Oranienbaum ziemlich spät. Er hat Kopfschmerzen und schlechte Laune. Gegen Mittag geht es ihm besser, und er macht sich in Gesellschaft seiner Elisabeth und des übrigen Hofstaates auf den Weg nach Peterhof, um, wie mit Katharina besprochen, gemeinsam mit ihr sein auf den nächsten Tag fallendes Namensfest zu feiern.

Heiter und gut gelaunt fährt die Gesellschaft in Peterhof ein – doch da sind nur ein paar verschreckte Bedienstete. Sie wissen nicht – oder geben vor, nicht zu wissen –, wo die Zarin ist. Peter, noch immer ahnungslos, beginnt selbst, das Haus zu durchsuchen. Er geht von Zimmer zu Zimmer, schaut hinter Vorhänge, unter Betten, so als glaubte er an einen Scherz und Katharina hätte sich versteckt wie in fernen Kindertagen. Sie hat sich nicht versteckt. Sie ist einfach nicht da. Nur das glitzernde Galakleid, das sie am Abend zum Fest anziehen wollte, es liegt stumm über einen Sessel gebreitet.

Peter schickt drei Würdenträger, darunter den Vater seiner Maitresse, den Grafen Woronzow, nach St. Petersburg. Sie sollen herausfinden, was geschehen ist. Die drei kehren nie mehr zurück. Ohne viele Umstände leisten sie Katharina sofort den Treueid.

Mit einer Barkasse trifft statt dessen ein Leutnant Bernhorst ein. Er bringt die für den Abend bestellten Feuerwerkskörper. Nebenbei berichtet er, daß in St. Petersburg allergrößte Aufregung herrsche – angeblich hätte die Zarin die Macht an sich gerissen. Kennt er Einzelheiten? Nein, er kenne keine Einzelheiten. Er hätte sich nicht weiter darum gekümmert, schließlich hätte er den Befehl gehabt, die Raketen rechtzeitig herbeizuschaffen. Oder? Ein wahrhaft pflichtbewußter deutscher Soldat ...

Einige Damen beginnen zu weinen, einige fallen in Ohnmacht. Peter erteilt Befehle. Man soll zwei Regimenter aus St. Petersburg nach Oranienbaum beordern – nein, man soll dreitausend Mann aus der St. Petersburg vorgelagerten Inselfestung Kronstadt herbeiholen. Kuriere mit entsprechenden Anweisungen werden sofort losgeschickt.

Peters Begleiter haben andere Vorschläge. Der eine meint, Peter möge sich selbst augenblicklich nach St. Petersburg begeben, vor das Volk, vor die Garden treten und Gehorsam einfordern. Der andere will ihn überreden, stehenden Fußes ins Ausland zu flüchten. Peter schwankt eine Weile, dann entscheidet er, selbst nach Kronstadt zu fahren, das, wie die mittlerweile zurückgekehrten Späher berichten, treu zu Seiner Majestät stehe.

Der Zar, die Damen, die Herren, besteigen ein Schiff, das sie nach Kronstadt bringt. Jedoch – der Hafen ist gesperrt! Kronstadt ist zur neuen Herrscherin übergelaufen.

Peter kann es nicht fassen, glaubt an ein Mißverständnis. Er stellt sich an die Reling, deutet auf seine ordensgeschmückte Brust, ruft zum Wachthabenden, einem gewissen Kotschuchow: »Ich bin es, dein Kaiser.«

»Es gibt keinen Kaiser mehr. Es gibt keinen Peter III. Es gibt nur eine Katharina II. Falls das Schiff nicht sofort abdreht, wird geschossen«, schreit der Mann zurück.

Peter taumelt in die Kajüte, fällt in Ohnmacht. Elisabeth und eine zweite Dame bemühen sich um ihn, halten ihm Riechsalz unter die Nase, fächeln ihm Luft zu, bis er endlich wieder zu sich kommt.

Um drei Uhr morgens ist die verstörte Gesellschaft wieder in Oranienbaum. Peter wankt von Bord – direkt in die Arme von Alexej Orlow, der mit seinen Soldaten das Haus seit einer Stunde besetzt hält. Sie reißen ihrem Zaren den Säbel von der Seite, die Orden von der Brust, er muß die Uniform ausziehen und steht eine Weile da in Unterhosen und Strümpfen, bis ihm endlich jemand Pantoffeln und Schlafrock bringt.

Sein Gefolge hat sich eilig zerstreut, Elisabeth Woronzowna wird festgenommen und weggebracht.

Kurz hintereinander schreibt Peter drei Briefe an seine Frau. Keinen davon hat sie publik gemacht. Angeblich hat Peter Katharina in einem Schreiben die Mitregentschaft angetragen, in einem anderen auf die Krone verzichtet, sofern ihm die Ausreise nach Kiel, und zwar in Begleitung der Woronzowna, gestattet wird. Dies deutet die Fürstin Duschkowa in ihren Erinnerungen an. Ob Katharina ihr die Briefe gezeigt hat, ist ungewiß.

Geantwortet hat Katharina nicht – es sei denn, man betrachtet die in wenigen dürren Worten gehaltene Verzichtsurkunde, die sie ihrem Gemahl durch Gregorij Orlow (ausgerechnet durch Gregorij Orlow!) zustellen läßt, als passende Antwort auf die vermutlich sehr gefühlsbetonten Auslassungen eines verzweifelten Menschen. Mechanisch unterschreibt Peter, daß er nicht mehr wünsche, in Rußland zu herrschen,

»weder unumschränkt, noch sonst in irgend einer Weise«. Sollte er gehofft haben, nun, da er bedingungslos kapituliert hat, in Würde und Frieden entlassen zu werden, so wurde auch diese Illusion zerstört.

Es erschien Graf Panin, schloß sich mit ihm in einem Zimmer ein und teilte ihm unter vier Augen mit, daß er sich als Staatsgefangener zu betrachten habe und nach Ropscha – ein kleines Jagdhaus – gebracht werde, bis passende Räume in der Festung Schlüsselburg gefunden würden.

»Ich betrachte es als eine der schlimmsten Katastrophen in meinem Leben, ihn (Peter) damals zu sehen«, hält Panin in seinen Lebenserinnerungen fest. Was sich in camera caritatis zwischen den beiden Männern abgespielt hat, wir werden es nie erfahren. Aber wir können es uns mitfühlend ausmalen.

Unter starker militärischer Bedeckung, angeführt von Alexej Orlow, wird der gestürzte Herrscher in eine Kutsche nach Ropscha gebracht. Er leistet nicht den geringsten Widerstand. »Der Zar ließ sich entthronen, wie ein kleines Kind, das man zu Bett schickt«, schreibt Friedrich der Große.

Peter wird in einem kleinen, spärlich möblierten Raum des von seinem Großvater erbauten Jagdhauses untergebracht. Die Fensterläden bleiben geschlossen, der Gefangene darf das Zimmer nicht verlassen. Das Haus ist von Soldaten umstellt, zwei halten direkt vor seiner Tür Wache.

Ein weiterer Brief Peters an Katharina wird von ihr wert befunden, der Nachwelt mitgeteilt zu werden, wahrscheinlich deshalb, weil er den Mann, den sie haßt, in seiner ganzen Erniedrigung zeigt:« ... ich bitte Eure Majestät, mich nicht wie einen bloßen Übeltäter zu behandeln, ich bin mir nicht bewußt, Sie jemals beleidigt zu haben ... Wenn Sie nicht unbedingt einen Menschen umbringen wollen, der schon unglücklich genug ist, haben Sie doch Mitleid mit mir und lassen Sie mir meinen einzigen Trost, Elisabeth. Sie werden damit eine der barmherzigsten Taten Ihrer Regierung tun ... Ich bitte noch, mich ... ins Ausland zu entlassen ... und ich hoffe auf Ihre Großmut. Getreuer Diener Peter.«

Einer weitverbreiteten Legende zufolge hätte Peter außerdem nach seiner Geige, seinem schwarzen Kammerdiener Narziß, seinem Pudel und seinem deutschen Arzt Dr. Lüders verlangt. Eine Version besagt, Katharina hätte ihm die Bitten gewährt, die anderen, daß keiner seiner Wünsche erfüllt wurde.

Sicher ist, daß sich Dr. Lüders in Ropscha aufhält, als Peter erkrankt – woran wird nicht näher beschrieben. Dr. Lüders bittet um einen zweiten Arzt, bald geht es Peter besser, aber Alexej Orlow schreibt an Katharina: »... unser Scheusal ist sehr krank geworden, es hat ihn vermutlich eine Kolik befallen. Ich fürchte, daß er diese Nacht am Ende noch stirbt, und ich fürchte mich noch mehr davor, daß er wieder aufleben könnte ... weil er wirklich für uns lebensgefährlich ist, deshalb, weil er manchmal so redet, als ob er noch seine bisherige Stellung hätte.«

Im nächsten Brief heißt es: »... er ist jetzt schon so krank, daß ich nicht glaube, daß er bis zum Abend leben wird, und ist schon fast ganz besinnungslos, wovon schon das ganze hiesige Kommando weiß und Gott bittet, daß wir ihn möglichst bald los werden.«

Es ist völlig ungeklärt, inwieweit diese beiden Briefe Alexej Orlows konstruiert (gefälscht?) wurden, um den dritten vorzubereiten, den Katharina am Abend des 6. Juli erhält: »Gutes Mütterchen, barmherzige Kaiserin. Wie soll ich erklären oder beschreiben, was geschehen ist? Du wirst Deinem treuen Diener nicht glauben, aber ich schwöre vor Gott, daß ich die Wahrheit sage. Gutes Mütterchen, ich bin bereit, zu sterben, aber ich weiß nicht, wie dieses Unglück geschehen ist. Wir sind verloren, wenn Du uns nicht verzeihst. Gutes Mütterchen, er ist nicht mehr. Aber keiner von uns hat es gewollt. Wie hätten wir es wagen dürfen, an unsern Herrn Hand anzulegen? Jedoch, das Unglück ist geschehen. Während des Mahles hat er angefangen, sich mit Fürst Feodor zu streiten. Wir wissen nicht, was wir getan haben, aber wir sind schuld und todeswürdig. Um meines Bruders willen, habe Mitleid mit mir. Verzeihe oder befiehl meine Tötung. ... Wir haben Dich beleidigt, und wir sind verdammt in alle Ewigkeit.«

Dieser Brief, der eindeutig die Ermordung Peters bestätigt, wurde erst nach dem Tod Katharinas im Geheimfach ihres Schreibtisches entdeckt und mittlerweile längst als echt klassifiziert. Katharinas Sohn Paul war sichtbar erleichtert, als man ihm das Schriftstück übergab: »Gott sei Dank ...« seufzte er.

Offenbar hatte er bis dahin – so wie die halbe Welt – angenommen, daß seine Mutter persönlich am gewaltsamen Ende ihres Mannes Anteil gehabt hätte. Dem war gewiß nicht so – aber dieser Tod kam ihr ganz und gar nicht ungelegen.

Als sie offiziell vom Ableben des Gefangenen von Ropscha unter-

Die mysteriöse Ermordung Peters regte die Phantasie seiner Zeitgenossen zu dramatischen Darstellungen an.

richtet wurde, brach sie in angemessene Trauer und Tränen aus, um am nächsten Tag ein Bulletin veröffentlichen zu lassen, das an kaltem Hohn kaum zu überbieten ist. Darin heißt es unter anderem, daß »Zar Peter durch einen Hämorrhoidenanfall, wie er schon früher öfter vorgekommen ist, in eine sehr heftige Kolik verfiel, weshalb Wir, Unsere Christenpflicht nicht vergessend, sowie der Heiligen Gebote, die Uns zur Wahrung des Lebens Unserer Nächsten verpflichten, sogleich befahlen, ihm alles zu senden, was zur Verhütung der Folgen dieser Krankheit dienlich ist. Zu Unserer äußersten Herzensbetrübnis und Bestürzung erhielten Wir gestern die Nachricht, daß er gemäß Gottes Willen verschied.«

Katharina II. forderte die Untertanen auf, »von seinem Leichnam Abschied zu nehmen, ohne böse Gedanken, und für die Rettung seiner Seele eifrig zu beten, diese göttliche Fügung seines Todes aber als Beschluß Gottes anzusehen, der durch seine unerforschlichen Schicksale Uns, Unseren Thron und Unser Vaterland auf Wege lenkt, die allein Seinem Heiligen Willen bekannt sind«.

Über Katharinas Befehl wurde der Leichnam obduziert, um sicherzustellen, daß der Ex-Zar nicht vergiftet worden wäre. Es fand sich keine Spur von Gift. Weitere Einzelheiten – etwa die Schwellungen und blutunterlaufenen Stellen im Gesicht, die schwärzliche Verfärbung der Haut – wurden in dem Bericht nicht erwähnt, denn danach war nicht gefragt worden.

Der Verblichene wurde drei Tage lang im Alexander-Newskij-Kloster in St. Petersburg aufgebahrt, angetan mit einer Holsteiner Generalsuniform, die Mütze zwei Nummern zu groß, sodaß sie das halbe Gesicht bedeckte. Dennoch waren die Verletzungen deutlich erkennbar. Katharina wohnte – »auf dringendes Anraten des Senats«, wie sie erklärte – der Beisetzung in einer Seitenkapelle des Klosters nicht bei.

Am Tag danach wurden die Scheidemünzen, die das Konterfei des Toten trugen, eingezogen, seine in öffentlichen Gebäuden hängenden Portraits vernichtet, alle Privatpersonen angewiesen, Bilder des Ex-Zaren abzuliefern. Die am Mord Beteiligten erhielten eine Reihe von fürstlichen Gaben, zum Beispiel kamen sie in den Besitz von staatlichen Gutshöfen, und damit gerieten zahlreiche bis dahin »freie Kronbauern« in die Leibeigenschaft.

Katharinas Bemühungen, das Andenken ihres Mannes aus dem Gedächtnis des Volkes zu löschen, bewirkte das Gegenteil.«»Der unglückliche Fürst, der manche ausgezeichnete Eigenschaft besaß und während seiner kurzen Regierungszeit keine einzige grausame oder gewalttätige Handlung beging« (Botschafter Keith), verklärte sich in der Erinnerung breiter Volksmassen zur lichten Heilsgestalt, wie weiland Kaiser Barbarossa in deutschen Landen.

Die Abschaffung der Folter, das Verbot, Leibeigene wie Sklaven zu verkaufen, das Toleranzedikt für Andersgläubige, die Verstaatlichung der Kirchengüter, deren Leibeigene mit einem Schlag »Kronbauern« mit weitgehenden Freiheiten und Rechten wurden – das alles blieb unvergessen und stärkte die Sehnsucht nach der guten alten Zeit unter dem guten Zaren Peter III., um dessen Wiederkunft gebetet wurde.

So konnte es geschehen, daß eine ganze Reihe von »wiedererstandenen« Zaren Peter III. Zulauf fanden, falsche Hoffnungen erweckten und in einem Fall sogar eine revolutionäre Bewegung anzettelten. Denn, so glorreich die Regierungszeit der Katharina II. gewesen sein mag – die kleinen Leute haben nicht viel davon gemerkt. Das Joch, das sie durch die Jahrhunderte tragen mußten, wurde niemals leichter. Auch nicht unter Napoleon I., der mit dem bombastischen Versprechen in Rußland einfiel, er werde mit Peter III., wiederkommen und eine neue Ordnung schaffen. Rußland wartete damals vergeblich auf Erlösung. Es wartet noch immer.

»Der König« und sein Gemahl

Maria Theresia 1717–1780 und Franz Stephan 1708–1765

Als der Großvater die Großmutter nahm, brachte diese Verbindung zwischen den Häusern Habsburg und Lothringen zwar einige Verlegenheiten mit sich, erregte aber keineswegs soviel familiäre Aufregung und politischen Lärm wie die des Enkels Franz Stephan mit seiner Cousine Maria Theresia achtundfünfzig Jahre später. 1678 war es eine mühsam durchgefochtene Liebesheirat, 1736 mag Liebe, ganz am Rande, eine Rolle gespielt haben – vorrangig waren die oft krausen und verwinkelten Gedankengänge kluger Staatsmänner und gerissener Diplomaten.

Allen rührenden Legenden zum Trotz: Maria Theresia und Franz Stephan waren nichts weiter als Schachfiguren im großen Spiel der Kaiser, Könige und Kurfürsten. Daß dabei so etwas wie ein privates Glück zustande kam, versetzt heute noch viele in gerührtes Entzücken, aber niemand nimmt sich die Mühe zu fragen, ob denn nun wirklich beide, der Mann wie die Frau, in dieser Ehe vollkommene Erfüllung gefunden haben.

Herzog Karl von Lothringen und Erzherzogin Eleonore, die Großeltern Franz Stephans, sie konnten, sie durften unumschränkt glücklich sein. Ihre Verbindung hatte nicht das geringste politische Gewicht, und auch die Rollenverteilung stimmte rundum: draußen der siegreiche Held im stürmischen Lebenskampf, drinnen die Hüterin des Heims und der wachsenden Kinderschar ...

Das Herzogtum Lothringen war, seit Gründung durch Lothar II., einen Urenkel Karls des Großen, im Jahre 855, wegen seiner überaus wichtigen strategischen Lage an Maas und Mosel ein ständiger Zankapfel zwischen Frankreich und dem Deutschen Kaiserreich, dem es nominell zugehörte. Seit eh und je gab es Mord und Totschlag um Lothringen, das vorübergehend ein selbständiges Königreich unter einem Herrscher mit dem bizarren Namen Zuentebulch war. Dieser fiel im Kampf gegen Rebellen aus den eigenen Reihen, und einer von ihnen wurde 911 zum Herzog erhoben – aber die Herzöge von Lothringen forderten und erhielten seit damals die Anrede »Königliche Hoheit«.

Immer wieder, immer öfter wurde Lothringen von Frankreich besetzt und bis an den Rand des Ruins ausgebeutet. So kam Karl V. von Lothringen als Sohn eines Flüchtlingspaares in Wien zur Welt. Er sollte niemals einen Fuß in sein Heimatland setzen.

Lange wurde Karl den Makel, ein dahergelaufener Niemand zu sein, nicht los, obwohl er standesgemäß am Hof Kaiser Ferdinands III. zusammen mit dessen Sohn Leopold, dem späteren Kaiser Leopold I., erzogen wurde. Daß er Leopolds schöne Schwester Eleonore liebte – und sie ihn – war kein Geheimnis, eine Ehe schien indes ausgeschlossen. Eleonore wurde nach Polen verheiratet, konnte aber schon nach drei Jahren als lustige Witwe heimkehren und, allen Widerständen zum Trotz, die Verbindung mit Karl von Lothringen durchsetzen, die als Mesalliance empfunden wurde. Hier eine Königin, da ein landloser Herzog – wie reimte sich das zusammen?

Die Trauung fand in aller Stille, um nicht zu sagen: in aller verschämten Heimlichkeit, in Wiener Neustadt statt; der Herzog, rangmäßig tief unter seiner Gemahlin stehend, durfte nur am Ende der Hochzeitstafel sitzen, im Theater und in der Kirche stets eine Reihe hinter ihr und dem kaiserlichen Schwager. In der übernächsten Generation wird Franz Stephan dieselbe demütigende Erfahrung machen müssen …

Glücklicherweise konnte das Paar bald nach Innsbruck übersiedeln, wo Karl vom Kaiser als Statthalter eingesetzt worden war, und im heiligen Land Tirol nahm man es nicht so genau mit der spanischen Etikette. Außerdem war Karl die meiste Zeit als kaiserlicher Feldherr unterwegs. Er erreichte den Höhepunkt seiner militärischen Laufbahn beim Entsatz von Wien im Jahre 1683 und stieg vom scheel angesehenen, lästigen Ausländer zum vielbejubelten Kriegshelden und Retter aus der Türkennot empor.

Der Vater von vier Söhnen starb bereits 1690. Da war sein Ältester, Leopold, elf Jahre alt – nun Herzog von Lothringen, aber leider noch immer ohne Land. Wie sein Vater wurde Leopold am Wiener Hof groß, in

Oben: Der Großvater und die Großmutter: Erzherzogin Eleonore bekam als Witwe des Königs von Polen endlich den ersehnten, wenn auch nicht standesgemäßen Gemahl: Herzog Karl von Lothringen. Unten: Der Enkel Franz Stephan und Maria Theresia

brüderlicher Nähe zu seinen beiden Vettern Joseph (später Kaiser Joseph I.) und Karl (später Kaiser Karl VI.).

Leopold war gerade achtzehn, als sich Frankreich aus Lothringen zurückzog und ihm somit den Weg in die Heimat freigab. Nach jahrzehntelanger Fremdherrschaft wurde der junge Herzog in seiner Hauptstadt Nanzig (heute Nancy) wie der leibhaftige Heiland empfangen, doch wich die Hochstimmung bald tiefer Enttäuschung. Der Junge, dem eher sparsamen, sittenstrengen Wiener Hof und der Aufsicht einer tugendreichen (soeben verstorbenen) Mutter entkommen, hatte nichts Eiligeres zu tun, als sich in einen Strudel von Vergnügungen und das ohnehin ausgeblutete Land in weitere Schulden zu stürzen.

Noch seine Mutter hatte eine Ehe mit Elisabeth Charlotte von Orléans eingefädelt, in der vagen Hoffnung, daß diese Verbindung Lothringen vor der nachbarlichen Habgier Frankreichs retten könnte. Elisabeth Charlotte war eine Nichte Ludwigs XIV. – und übrigens die Tochter der berühmten Liselotte von der Pfalz* –, aber der Sonnenkönig dachte nicht daran, Lothringen von seiner Wunschliste zu streichen.

Dreist bot er Leopold den Tausch Lothringens gegen Mailand an, und der Herzog war gar nicht abgeneigt, darauf einzugehen – zum Entsetzen seiner Landeskinder. Sie hatten sich nicht jahrzehntelang heldenmütig gegen die Vergewaltigung durch Frankreich gewehrt, um nun vom eigenen Herzog verkauft und verraten zu werden.

Sosehr die Lothringer an ihrer Eigenständigkeit hängen mochten, de facto war der endgültige Anschluß an Frankreich nur noch eine Frage der Zeit, und Leopold war Realpolitiker genug, dies auch zu erkennen. Kulturell bildete Lothringen längst eine Einheit mit Frankreich – nur noch das »einfache Volk« sprach die breite moselländische Mundart, die tonangebenden Kreise des Landes sprachen, dachten und fühlten längst französisch. Auf die Dauer würde den Okkupationsgelüsten Frankreichs ohnedies nicht zu widerstehen sein – was also lag für Leopold näher, als die Hand nach dem lockenden Tauschobjekt auszustrecken?

Doch im letzten Augenblick kam alles anders. Der Spanische Erbfolgekrieg brach aus, Frankreich besetzte Lothringen erneut, und Leopold dachte nicht daran zu fliehen, wie es seine Ahnen immer getan hatten. Er arrangierte sich mit den Besatzern, zog sich aus seiner Hauptstadt

---

* Siehe: Thea Leitner, Skandal bei Hof, Kapitel »Sündenbabel an der Seine«.

Nanzig ins Privatleben nach Lunéville zurück. Dort hielt er hof à la Versailles und daneben eine sehr teure Maitresse; er zeugte dreizehn Kinder – von denen nur vier überlebten. Alle übrigen starben an den Pocken.

Den unvermeidlichen Untergang des eigenen Landes stets vor Augen, ließ Leopold den innigen Kontakt zu der Wiener Verwandtschaft niemals abreißen und diente nacheinander zwei seiner Söhne dem inzwischen zum Kaiser aufgestiegenen Joseph I. als Ehegesponse für dessen beide Töchter an. Das Projekt zerschlug sich; die Mädchen wurden nach Bayern und nach Sachsen versprochen, und schließlich starb auch Joseph I.

Sein Bruder Karl wurde Kaiser und bekam 1717 eine Tochter, nachdem das erste Kind, ein Sohn, im Jahr zuvor gestorben war. Nun war es diese Nichte, Maria Theresia mit Namen, die Leopold für seinen ältesten Sohn Clemens auserkor.

Nicht daß damals auch nur im entferntesten zu vermuten gewesen wäre, Maria Theresia könnte die Erbin der österreichischen Kronländer sowie Böhmens und Ungarns und damit die begehrteste Partie Europas werden: So hochfliegende Pläne kamen Leopold gewiß (vorerst) nicht in den Sinn, denn Karl VI. und seine Frau waren noch jung, sie konnten auf viele Söhne hoffen. Was Leopold anstrebte, war eine solide Bindung an das Haus Habsburg, eine gewisse Zukunftsperspektive für den Erbprinzen eines Landes, dessen Zukunft mehr als ungewiß war.

Zwischen Lunéville und Wien wurden wieder diskrete Gespräche aufgenommen: Nikolaus Baron Jacquemin, Leopolds Gesandter auf der einen, Ludwig Graf Sinzendorf, Hofkanzler des Kaisers, auf der anderen Seite.

Sinzendorf hatte sowohl ein offenes Ohr als auch eine offene Hand, und es verstand sich von selbst, daß sein Sohn im lothringischen Regiment eine Stelle als Hauptmann erhielt und viermal so hoch besoldet war wie alle anderen Hauptleute.

1723 waren die Verhandlungen zu einem allseits befriedigenden Ergebnis gekommen. Kaiser Karl VI., auf die feine Ausgewogenheit der europäischen Balance wohlbedacht, wollte seine Tochter lieber einem politisch minderbedeutenden Prinzen geben als einem aus führenden Haus – was unweigerlich zu Eifersüchteleien unter den Konkurrenten um die Vorherrschaft geführt hätte. Er erklärte sich bereit, den Neffen aus Lothringen in wohlwollenden Augenschein zu nehmen, und er ließ

Leopold ausrichten, er werde dem sechzehnjährigen Clemens »Vater sein und er mein Kind«. – Ein Ausspruch, der zu den schönsten Erwartungen berechtigte. Sie wurden innerhalb weniger Tage zunichte gemacht. Clemens starb im Juni 1723 an den Pocken.

Leopolds rastloser Ehrgeiz ließ es nicht zu, die Zeit mit übermäßiger Trauer zu vertrödeln – wenn nicht Clemens die kleine Maria Theresia bekommen sollte, dann eben der nächste Sohn, Franz Stephan, nun war er mit einem Schlag Erbprinz von Lothringen. Er war vierzehn Jahre alt, bei weitem nicht so brillant, strebsam und von Lerneifer beflügelt wie sein verstorbener Bruder (Beiname »das Wunderkind«), aber lebhaft und offen, nett anzuschauen und sehr charmant.

Über Franz Stephans Kindheit wissen wir so gut wie nichts – außer daß er in der heiteren Atmosphäre von Lunéville unbeschwert aufgewachsen ist, sehr gut tanzte und focht, sich aber vorm Studieren drückte, wo und wie immer es möglich war. Zu seinen Geschwistern Clemens, dem jüngeren Bruder Carl sowie den Schwestern Charlotte und Therese hatte er ein gutes Verhältnis. Über die Beziehung zu den Eltern ist wenig bekannt.

Nachdem Graf Sinzendorf – wiederum reichlich belohnt – sich eingeschaltet hatte, ließ der Kaiser verlauten, daß er gerne den Bruder des Verstorbenen kennenlernen würde. So wurde die Fahrt, die für Clemens vorbereitet worden war, für Franz Stephan ausgerichtet: fünf schwere Reisewagen, vollgestopft mit Teppichen und Silber und Glas und Porzellan und einer kompletten Küche, Fässern voll Wein und einer umfangreichen Bibliothek. Niemand hat behauptet, daß Franz Stephan je eine Seite daraus gelesen hätte.

Anfang Juli 1723 machte sich der Train auf den Weg, begleitet von zahlreichem Gefolge, darunter Franz Stephans alter Erzieher, Karl Freiherr von Pfütschner.

Der Vater bleute dem Knaben zum Abschied noch ein, seine »vivacité« (Lebhaftigkeit), sein »ungezügeltes Temperament und seine Nonchalance« in Zaum zu halten, und Pfütschner riet ihm, dem Kaiser »Respekt, Willfährigkeit und kindliche Ergebenheit für alle seine Willensäußerungen« zu zeigen. »Sie müssen sich bemühen, seine Freundschaft und sein Wohlwollen zu erringen, da Sie dadurch an die höchste Stelle, die es in Europa gibt, gelangen können.«

Der letzte Satz weist eindeutig darauf hin, daß Leopold kühne Hoffnungen hegte: Vetter Karl möge keinen Sohn mehr zeugen, Nichte Maria Theresia Erbin werden und Franz Stephan heiraten, der dann dem Schwiegervater als römisch-deutscher Kaiser nachfolgen könnte.

Kaiser Karl VI., soeben zum böhmischen König gekrönt, empfing den Prinzen Anfang August 1723 in seinem Jagdschloß Zbirczol, und er war, wie seinen schriftlichen Äußerungen zu entnehmen ist, durchaus einverstanden mit dem Knaben, den er sofort mit auf die Jagd nahm. In seinem Tagebuch vermerkte er: »Prinz mit (auf der Jagd), lustig, brav schoß.« Der Kaiser war ein furioser Nimrod, nichts hätte ihm Franz Stephan besser empfehlen können, als daß er »brav schoß«.

Dem »liebsten Herren Vetter« nach Lunéville schrieb Karl: »Kann Euer Liebden ... versichern, daß Ihr Herr Sohn, obwohl noch so zart an Jahren, vollkommen ist, gescheit, manierlich ... Um die Freundschaft zwischen uns beständig zu erhalten, ist es wohl das Beste, uns alleweil mehr zu vereinigen ... Verlange aber, daß dies zwischen uns geheim bleibt ... ist bei den jetzigen Umständen und Weltläuften ... besser, wenn es noch nicht publik wird.«

Aus einem Zeremonienprotokoll ist ersichtlich, daß Franz Stephan am 14. August 1723 zum ersten Mal in den Privatgemächern der Kaiserin Elisabeth Christine empfangen wurde, und er hat »auch bei denen Durchlauchtigsten Erzherzoginnen Maria Theresia und Maria Anna dero Aufwartung gemacht«. Er scheint allgemein gefallen zu haben, denn Karl notiert ins Tagebuch, der Junge sei »herzig und lib« gewesen.

Maria Theresia war damals sechs Jahre alt, rosig, rund und blond. Das Zeremonienprotokoll bleibt für lange Zeit der einzige authentische Hinweis auf ein Zusammentreffen des Lothringers mit der Habsburgerin. Gewiß sind die beiden einander von da an fast täglich begegnet; daß sie aber bereits im zartesten Alter mit inniger Zärtlichkeit aneinander gehangen wären – dafür gibt es keine Belege, das haben romantische Gemüter fabuliert.

Leopold und Karl beschließen, den Jungen am Wiener Hof erziehen zu lassen. Er bekommt zwei Stockwerke des Leopoldinischen Traktes in der Wiener Hofburg zugewiesen – und ein überaus stattliches Gefolge, bestehend aus: zwei Erziehern, einem Beichtvater, einem Instruktor, einem Chirurgen, einem Arzt, vier Pagen, einem Pagenerzieher, drei Kammerdienern, zwei Türstehern, einem Waffenmeister, vier Dienern, zwei Läufern, zwei Heiducken, einem Kammerheizer, einem Kammerheizerjungen, zwei Dienern für die Pagen, einem Stallmeister, einem Wagenmeister, einem Leibkutscher, zwei Kutschern, zwei Vorreitern, fünf Pferdewärtern, einem Stallbuben, einem Fechtlehrer.

Die Kosten für den aufwendigen Hofstaat betragen 45 000 Gulden pro Jahr, etwa soviel, wie die zwei Regimenter aus Lothringen verschlingen, die dem Kaiser unterstellt sind. Mehr als einmal muß Freiherr von Pfütschner den peinlichen Gang zu verschiedenen Geldverleihern antreten, wenn es dem Herzog Leopold nicht rechtzeitig gelingt, Geld flüssig zu machen.

Franz Stephan teilte das Schlafgemach mit seinem Erzieher, morgens und mittags speisten sie gemeinsam in seiner Wohnung. Die Abende verbrachte er meist mit der kaiserlichen Familie.

Franz Anton Langer, der aus Prag stammende Instruktor, hatte einen sehr strengen Stunden- und Lehrplan für seinen Schüler entworfen, nachdem er den Jungen genau geprüft und bestürzt festgestellt hatte, daß Franz Stephan von jeglicher Bildung unbeleckt war.

Der Prinz mußte um sieben Uhr aufstehen, nach der Messe frühstücken, ab neun Uhr studieren, »deutsche Sprache ... als dann die lateinische, bis ein viertel nach 10 Uhr. Weil der Prinz schon seit Monaten nicht mehr ordentlich, oder vielmehr gar nichts studiert hat, wird es vonnöten sein, ihm die Regel von der Syntax auf eine leichte Weise wieder beizubringen, und zwar durch Reden und Unterhaltung, denn das Auswendiglernen würde dem Prinzen beschwerlich fallen ...«

Das Programm erstreckte sich bis in den späten Abend – unterbrochen von kurzen Pausen »für Ruhe und Verdauung«, und der Instruktor hoffte, »auf diese Weise würde der Tag mit verschiedenen Übungen nützlich zugebracht werden, ohne daß dem Prinzen Zeit gelassen würde, seinen lebhaften Gedanken zu unnötigen und verstreuten Dingen Platz zu geben«.

Der wundervolle, kunstvoll ausgeklügelte Stundenplan blieb leider größtenteils nichts als fromme Absicht, denn allemal voran ging der Jahresplan des höfischen Lebens, der sich vorwiegend um die Jagd drehte und dem der Prinz sich selbstverständlich und mit allergrößtem Vergnügen unterzuordnen hatte. Da gab es im Mai und im Juni die Reiherbeiz in Laxenburg, Juli – August – September Hirschenjagd von Schloß Favorita aus. Im Oktober jagte man Hasen um das Schloß Halbturn herum. November bis Januar residierte der Hof dann in der Wiener Burg, und

Maria Theresia, etwa im Alter von sechs Jahren, und Franz Stephan (ungefähr fünfzehnjährig, im Jagdkostüm) zum Zeitpunkt ihres Kennenlernens

dies war die Zeit der Sauhatz. Ende März begann die Schnepfenjagd.
Die Jagd, das war der liebste Zeitvertreib des Kaisers, und Franz Stephan wurde sein liebster Jagdgefährte. »58 Stück Sau und hundert Stück Hirsch« hat der Junge einmal an einem einzigen Tag erlegt – eine beachtliche Leistung! Aber ach, die Jagd, sie machte so müde, und wenn der kleine Weidmann endlich zum Lernen kam, dann schlief er über seinen Büchern ein. Wer wollte es ihm verdenken?

Doch nicht nur die Jagd hielt den geplagten Schüler in Atem. Soviele Feste gab es zu feiern, kirchliche wie weltliche, das Theater, die Oper mußten regelmäßig besucht werden, ganz zu schweigen von den zahlreichen Bällen und Maskeraden im Fasching. Franz Stephan immer mittendrin im Trubel, sichtlich in seinem Element, vergnügt und lustig, ein unterhaltsamer Plauderer, jedermanns Liebling.

Im November 1724 legte er im Beisein des Kaisers eine Prüfung ab, und Karl war zufrieden mit den Kenntnissen des Knaben, nicht wissend oder einfach ignorierend, daß Langer den fast Sechzehnjährigen nur in einem Gegenstand (Satzlehre) und geradezu provozierend mild prüfte. Zur Belohnung durfte der brave Schüler mit seinem Onkel gleich am nächsten Tag wieder einen ausgedehnten Jagdausflug unternehmen.

Im Laufe der nächsten Jahre absolvierte Franz Stephan noch eine Reihe weiterer Examina in den verschiedensten Gegenständen, und stets erhielt er die Noten »rühmlich« oder sogar »sehr rühmlich«. Das hatte nicht das geringste zu bedeuten, sein Wissen bestand auch weiterhin aus erheblichen Lücken. Die naturwissenschaftlichen Fächer, die ihn brennend interessierten und die er sich später autodidaktisch bis zu einem hohen Grad angeeignet hat, die wurden nicht gelehrt. Nur so langweilige Dinge wie Lesen und Schreiben und Latein.

»Sie schreiben nicht nur die Zeichen sehr schlecht, sondern beenden auch die Worte nicht ... Sie beachten keine Orthographie ... Man merkt, daß Sie es sehr eilig haben, bald fertig zu sein mit einer Sache, die Sie langweilt«, beschwert sich der Vater in einer langen Epistel aus Lunéville und fährt fort: »Es gibt nichts, was eine so schlechte Meinung von der Erziehung eines Menschen geben kann, als wenn man nicht gut schreibt oder liest. Gibt es doch kein Kind mehr, auch des simpelsten Bürgers, welches das nicht schon von zehn Jahren an könnte.« Als Leopold diese Klage verfaßte, zählte der Sohn bereits neunzehn Lenze. Richtig schreiben – das hat er dann nie mehr gelernt.

Während der ferne Vater ihm immer wieder Vorhaltungen machte, ließ ihm der Kaiser alles durchgehen. Er hatte den Jungen, der ihm den schmerzlich entbehrten Sohn ersetzte, blind ins Herz geschlossen; Karl, der ansonsten eher abweisend wirkte, zeigte sich in dessen Gegenwart heiter und umgänglich.

Dennoch: Als Franz Stephan mit achtzehn Jahren für majorenn erklärt wurde und alle erwarteten, daß der Kaiser nun die Verlobung mit Maria Theresia verkünden würde, geschah nichts. Der versteckte Hinweis auf die Jugend des Mädchens – sie war neun – schien nichts als ein leicht durchschaubarer Vorwand. Mehr als einmal waren Kinder der Habsburger bereits als Säuglinge verlobt worden, in einem Fall sogar mit einem Ungeborenen, dessen Geschlecht logischerweise überhaupt nicht feststehen konnte.

Das Zögern Karls, die längst beschlossene Bindung seiner Lieblingstochter an seinen Lieblingsneffen publik zu machen, hatte pragmatische Gründe, die mit der Pragmatischen Sanktion zusammenhingen, ein schon zehn Jahre zuvor verkündetes Edikt, wonach in den österreichischen Erblanden die weibliche Erbfolge, verknüpft mit der absoluten Unteilbarkeit der Erbländer, eingeführt werden sollte. Nun, nachdem Karl alle Hoffnung aufgegeben hatte, noch Vater eines Sohnes zu werden, wollte er sie in Kraft treten lassen.

Da die Familie Habsburg mit fast allen europäischen Herrscherhäusern verschwistert und verschwägert war, bedurfte es der Anerkennung dieser Pragmatischen Sanktion durch alle wichtigen Staaten. Nur so konnte ausgeschlossen werden, daß von irgendeiner Neben- oder Seitenlinie Ansprüche auf die Erblande angemeldet würden.

Um die ausländischen Höfe nicht zu vergrämen, schob Karl die Verlobung Maria Theresias mit Franz Stephan auf die lange Bank. So mancher Fürst konnte sich demnach noch immer in der Hoffnung wiegen, seinen Sohn mit Maria Theresia zu verheiraten – und umso williger die Pragmatische Sanktion anerkennen.

Herzog Leopold von Lothringen hat die Verbindung, auf die er so viele Jahre so zäh hingearbeitet hatte, nicht mehr erlebt. Er starb, völlig überraschend, erst fünfzig Jahre alt, im März 1729. Drei Tage nachdem er die Todesnachricht erhalten hatte, begab sich Franz Stephan mit dem Kaiser auf die Jagd. Als er zurückkehrte, fand er sämtliche Räume seiner Wohnung schwarz ausgeschlagen vor, das bedeutete: Trauer. Des weiteren fand er einen Thronsessel unter einem Baldachin. Das bedeutete: Franz Stephan war jetzt regierender Herzog von Lothringen und Königliche Hoheit.

Bei seiner Heimkehr in die – von den Franzosen wieder geräumten – Heimat erlebte der junge Herzog eine schlimme Überraschung. Mit neun Millionen Livres war das Land so hoch verschuldet, daß der Staatsbankrott unausweichlich schien. Vater Leopold hatte nicht nur ein Leben größten Stils geführt, er hatte sich auch von Günstlingen und Schmarotzern aller Art aussaugen lassen, insbesonders vom Ehemann seiner Mätresse.

Erstaunlich schnell fand sich Franz Stephan im Dickicht des ökonomischen Desasters zurecht. Er hatte nicht viel gelernt, aber er besaß eine natürliche Gabe, mit Finanzproblemen umzugehen, und er, der später häufig als träge, antriebslos, wenn nicht gar faul, beschrieben werden sollte, entwickelte Schwung, Energie und Phantasie genug, um die akute Krise nicht nur abzuwenden, sondern auch der Wirtschaft auf die Beine zu helfen. Vor allem wurde das Steuergesetz dahingehend reformiert, daß zwar nicht sofort ein neuer Geldstrom erschlossen, durch ein gerechteres Verteilungssystem dem Geschäftsleben aber Atem gelassen wurde, sich rascher und stärker zu entwickeln. Alte, starre Zukunftsvorschriften wurden abgeschafft, sodaß durch den Zuzug landfremder Gastarbeiter handwerkliche Betriebe expandieren und Vorstufen zur Industrialisierung geschaffen werden konnten. Die Landwirtschaft begann, ebenso wie Handel und Gewerbe, zu florieren.

Wenige Monate nach Regierungsantritt machte Franz Stephan seinem Vetter, dem französischen König Ludwig XV., die Aufwartung und erhielt zugleich das Frankreich zustehende Lehen der Grafschaft Bar, die zu Lothringen gehörte. Obwohl der Empfang in Versailles von großer Zuvorkommenheit zeugte, ließ der Tiger die Krallen sehen: Dem Herzog wurde bedeutet, daß Frankreich eine Vermählung mit der deutschen Kaisertochter als Affront und eventuellen Anlaß betrachtete, einen Krieg mit Österreich zu beginnen. Gemeint war nicht Österreich, gemeint war natürlich Lothringen.

Wien verstand die versteckte Warnung, und Karl entschied, daß Franz Stephan fürs erste bleiben sollte, wo er war, um den permanten Heiratsgerüchten keinen neuerlichen Auftrieb zu geben.

Der strengen Etikette folgend, war es Franz Stephan selbstverständlich untersagt, mit der Noch-immer-nicht-Braut Briefe zu wechseln, aber auf Umwegen über die Kaiserin und Maria Theresias Erzieherin, die Gräfin Fuchs, die ihrerseits den Lothringer Gesandten Jacquemin informierte, erfuhren die beiden etliches über die jeweilige Befindlichkeit des anderen; zum Beispiel, daß Maria Theresia schlecht bei Appetit gewesen sei, aber dann doch ein Ei geschlürft hätte, nachdem sie gebeten worden war, es »für den Herzog von Lothringen« zu tun.

Die Kaiserin sandte ihm Glückwünsche zum Namenstag und fügte hinzu: »Die Therese wünscht das gleiche ... Seien Sie versichert, daß niemand mehr Anteil an Ihrem Wohlbefinden nimmt als sie.« Und der Kaiser meint gar in einem Gratulationsbrief, er wünsche nichts anderes, als daß Franz Stephan von Gott erfüllet werden (möge), was ich im Herzen wünsche und verberge«.

Um die Gemütslage seiner Tochter zu ergründen, ließ der Kaiser eines Tages eine Miniatur Franz Stephans in ihr Zimmer stellen, und er nahm erfreut zur Kenntnis, daß sie das Bild gleich behalten wollte.

All diese Anekdoten finden sich in sämtlichen Berichten, in seriösen und weniger seriösen Biographien Maria Theresias und Franz Stephans – wobei bis heute nicht ganz durchschaubar ist, inwieweit sie seinerzeit gezielt ausgestreut wurden, um der angestrebten Verbindung zwischen den beiden jungen Leuten ein solides menschliches Fundament zu bescheinigen. Die Meldung des englischen Botschafters, J. F. Earl of Waldgrave, wonach die Erzherzogin regelrecht »liebeskrank« sei, scheint doch reichlich übertrieben. Als Waldgrave dies schrieb, war das Kind noch nicht einmal dreizehn Jahre alt! Seltsamerweise gibt es aus Lothringen kein einziges Pendant zu diesen Wiener Histörchen, nichts deutet darauf hin, welcher Art damals Franz Stephans Gefühle für die zukünftige Braut waren.

Ab September 1731 begab er sich auf »Kavalierstour«, das heißt, er bereiste europäische Fürstenhöfe, vor allem auch, um sich auf Wunsch seines zukünftigen Schwiegervaters dort bekannt und beliebt zu machen, während seine Mutter in Lothringen die Regierungsgeschäfte führte. Er hielt sich zunächst kurz in Brüssel bei Maria Elisabeth, der Schwester Karls, auf, die als Statthalterin der österreichischen Niederlande wirkte. Anschließend besuchte er Holland und England, die beide freundlicherweise die Pragmatische Sanktion anerkannt hatten.

Holland bescherte ihm die Bekanntschaft mit einem erst vierzehn

Jahre zuvor in England gegründeten Männerbund, dessen Idee von Menschlichkeit und Toleranz ihn, der sich ansonsten kaum je zu spontanen Gefühlsäußerungen hinreißen ließ, so begeisterten, daß er ihm sofort beitrat: Er wurde bescheidener »Lehrling« in einer Freimaurerloge. In England wurde er dann im Haus des Schatzkanzler Robert Walpole Graf von Oxford während einer Logensitzung in den Grad eines »Meisters« erhoben. Noch etliche Jahre nachher war es bei den englischen Brüdern Sitte, während der Logenabende nicht nur auf den Prinzen von Wales, sondern auch auf den »königlichen Bruder Lothringen« das Glas zu erheben.

Bis an sein Lebensende hat Franz Stephan seine schützende Hand über die Brüderkette gehalten, die sehr bald den Unmut der weltlichen wie der kirchlichen Fürsten in den katholischen Ländern erregte. Er selbst nahm nicht mehr am aktiven Logenleben teil. Daß er 1743 bei einer Razzia auf die Wiener Loge »Zu den drei Kanonen« im Margaretenhof (Ecke Bauernmarkt–Jasomirgottstraße) sich nur in allerletzter Minute durch die Flucht über eine Hintertreppe der Festnahme entziehen konnte, ist eine Geschichte, die auch durch oftmalige Wiederholung nicht glaubhafter wird. Wohlbekannt sind allerdings die Namen der tatsächlich verhafteten Brüder, die, was fatal genug war, fast durchwegs dem Hochadel angehörten.

»Da der König von Preußen sich sehr für den Herzog interessiert, wird es demselben nicht fehlen, dessen Gemüt vollkommen zu gewinnen. Mit dem Kronprinzen soll womöglich eine solide Feundschaft gestiftet werden.« Das waren die Anregungen und Ratschläge, die der greise Prinz Eugen dem jungen Herzog mit auf den Weg nach Berlin gab, wo Franz Stephan den »Soldatenkönig« Friedrich Wilhelm I. und dessen Sohn Friedrich, den späteren Friedrich II., mehr als einen Monat lang besuchte.

Der König war begeistert von dem jungen Mann, der sich widerstandslos von einer Parade zur anderen schleppen ließ, ohne die leiseste Ermattung zu zeigen, und auch zwischen Franz Stephan und Friedrich herrschte bald bestes Einvernehmen. Ob es, von Friedrichs Seite, auf echter Sympathie beruhte oder den milden Gaben zuzuschreiben war, die der preußische Thronfolger regelmäßig vom Wiener Hof erhielt – immerhin 6000 Dukaten jährlich –, das wird nie mehr zu ermitteln sein.

Zufrieden zeigte sich Prinz Eugen über Franz Stephans »vertraute

Freundschaft mit dem König und dem Kronprinzen«, die man »durch Korrespondenz auch ferner unterhalten« sollte. Tatsächlich haben Friedrich und Franz Stephan ungezählte Briefe gewechselt. Genützt hat die »vertraute Freundschaft« überhaupt nichts.

Franz Stephan reiste über Schlesien nach Wien, wo er am 13. Mai 1732 an der Feier zu Maria Theresias 15. Geburtstag teilnehmen und für kurze Zeit mit ihr im Schloßpark zu Schönbrunn spazieren gehen durfte – gefolgt von einem Rattenschwanz wachsamer Höflinge.

Über eine Verlobung wurde auch diesmal nicht gesprochen. Dafür machte Karl den präsumptiven Eidam zum Statthalter von Ungarn – eine schwierige Aufgabe, welcher der Dreiundzwanzigjährige, der weder ordentlich Latein – die Amtssprache – noch gar Ungarisch konnte, kaum gewachsen war. Nur die Hoffnung, endlich doch ans Ziel – Braut und Kaiserkrone – zu gelangen, mag ihm die Kraft gegeben haben, in seiner Residenz, der halb verfallenen, ungemütlichen Burg zu Preßburg, auszuharren und sich mit den chaotischen Zuständen dieses bedrohlich fremden Königreiches abzumühen. Weder seine Mutter noch seine Untertanen in Lothringen konnten begreifen, warum er nicht mehr, nie mehr, in die Heimat zurückkehrte.

Die Aussicht auf eine baldige Vermählung erstarb am 1. Februar 1733 in dem Moment, da in Dresden August der Starke, Kurfürst von Sachsen und König von Polen, die Augen für immer schloß. Da auf den polnischen Thron sowohl Augusts Sohn als auch Stanislaus, der Schwiegervater von Frankreichs Ludwig XV., Anspruch erhoben, mündete der Zank in den Polnischen Erbfolgekrieg. Österreich stand auf der Seite Sachsens, das geneigt war, sich mit der Anerkennung der Pragmatischen Sanktion erkenntlich zu zeigen. Polen lag weit entfernt von Frankreich, aber Lothringen lag so verlockend nahe, daß man einfach einmarschieren mußte. Die Regentin, Franz Stephans Mutter, entfloh – und Frankreich setzte sich endgültig fest. Der polnische Thron ging an Sachsen, aber Frankreich erhielt im zwei Jahre später abgeschlossenen Friedensvertrag, was es schon immer wollte. In einem demütigenden Sondervertrag sollte Franz Stephan zugunsten Stanislaus' auf Lothringen verzichten und würde dafür, irgendwann einmal, wenn der letzte Medici gestorben wäre, das Großherzogtum Toskana erhalten. Lothringen würde nach Stanislaus' Tod endgültig an Frankreich fallen. Wenn sich Franz Stephan mit dem Tausch einverstanden erklärte, wollte Frankreich die

Pragmatische Sanktion anerkennen und sich auch nicht mehr gegen eine Hochzeit Habsburg-Lothringen querlegen.

Franz Stephan hat verzichtet – leichten oder schweren Herzens, wir wissen es nicht. Auch hier gibt es nur ein paar Anekdoten am Rande: Maria Theresia hätte ihn tränenden Auges überredet, der Staatssekretär Baron Bartenstein brutal vor die Wahl gestellt: »Entweder Lothringen oder die Erzherzogin – beides geht nicht.« Als er die Verzichtsurkunde signierte, soll Franz Stephan dreimal zornig, verzweifelt, die Feder von sich geworfen haben, ehe er endlich – »mit zitternder Hand«, selbstverständlich – unterschrieb.

Im Grunde genommen blieb Franz Stephan gar keine Wahl: Die Franzosen standen in seinem Land, und keine Macht der Welt konnte sie vertreiben, wenn sie das behalten wollten, was sie seit Jahrhunderten begehrten. Hätte Franz Stephans Vater schon drei Jahrzehnte zuvor den Tausch Mailand – Lothringen perfekt gemacht, seinem Sohn und seiner Witwe wäre viel Kummer erspart geblieben.

Elisabeth Charlotte hat dem Sohn seinen Verrat an der Heimat niemals verziehen. »Mein Sohn schneidet sich die Kehle durch, sich und der ganzen Familie«, schreibt sie. Die gebürtige Bourbonin war unglücklich, daß die eigenen Verwandten das Land, das ihr Zuhause geworden war, einfach annektierten; noch unglücklicher hat sie der anscheinend so leichte Verzicht des Sohnes gemacht.

Jetzt endlich, da alle tatsächlichen und vermeintlichen Hindernisse beseitigt waren, entschloß sich Karl, die Verlobung bekanntzugeben. Am 30. Januar 1736 durfte der Herzog ohne Land seine offizielle Bewerbung vorbringen. Die Hochzeit wurde für den 12. Februar festgesetzt.

Zwölf Tage nur bis ans Ziel – doch noch immer war es dem Bräutigam nicht erlaubt, in der Nähe seiner Braut zu weilen. Aus Gründen der Schicklichkeit mußte er in seinem zugigen Preßburger Domizil bleiben und sich mit Liebesbillets abplagen – wo ihm doch das Schreiben so schwerfiel.

Es ist gar nicht sicher, ob er die kurzen Zeilen an die »durchlauchtigste Erzherzogin«, an die »allerliebste«, die »englische Braut« selbst aufgesetzt hat, da sie in absolut korrektem Deutsch abgefaßt sind: » ... das mir die Täge unerträglich seynt, wo ich die freud nicht habe, meiner allerliebsten braut mich zu füssen zu legen.«

Franz Stephans Billetts verraten kaum Herzensregungen, Maria Theresia läßt den ihren in naiver Unbekümmertheit freien Lauf, wenn sie (auf französisch) schreibt, sie sei »in Angst wie ein armes Hündchen«, gewesen, weil sie so sehnsüchtig auf Post gewartet habe, und sie bitte »das liebe Mäusl, lieben Sie mich und verzeihen Sie, wenn ich nicht viel antworte«.

Am 12. Februar 1736 um vier Uhr nachmittag kam Franz Stephan aus Preßburg angehetzt, zog sich hastig um (sein brauner Samtwams war dicht mit Gold bestickt, der schwungvolle Hut reich mit Straußenfedern geziert), und bereits um sechs Uhr fand in der von Tausenden Kerzen erhellten Augustiner Hofkirche die Trauung statt.

Maria Theresia sprach ihr »volo« (ich will) laut und deutlich, es bestand kein Zweifel, daß es auch so gemeint war. Mit sehr viel Musik und sehr viel Kanonendonner und Glockengeläute von allen Ecken und Enden der Stadt schloß die Zeremonie.

Nachher gab es eine »offene Tafel«, das heißt, nur die kaiserliche Familie speiste, der übrige Hof stand starr staunend in gebührendem Abstand. Dieses eine Mal durfte das Paar nebeneinander sitzen, eigentlich ein kaum tolerierbarer Bruch der Etikette, denn der Herzog stand rangmäßig unter der Erzherzogin und hätte ans Ende der Tafel gehört – wenn nicht überhaupt in die Reihe der Zuschauer.

Nach Tisch zog sich die Familie in die Privatgemächer zurück. Gegen Mitternacht begleiteten der Kaiser und die Kaiserin die Jungvermählten bis an die Tür des Schlafgemachs. Am nächsten Morgen hatte die beiden bereits der höfische Alltag mit all seinen absurden Vorschriften eingeholt: Bei Tisch saßen »Reserl« und »Franzl« weit voneinander getrennt, abends im Theater mußte der »Franzl« mit der zweiten Reihe vorlieb nehmen. Die zweite Reihe, der zweite Platz – das war jetzt, von wenigen Ausnahmen abgesehen, sein Schicksal.

Sie lassen es ihn fühlen, die Hofschranzen, daß er eigentlich nur das Anhängsel seiner hochwohlgeborenen Gemahlin ist. Nicht offen ins Gesicht zeigen sie ihre Mißachtung, aber es mangelt nicht an den gewissen kleinen Nadelstichen – wie etwa die konsequente Verweigerung der ihm zustehenden Anrede »königliche Hoheit«.

Die Mutter grollt ihm. Schwester Charlotte ist böse, weil sie findet, daß seit dem Verlust von Lothringen ihre Heiratschancen für immer dahin sind. Die Wiener können ihn ohnehin nicht leiden, denn für sie ist er ein Zugereister, einer, der eigentlich nicht hierher gehört, ein lästiger Ausländer, ein »Franzos« gar. Als fast genau ein Jahr nach der Hochzeit, am 5. Februar 1737, auch nur ein Mädchen, Maria Elisabeth, zur Welt kommt, findet die allgemeine Empörung kein Ende.

Franz Stephans Lage ist alles andere als beneidenswert. Nur zu verständlich, daß er nach einem Ausweg sucht, nach einer Möglichkeit, Ruhm, Ehre und Ansehen zu erlangen. Die Chance liegt auf der Hand, als Rußland, in einen Krieg mit der Türkei verwickelt, von Österreich die vertraglich zugesicherte Bündnispflicht einfordert und österreichische Truppen sich auf den Weg gen Osten machen. Franz Stephan treibt es, mitzuziehen, sich zu beweisen, dem heroischen Vorbilde des Großvaters Karl von Lothringen, Retter aus der Türkennot, nachzueifern.

Nicht ohne weiters lassen sie ihn fort, die Gemahlin und der Schwiegervater – darauf hinweisend, daß er ja dringender in Wien gebraucht wird: Noch ist nur ein Mädchen geboren ...

Selten wird es später vorkommen, doch diesmal setzt Franz Stephan seinen Willen durch und reist, seinen jüngeren Bruder Carl an der Seite, in den Krieg – standesgemäß. Auf elf (!) luxuriös ausgestatteten Schiffen geht es donauabwärts mit Kammerherren, Leibärzten, Lakaien, Köchen, Beichtvätern, Barbieren, Wein und Lebensmittelvorräten für Wochen an Bord.

Am 10. Juni 1737 bricht er auf. Drei Monate später ist er schon wieder in Wien, nur mäßig mit Ruhm bedeckt. Er hat erfolgreich an einem kleineren Gefecht teilgenommen, doch der Vormarsch der Österreicher kommt bald ins Stocken, schließlich zum Stillstand, und an Heldentaten ist nicht mehr zu denken.

Obwohl während Franz Stephans kurzem Kriegsabenteuer in Florenz der letzte Medici gestorben und Franz Stephan nun Großherzog der Toskana ist, zieht er es vor, in Wien zu bleiben. Er setzt – pikanterweise – Marcus Beauvau-Caron zum Statthalter ein, jenen Herrn, der Karriere gemacht hat, weil seine Frau Franz Stephans Vater so manche Nachtstunde versüßt hatte.

Ein zweiter Anlauf, als Kriegsherr zu strahlen, endet mit einem Debakel. Von seinem Schwiegervater nominell zum Oberbefehlshaber über eine Armee von 104 000 Mann gemacht, gab es zwar einige Anfangserfolge, dann aber trieben die Türken die Österreicher wie die Hasen vor sich her. Die Truppe, von Krankheit und Hunger dezimiert, befand sich im Zustand der völligen Auflösung, und auch Franz Stephan erkrankte schwer. Als geschlagener Mann kehrte er nach Wien zurück. Um das Maß des Unglücks vollzumachen, gebar seine Frau am 6. Oktober 1738 eine weitere Tochter.

Jedem war klar, daß nicht Franz Stephan schuld an der militärischen Niederlage war, denn in Wirklichkeit hatten jene Heerführer, die tatsächlich die Verantwortung trugen, die Katastrophe herbeigeführt; jeder halbwegs Vernünftige wußte, daß die Geburt eines zweiten Mädchens nicht für ewige Zeiten die Aussicht auf einen Knaben verstellte – dennoch: Alle Misere wurde Franz Stephan in die Schuhe geschoben. Die Stimmung gegen ihn, sowohl bei Hof als auch in der Bevölkerung, wurde immer feindseliger. Ganz offen wurde gefordert, der Kaiser solle das Erbrecht seiner zweiten Tochter, Maria Anna, übertragen, und die möge den Kurprinzen von Bayern heiraten. Ein rechter deutscher Mann müßte her – und schon wäre das Haus Österreich gerettet.

Kurz entschlossen verfügte der Kaiser, den jungen Mann schleunigst aus der Schußlinie zu nehmen, und bewog ihn, endlich sein toskanisches Erbe anzutreten. Es war eher eine Flucht denn eine sorgfältig geplante Reise, als Maria Theresia – soeben dem Wochenbett entstiegen! – und Franz Stephan sich am 17. Dezember 1738, also mitten im Winter, auf die beschwerliche und gefährliche Fahrt über die Alpen gen Süden machten. Die Route des 360 Personen umfassenden Zuges führte über Bruck an der Mur, Spittal an der Drau, Lienz, Bozen (wo Weihnachten gefeiert wurde), Trient, Venezien nach Florenz.

In Spittal an der Drau, während der Übernachtung im Schloß Portia, brach das altersschwache Bett unter dem jungen Paar zusammen, und Karl, als er das erfuhr, spekulierte sofort hoffnungsfroh, daß der Zwischenfall »wohl etwa zu einer neuen Ganzmachung, welches Gott gebe, wird vielleicht geholfen haben ...«, zur Zeugung eines Jungen beizutragen.

Am 21. Januar fuhren die beiden – triumphal, wie es damals Sitte war –, unter dem eigens errichteten und heute noch zu besichtigenden Triumphbogen in Florenz ein und nahmen Wohnung im Palazzo Pitti, dem sie allerdings absolut nichts abgewinnen konnten. Sie waren Kinder des licht-beschwingten Barock, die kühle Klarheit der Renaissance blieb ihnen fremd. Die Einrichtung sei zwar »magnific aber altväterisch, absonderlich in der Einteilung«. Beklagt wurde auch »die Kälte in den großen Räumen«. Was kein Wunder war: Wer jemals im Winter auf den Steinböden italienischer Häuser halb erfroren ist, wird den Mißmut der damaligen Reisenden verstehen, die in der Wiener Hofburg zwar noch keine Zentralheizung, aber wenigstens ordentlich bullernde Kachelöfen und angenehm wärmende Parkettböden besaßen.

Sie verließen ihr eigenes kleines Reich schon nach drei Monaten, vermutlich auf Betreiben Maria Theresias, die in Florenz ganz eindeutig die zweite Geige spielte – was sie nicht gewöhnt war. Mit Grazie und Charme erfüllte sie jedoch die Rolle der Landesmutter.

Franz Stephan brachte in kurzer Zeit erstaunlich viel zuwege. Wie schon zuvor in Lothringen gelang es ihm, die Wirtschaft durch Betriebserweiterungen, niedrige Zinsen und Sperrzölle anzukurbeln – übrigens durchaus auch zum eigenen Vorteil. Die Einkünfte aus der Toskana sollten ihn in Zukunft nicht nur finanziell unabhängig, sondern Jahr für Jahr um eine Million Gulden reicher machen.

Nicht wenige Anhänger und damit tatkräftige Helfer beim wirtschaftlichen Aufbau erwarb er unter der Judenschaft, die er weder – wie befürchtet – mit neuen Steuern belastete noch versuchte, wie viele Herrscher vor ihm, sie gewaltsam zur Taufe zu bewegen. Auch unter den einflußreichen Freimaurern gewann er viele Freunde, da er der soeben durch den Papst gegen die Brüderschaft erlassenen Bannbulle einfach keine Beachtung schenkte.

Ein einziges Mal unternahmen Maria Theresia und Franz Stephan eine längere Reise, und zwar nach Livorno, um die Hafenanlagen zu inspizieren; es war das einzige Mal, daß Maria Theresia das Meer sah. Bezeichnend ist, daß das Paar offensichtlich nicht den Wunsch äußerte, einen kleinen Umweg in Kauf zu nehmen, um Pisa zu besichtigen. Entweder hat man ihnen nicht gesagt, daß es dort Besonderes zu sehen gebe, oder es hat sie schlichtweg nicht interessiert.

Ende April 1739 nahmen sie Abschied von Florenz, um niemals mehr wiederzukommen. Zurück blieb eine vom Großherzog – wie wir ihn im weiteren Verlauf des Berichtes nennen werden – eingesetzte, hauptsächlich aus Lothringern bestehende Verwaltung, die zwar tüchtig arbeitete, sich aber durch Arroganz und Hochmut reichlich unbeliebt machte. Die glorreiche Zeit der Habsburg-Lothringer würde erst zwei Jahrzehnte später mit Franz Stephans Sohn Leopold anbrechen. Der berühmte »Poldo«, ein geliebter und verehrter Landesvater, wird die Toskana zu einer neuen Hochblüte bringen.

Auf der Heimreise trafen Maria Theresia und Franz Stephan dessen Mutter und Schwester. Nachdem die alte Herzogin der Hochzeit demonstrativ ferngeblieben war, gab es eine mehr als kühle Begegnung in Innsbruck. Das wurde achselzuckend registriert. Es hieß, die alte Dame, gerade dreiundsechzig Jahre alt, sei schon sehr senil ...

Da er nicht in der Toskana bleiben konnte, wollte der Großherzog noch einmal versuchen, sich im Krieg zu bewähren. Doch diesmal zeigten sich Ehefrau und Schwiegervater unnachgiebig: Die Gefahr, daß ihm etwas zustieße, sei zu groß und ein Thronerbe noch immer nicht geboren.

In diesem Sommer 1739 war das Kriegsglück endgültig dahin. Ein von den Türken diktierter Friede brachte Österreich um die meisten der einstmals durch den Prinzen Eugen eroberten Gebiete. Sofort hieß es, daß kein anderer als Franz Stephan, der verhaßte »Franzos'« hinterrücks intrigiert hätte: Schließlich sympathisierte Frankreich mit der Türkei.

Gefährlich wuchs die Wut des Volkes, nachdem am 12. Januar 1740 das dritte Mädchen geboren worden war. Die »Bayern-Partei« erhielt weiteren Auftrieb, und es wäre am Kaiser gelegen, diesen Ansinnen energisch entgegenzutreten. Er hätte, zum Beispiel, seinen Schwiegersohn zum römischen König erheben lassen können – was durchaus in seiner Macht lag –, um ihm damit die Kaisernachfolge zu sichern. Doch Karl tat diesen Schritt nicht. Glaubte er selbst nicht mehr an den Schwiegersohn?

Drei ziemlich rasch hintereinander erfolgte Todesfälle lenkten die erhitzten Gemüter vom Sündenbock Franz Stephan ab.

Am 31. Mai starb in Berlin der »Soldatenkönig« Friedrich Wilhelm I., was keine allzu große Unruhe hervorrief, denn sein Sohn, König Friedrich II., galt als zuverlässiger Freund Österreichs.

Großen familiären Kummer löste das Hinscheiden der kleinen Maria Elisabeth am 7. Juni aus. Sie war die Erstgeborene, und sie war die erste, die den Eltern vorzeitig entrissen wurde. Fünf weitere der sechzehn Kinder sollten eines frühen Todes sterben.

»Dieses Jahr nimmt mir viele Jahre meines Lebens weg, an dem mir wenig gelegen ist«, klagte der Kaiser. Hatte er Vorahnungen? Spürte er Vorzeichen?

Am 10. Oktober nahm er an einer Jagd beim Grafen Harrach in Halbturn teil. Abends gab es ein üppiges Mahl, darunter Herrenpilze, in Öl geröstet. Der Kaiser bediente sich reichlich. Nachts wurde er von heftigen Koliken befallen und mußte sich mehrmals übergeben. Man führte den Kranken nach Schloß Favorita, wo die Ärzte ratlos sein Bett umstanden. Die erste Diagnose, Pilzvergiftung, erwies sich als unzutreffend, da niemand außer dem Kaiser erkrankt war.

Karl fühlte sich elend, brachte aber einen Rest von Galgenhumor auf: Die Herren Ärzte mögen sich kein Kopfzerbrechen machen, sie sollten ihn eben »aufbrechen« und nachsehen, was ihm gefehlt hätte – es werde schon einer nachkommen und ihm im Himmel Bericht erstatten.

Ehe er am 21. Oktober 1740 starb, hatte er noch eine zweistündige Aussprache mit dem Schwiegersohn. Der Inhalt dieses Gesprächs wurde nie bekannt. Bekannt wurde jedoch die Todesursache, nachdem die Ärzte den Leichnam »aufgebrochen« hatten: Magenkrebs. Ein langes Leiden war dem Kaiser erspart geblieben.

Groß war die Trauer um den lieben Toten – noch größer das Chaos, das er hinterlassen hatte: Die Staatskasse war leer, die Armee in einem desolaten Zustand, die Nachfolgerin ahnungslos. Karl hatte jahrelang mit allen Mitteln um die Anerkennung dieser Erbin gekämpft, auf ihre Aufgabe vorbereitet hat er sie nicht. An keiner einzigen Konferenz des Staatsrates hatte sie je teilgenommen – und nun saß sie, dreiundzwanzig Jahre alt, im vierten Monat schwanger, und sollte Entscheidungen von historischer Tragweite treffen.

Franz Stephan wenigstens hatte im Auftrag und manchmal auch in Vertretung seines Schwiegervaters den Konferenzen beigewohnt, er kannte zumindest das Procedere – wenn er auch ansonsten über wenig politische Erfahrung verfügte; die ehrwürdigen Mitglieder des Staatsrates hatten ihn immer unter ihren Daumen gehalten.

Sie hatten nun allen Grund, sich Sorgen zu machen, denn Maria Theresias erste Amtshandlung bestand darin, ihren Mann zum Mitregenten zu bestimmen. Würde er subtile Rache üben wegen der subtilen Schikanen, die ihm die sechs alten Herren zugefügt hatten? Sie konnten aufatmen: Der Großherzog war ein toleranter, ein großherziger Mensch. Ehe sie noch darum gebeten hatten, reichte er ihnen die Hand zur Versöhnung.

Zu einer gedeihlichen politischen Zusammenarbeit zwischen den

Ehegatten ist es nie gekommen, da sie in wesentlichen Fragen voneinander weit abweichende Standpunkte vertraten und ein Kompromiß nicht möglich war: Wenn Maria Theresia sich im Recht fühlte, dann hatte ausschließlich ihr Wort zu gelten. So innig sie ihren Mann geliebt, wie sehr sie ihn – zumindest in der ersten Jahren ihrer Ehe – vergöttert haben mag, sie ließ ihn keinen Augenblick lang im Zweifel, wer die Herrin im Haus war.

Gleich am Anfang ihrer Regierung kam es zu schwerwiegenden Differenzen in der Einschätzung der – sehr brisanten – Lage, und schon in diesem frühen Stadium begann der mehr oder minder gewollte Rückzug Franz Stephans aus den Staatsgeschäften, der schließlich in die Privatheit, um nicht zu sagen: in die Isolation, führte.

Unmittelbar nach dem Hinscheiden Karls VI. kam aus Berlin ein in bewegten Worten gehaltener Kondolenzbrief, in dem der »gute und zärtliche Vetter Friedrich« beteuerte, »aufrichtige Anteilnahme an dem Verlust« zu nehmen. Weiter schrieb er: »Es ist ein Ereignis, das ganz Europa in Bewegung setzen und furchtbare Folgen nach sich ziehen wird.« Der Preußenkönig wußte, was auf Maria Theresia zukam. Franz Stephan mag es geahnt haben. Sie selbst hatte keinen blassen Schimmer. Höflich bedankte sie sich für die Beileidsbezeugungen und bat den guten Vetter Friedrich um seinen Beistand, wenn Franz Stephan bei der anstehenden Kaiserwahl kandidieren würde.

Die Unterstützung Franz Stephans durch Friedrich – das war die eine Seite der Medaille. Die andere zeigt Frankreich in panischer Sorge, daß Franz Stephan, erst einmal zum Kaiser gekrönt, Lothringen zurückfordern könnte. So heckte Frankreich gleich einen gewaltigen Plan zur völligen Neuordnung Europas aus, der Franz Stephan vom Kaiserthron abhalten und mit einem Streich das mächtige Habsburgerreich zerschlagen sollte: Demnach würde Friedrich Schlesien bekommen, Frankreich die österreichischen Niederlande. Das Herzogtum Bayern sollte sich Oberösterreich, Tirol, Vorarlberg und Böhmen holen, dazu die Kaiserkrone. Sachsen erhielte Mähren und Teile Niederösterreichs. Der Rest bliebe Maria Theresia. Frankreich jubelte bereits. »Es gibt kein Österreich mehr.«

Noch zögerte Paris, seine tollkühnen Macht-Träume in die Tat umzusetzen, da traf Friedrich bereits Anstalten für einen Einmarsch in Schlesien, das rund zweihundert Jahre zuvor (handstreichartig und mit zweifelhaften Argumenten) von Österreich vereinnahmt worden war. Friedrich meinte, nach seinem Ahnherrn, dem seinerzeit düpierten Joachim II. von Brandenburg, ein ebensolches Anrecht auf Schlesien zu besitzen. Er beanspruchte jenen Teil des Landes, der an sein eigenes Herrschaftsgebiet grenzte. Als Gegenleistung bot er Maria Theresia an, die Pragmatische Sanktion zu billigen, für die Kaiserwahl Franz Stephans zu stimmen, Österreich in allen sich bereits abzeichnenden kriegerischen Auseinandersetzungen beizustehen – und außerdem eine Million Taler. Maria Theresia wies das Angebot als geradezu unmoralisch zurück, und so marschierte Friedrich am 16. Dezember 1740 in Schlesien ein – ohne Kriegserklärung!

Friedrich hatte sofort begriffen, daß mit Maria Theresia nicht weiter zu verhandeln war, denn sie bestand hartnäckig auf ihrem Erbe. Sie war natürlich im Recht, aber sie bedachte nicht, daß Recht haben und Recht behalten im Lauf der Weltgeschichte schon immer schwer vereinbar war, vor allem dann, wenn sich viele Stärkere gegen einen Schwächeren zusammenrotteten.

Dreimal sandte Friedrich Unterhändler zu Franz Stephan, in der irrigen Annahme, daß der Mann das schwache Weib zum Einlenken bewegen könnte, wenn auch er, Friedrich, von seinen Forderungen Abstriche machte. Dreimal mußte der Preuße erkennen, daß mit der jungen Herrscherin keine Einigung zu erreichen war. Dreimal hat Franz Stephan zu fühlen bekommen, daß er, offiziell Mitregent, nicht den geringsten Einfluß auf den Lauf der Dinge nehmen konnte, obwohl er klar voraussah, daß Friedrich letzten Endes der Stärkere sein würde.

Die Gespräche mit den preußischen Abgesandten führte er nur scheinbar unter vier Augen – seine Frau war immer nahe, teils hinter der Tür lauschend, teils unter Gardinen verborgen. Immer dann, wenn der Großherzog den Anschein erweckte, einen Fingerbreit nachzugeben, trat sie hervor und pfiff ihn wie ein Hündchen zurück.

Vom letzten Gespräch mit dem Grafen Gustav Adolf Gotter am 1. Januar 1741 gibt es sogar eine akribische Mitschrift, die Seiten dieses Buches füllen würde und die darum nur bruchstückhaft wiedergegeben werden kann:

»Großherzog: Welche Präpositionen haben Sie zu machen? ...

Gotter: Der König will ... von dem Ganzen absehen und sich mit einem guten Teil begnügen ...

Großherzog: Der König will sich auf unsere Kosten vergrößern ... Lieber ruhmvoll untergehen, das Schwert in der Hand, als sich in Stücke reißen lassen ohne Gegenwehr.

Gotter: Aber gnädiger Herr, lohnt es, sich mit Ihrem besten Freund, meinem König, zu entzweien um der Kleinigkeit willen, die er beansprucht?

Großherzog: Eine Kleinigkeit? Nennen Sie Schlesien eine Kleinigkeit? Gehorsamer Diener – das wissen wir besser.

Gotter: ... was er verlangt, ist ein kleines Objekt, daß es weder den König von Preußen reicher noch das Haus Österreich ärmer machen wird.

Großherzog: Soll ich also, um ihm gefällig zu sein, meinen Rockärmel in Stücke reißen?

Gotter: Es handelt sich nicht um einen Ärmel, sondern um einen Knopf an Ihrem Rock ...

Großherzog: Sagen Sie, was Sie verlangen und wie weit Sie heruntergehen dürfen ...

Gotter: ... Alles wird sich zum Guten wenden, und alles wird, wie ich hoffe, gut werden.

Großherzog: Man muß mit Ruhe von solchen Angelegenheiten sprechen ...

Gotter: An welche Minister sollen wir uns wenden ... Wir werden uns nach Ihrem Befehl richten.

Großherzog: Sie können sich wenden, an wen Sie wollen ...

Gotter: Das ist ein gutes Zeichen, gnädiger Herr, daß noch nicht alles verloren ist, und daß man zum beiderseitigen Vorteil und zum Wohle des Reiches das große Ziel wird erreichen können.

Großherzog: Schwer wird es sein, doch sage ich nicht, daß alle Hoffnung verloren ist.

Da klopft es energisch an die Türe, und man hört Maria Theresia sagen: Es ist acht Uhr, komm.« (Ende des Protokolls).

Noch zweimal versuchte sich Franz Stephan als Friedensstifter und Vermittler. Beide Male blitzte er ab.

Damals mag der erste feine Haarriß im Einklang des Paares entstanden sein, denn in ihren Augen – und nicht nur in den ihren – haftete ihm der Makel an, zu weich, zu nachgiebig zu sein. Maria Theresia hatte sich, trotz des beklagenswerten Zustandes ihrer Armee, auf Krieg eingestellt – und sie sollte ihn bekommen. Nicht einen, sondern mehrere

Kriege, an denen zeitweilig ganz Europa beteiligt war, die nordischen Staaten ausgenommen. Den Erbfolgekrieg mit Bayern, dessen Kurfürst, weil mit Maria Theresias Cousine verheiratet, die österreichischen Erblande beanspruchte, einen zweiten Schlesischen Krieg und schließlich den Siebenjährigen Krieg. In letzterem wäre es um ein Haar gelungen, Preußen für lange Zeit aus dem Konzert der europäischen Völker auszuschließen, wenn nicht im entscheidenden Augenblick Rußland die Fronten gewechselt hätte, wie im vorangegangenen Kapitel ausführlich dargestellt.

Österreichs Feinde standen oft bis knapp vor den Toren Wiens, sie hielten zeitweise Prag, sie hielten auch Linz besetzt. Österreich konnte im Gegenzug München erobern, bis alles einigermaßen zur Ruhe kam und Schlesien endgültig verloren war.

Eine Million Tote blieben in diesen langen Kriegsjahren auf den Schlachtfeldern; zerstört, ausgeblutet weite Teile Europas. Hungersnöte und Seuchen wüteten. Gigantische Summen waren verpulvert worden, die Maria Theresia für ihre großen Reformwerke (Verwaltung, Justiz, Schulwesen) dringend gebraucht hätte. Sehr spät, viel zu spät (da war Franz Stephan, der Weiche, der Nachgiebige, schon lange tot), kam ihr die Einsicht »aus Stolz Krieg geführt« zu haben. Ihrem Sohn Joseph schrieb sie: »Vergesset niemals, besser ein mittelmäßiger Frieden als ein glücklicher Krieg.«

Wir sind weit vorausgeeilt. Gerade erst ist Franz Stephans Vermittlungsversuch gescheitert, noch ist jener Sohn Joseph nicht geboren. Er erblickt am 13. März 1741 das Licht der Welt, und der Hof, die Stadt, das Land versinken in einen Freudentaumel ohnegleichen – als ob alle Probleme des Staates mit der Geburt eines männlichen Erben gelöst wären.

»Nun können Feinde losen/ Weil Österreich trägt Hosen«, lautet einer der flott geklopften Sprüche, und die drei Wochen später erfolgte erste schwere Niederlage der österreichischen Truppen bei Mollwitz wird einfach nicht zur Kenntnis genommen. Österreich hat ja jetzt seinen »Buam« – was ist dagegen »das Ungeheuer«, der böse Friedrich?

In liebedienerischer Unterwürfigkeit kriecht nun der Pöbel vor dem bislang verspotteten und verachteten Prinzgemahl, der sein »Meisterstück« vollbracht hat: »Zur Gesundheit unsrer Königin / Gelt's Brüderl, sie soll leben. / Wie auch ihr Schatz, Prinz Lotharing, / der bringt Prin-

Maria Theresia und Franz Stephan um 1760, im Kreise ihrer Kinderschar

zen zuwegen.« Ein Mann, reduziert auf die Funktion des Samenspenders – spiegelbildlich zur »normalen« Rollenverteilung, nach der Fürstinnen hauptsächlich als lebende Brutmaschinen zu funktionieren hatten.

Franz Stephan scheint die demütigende Facette seiner vielbejubelten Knaben-Vaterschaft damals (noch) nicht empfunden zu haben, denn Zeugen berichten, daß er bei der Verkündung der Sohnes-Geburt außer sich vor Freude und Stolz gewesen sei und anschließend mit größtem Behagen einen ganzen Kapaun sowie eine gewaltige Portion Quiche Lorraine verspeist habe.

Er müßte indes das Gemüt eines Stockfisches gehabt haben, hätten ihn die Erniedrigungen und Herabsetzungen nicht zutiefst verletzt, die ihm wenige Monate später anläßlich der Krönung seiner Frau zum »König von Ungarn«, am 25. Juni 1741 in Preßburg widerfuhren. In der Tat: Maria Theresia wurde in der lateinischen Huldigung – bekanntlich war das Lateinische die Amtssprache – als »Rex noster« (»unser König«) angesprochen, der König also, und ein König bedarf keines Mitregenten: Die ungarischen Magnaten schlugen unter Hinweis auf die Verfassung Maria Theresias Wunsch, den Gemahl auch in Ungarn an der Regentschaft teilhaben zu lassen, rundweg ab. Schlimmer noch: »Der König« mußte versprechen, »bei der Krönung nichts zu unterlassen oder abzuändern, was ansonsten bei der Krönung eines Königs observiert wird«. Das heißt: Da Franz Stephan nicht gut die im Protokoll vorgesehene Rolle der Königin erfüllen konnte, stand ihm während der Zeremonie nur der Platz eines Privatmannes zu.

Um sich dieser Peinlichkeit zu entziehen, ging er erst gar nicht in die St. Martinskirche, sondern ließ sich an der Außenmauer eine Art Hochsitz errichten, den er, zusammen mit seiner dreijährigen Tochter Maria Anna erkletterte. Durch ein Fenster beobachteten die beiden die feierliche Handlung. Maria Theresia erhob kein einziges Mal den Blick zu den Zaungästen.

Die Krone auf dem Haupt, das Schwert gezogen, strahlendes Bild einer jugendlichen Siegesgöttin, sprengte sie dann, umtost vom frenetischen Jubel Tausender, auf den Krönungshügel. »Zur selben Zeit«, so heißt es im Bericht eines Anonymus, »schlich ein Mann im Schatten der Nebengäßchen, nur von fern ein Stückchen des glanzvollen Bildes erhaschend: der Gemahl der Königin«. Diese Aussage findet nirgendwo eine Bestätigung, doch sie wurde geglaubt, und das allein spricht schon für den Stellenwert, den der Großherzog in den Augen seiner Mitmenschen besaß. Mehrfach bezeugt ist hingegen, daß er beim Krönungsmahl, wie üblich, am Ende der Tafel, hinter der letzten Erzherzogin, saß. Wobei es verwundert, daß Maria Theresia, unbekümmert um die Feierlichkeit der Stunde, wohl die Krone einfach neben den Suppenteller legte, um ohne störenden Druck auf den Kopf speisen zu können – das Zeremoniell aber, das ihren Mann fast an den Katzentisch verbannte, unangetastet ließ. Belegt ist ferner, daß er kein einziges Mal an einer Konferenz mit den Magnaten teilnahm, so als wäre er überhaupt nicht vorhanden gewesen. Niemand fand es der Mühe wert, aufzuzeichnen, wie der Gemahl »des Königs« seine Tage in Preßburg verbracht hat, während sie regierte. Er ist vermutlich fleißig auf die Jagd gegangen.

Zwei Jahre später, bei Maria Theresias Krönung zur Königin von Böhmen in Prag, war er wenigstens nicht mehr gezwungen, den Veitsdom von außen zu erklimmen, um einen Blick auf seine Frau werfen zu können. Er nahm im Oratorium an der Zeremonie teil. Und anschließend, während seine Frau in Böhmen die Regierung lenkte, fuhr er übers Land, um die königlichen Güter Pardubitz und Podiebrad zu besichtigen. Es galt festzustellen, ob sie das Geld wert wären, das seine Frau von ihm forderte, wenn sie ihm die Besitzungen verpfändete, um die gähnend leere Kriegskasse zu füllen.

Im Unterschied zu seiner Frau war der Großherzog ein sehr reicher Mann, der es auch verstand, mit seinem Pfund zu wuchern. Bereits 1736 hatte er in Ober-Ungarn einen heruntergewirtschafteten Besitz namens Holics gekauft, und er war nun dabei, aus der brachen Wildnis ein lukratives Mustergut zu machen.

Franz Stephan hat im übrigen die Mitregentschaft in Ungarn dann doch erhalten, und zwar an jenem denkwürdigen 11. September 1741, nachdem Bayern und Spanien, Preußen und Frankreich sich verbündet hatten, um Österreich in Stücke zu schlagen, und die Feinde bereits sowohl in Böhmen als auch in Oberösterreich zügig vormarschierten. In ihrer Not reiste Maria Theresia nach Preßburg und bat in einer dramaturgisch außerordentlich geschickt aufgebauten Rede vor dem Reichstag die edlen Ungarn um Hilfe für (so wörtlich, und das alles in lateinischer Sprache) »ihren armen König«.

Diese Episode ist Kernstück aller Maria-Theresia-Legenden, und niemals wird der Zusatz vergessen, daß die Königin ihren kleinen Sohn Joseph mit einer dramatischen Geste den ungarischen Herren entgegengehalten hätte. Davon ist kein Wort wahr, wahr ist allerdings, daß sie im richtigen Moment in lautes Schluchzen ausbrach, worauf die Herren ihre Säbel zogen, und zwar nicht, wie meist erzählt wird, »Eljen« schrien, sondern: »Vitam nostram et sanguinem consecramus.« (»Wir geben unser Leben und unser Blut.«) Aus dem Hintergrund ertönte dann allerdings sogleich: »sed avenam non« (»aber keinen Hafer«).

Denn die Ungarn haben sich ihre »spontane« und »hochherzige« Unterstützung in langwierigen Verhandlungen teuer, mit mannigfachen politischen Zugeständnissen, bezahlen lassen. Sie schickten statt der geforderten 80 000 Mann nur 20 000 zu Hilfe, aber denen gelang es, Linz von Franzosen und Bayern zu befreien sowie später sogar München zu besetzen.

Sowenig Franz Stephan im Zusammenhang mit Maria Theresias raffiniert heroischem Auftritt vor dem ungarischen Reichstag in Preßburg erwähnt wird, so selten finden wir Hinweise auf seine Person in Berichten über die private Sphäre. Wir wissen auf die Minute genau, wie Maria Theresia ihre Tage verbracht hat (arbeitend) – Franz Stephan scheint stets nur am Rande auf. Zum Beispiel in der detailverliebten Schilderung des Faschingsdienstags im Jahre 1743, den die bekannt lebenslustige Monarchin rund achtzehn Stunden lang in vollen Zügen genoß.

Zu Mittag speiste sie beim Prinzen Carl von Lothringen, dem Bruder ihres Mannes, in Möllersdorf bei Baden. Nach dem Essen vergnügte sie sich mit Tanz und Spiel bis acht Uhr. Rückfahrt nach Wien, und um zehn Uhr gab es eine leichtes Abendessen. Eilig zog sie sich um, ging, als Bauernfrau verkleidet, ins Ballhaus. Nach etlichen Tänzen wechselte sie auf die Mehlgrube (heute Neuer Markt), zu einer privaten Faschingsveranstaltung, wo es eher langweilig gewesen zu sein scheint, denn schon kurz nach Mitternacht tauchte sie wieder im Ballhaus auf und tanzte dort bis acht Uhr früh. Bereits um neun Uhr wohnte sie der Messe in der Augustinerkirche bei – und anschließend begann der ganz normale Arbeitstag. Franz Stephan war selbstverständlich stets an ihrer Seite, das Augenmerk aber war auf sie allein gerichtet.

Wahrgenommen wurde er vor allem, wenn er sich nicht »comme il faut« aufführte, wie den wiederholten Eintragungen in den genauen und für die Zeit aufschlußreichen Tagebüchern des Hofmarschalls Graf (später Fürst) Johann Joseph Khevenhüller-Metsch zu entnehmen ist. In jenem Fasching besuchte Franz Stephan eine Komödienaufführung bei den Barnabitenmönchen. Allein schon der Spielort legt nahe, daß es sich um ein denkbar harmloses Vergnügen gehandelt hat. Dennoch erregte der Großherzog das Mißfallen der Hofgesellschaft, und man warf ihm vor, sich »billigen bürgerlichen Vergnügungen« hinzugeben. Denn: Das Lustspiel wurde in deutscher Sprache gegeben! Es trat ein Hanswurst auf! Und Franz Stephan hatte sich königlich amüsiert! »Es wäre besser gewesen, wenn die Visite unterblieben wäre«, resümiert Khevenhüller im Tagebuch.

Viel weniger Aufhebens wurde drei Wochen später gemacht, als im März nach einer langen, harten Kälteperiode fast überfallsartig Tauwetter einsetzte, die Eisschollen auf der Donau barsten und schweres Hochwasser die Rossau und Leopoldstadt überflutete: Von einer schwankenden Zille aus leitete Franz Stephan mit eindrucksvoller Umsicht die Rettungsmaßnahmen – aber er wurde weniger bedankt als seine Frau, die einen Wagen mit Lebensmitteln zu den Obdachlosen schickte.

Wenig Rühmliches gab es allerdings wirklich über Franz Stephans Kriegsabenteuer zu berichten. Zum Feldherrn war er nicht geboren, und er blieb auch nie lang genug auf den Schauplätzen der Schlachten, um möglicherweise doch noch verspätet strategische Fähigkeiten zu entwickeln. Maria Theresia duldete nicht, daß er mehr als zwei, drei Wochen dem Wiener Hof fernblieb. Sie beorderte ihren »Alten«, wie sie ihn zu nennen pflegte, rasch wieder zurück. Oder sie ließ ihn erst gar nicht fort.

Was alles sie anstellte, um ihn aufzuhalten, schildert sie recht anschaulich in einem Brief an ihre Schwester Maria Anna, die 1744 Franz Stephans Bruder Carl geheiratet hatte. Sie lebte in Brüssel, wo ihr Mann als Statthalter der Niederlande residierte, wenn er sich nicht gerade als Oberkommandierender der österreichischen Truppen mit wechselndem Erfolg im Kriegseinsatz befand.

Maria Theresia schreibt im September 1744: »Ich war krank vor Ärger und Schmerz und habe durch meine Bosheit auch meinem Alten Fieber verursacht. Plötzlich faßte er die Idee, zur Armee zu gehen ... daß er seine Equipage bereiten ließ und, nachdem alles fertig war, mich ganz leise vorzubereiten begann. Anfangs scherzte ich nur, aber endlich sah ich, daß es sein Ernst war. Ich nahm zu unseren gewöhnlichen Mitteln meine Zuflucht, den Liebkosungen und Tränen, aber was vermögen sie über einen Gatten nach neunjähriger Ehe ... Endlich griff ich zum Zorn, und er hat mir so gut gedient, daß er und ich krank wurden ... Ich vermag seine Beweggründe nicht zu überwinden, von denen ich mir in meinem Inneren freilich gestehen muß, daß sie stichhältig sind. Ich fange an ... ihn von einem Tag zum anderen hinzuhalten, um Zeit zu gewinnen, aber wenn er dennoch abreisen sollte, folge ich ihm oder schließe mich im Kloster ein ...«

Sie hat geschmeichelt, getobt und schließlich erpreßt, und sicher nicht unerwähnt gelassen, daß sie wieder schwanger war – zum siebenten Mal übrigens. Ein Historiker hat, bei Schilderung dieser Episode, Franz Stephan vorgeworfen, daß ihn »vorwiegend egoistische Motive« bewegt hätten, da der Krieg auch ohne ihn gewonnen oder verloren worden wäre. Das ist wahr. Ebenso wahr ist aber, daß hinter den »egoistischen Motiven« mit höchster Wahrscheinlichkeit der verzweifelte Versuch eines Menschen steckte, sich zu bestätigen und ein Stück seiner Selbstachtung zu bewahren.

Nach außen blieb er gelassen. Und gleichermaßen ruhig war er auch, als im Dezember 1744 kurz hintereinander zwei Todesfälle die Familie erschütterten. In Brüssel starb Maria Theresias Schwester nach einer Totgeburt, und wenige Tage später verschied Franz Stephans Mutter. Khevenhüller ist ehrlich erstaunt, der Großherzog hätte » ... das Glück und die Gabe, daß er auch in der stärksten Betrübnis sich allsogleich fassen, anbei selbst ... alle seine Passionen und Affekte unvergleichlich zu unterdrücken und zu verbergen weiß«.

In der eleganten Formulierung des geschmeidigen Hofmanns verbirgt sich die immer wieder vorgebrachte Charakterisierung Franz Stephans als dickfelligen Phlegmatiker. Die Verletzlichkeit der unter der Elefantenhaut verborgenen Seele hat er selten bloßgelegt. Sie manifestierte sich erst später in körperlichen Symptomen – und in seinem frühen Tod.

Am 1. Februar 1745 wurde sein zweiter Sohn, Karl, geboren, der sechzehn Jahre später starb. Wieder einmal rückte der Mann aus dem Schatten ins Rampenlicht und ins Bewußtsein der Bevölkerung. Man überschüttete ihn mit Dankesadressen und Lobeshymnen, sich wieder als rechter Mann gezeigt und einen Sohn gezeugt zu haben. In den Konferenzen des Ministerrates, die er, der Mitregent, leitete, während seine Frau im Wochenbett lag, war von Anerkennung die Rede nicht. Unter kaum kaschiertem Vorwand wurden alle wichtigen Entscheidungen bis zum »Hervorgang« der wahren, der einzigen und alleinigen Herrscherin, auf die lange Bank geschoben.

Die Aussicht, Würde und Autorität zu gewinnen, bot sich endlich und fast zur gleichen Zeit: Der Kurfürst von Bayern, Maria Theresias Herausforderer im bayrischen Erbfolgekrieg, und Franz Stephans Konkurrent um die Kaiserkrone, die er auch tatsächlich erobert hatte, dieser Kurfürst und Kaiser Karl VII., war am 20. Januar 1745 gestorben. Sein Sohn schloß sofort Frieden, Franz Stephan hatte gute Aussichten, zum römischen König gewählt und zum deutschen Kaiser gekrönt zu werden.

Außer ihm gab es keine weiteren Bewerber. Die einzige Hürde stellten die Franzosen dar. Sie hielten die Krönungsstadt Frankfurt am Main noch besetzt, wichen allerdings vor dem heranrückenden österreichischen Heer, dem sich Franz Stephan Anfang Juli zugesellte. Während in Frankfurt der langwierige Wahlvorgang über die Bühne ging, hielt sich der Kandidat bei der Truppe in Heidelberg auf. Er wurde, wie voraussehbar, am 13. September mit sieben von acht Stimmen gekürt.

Die Krönung sollte am 4. Oktober 1745 stattfinden, aber es gab zuvor noch eine nicht unerhebliche Frage zu klären: Würde die Frau Gemahlin in Frankfurt erscheinen oder nicht?

Sie lehnte es nämlich ab, sich ebenfalls krönen zu lassen, da konnte Franz Stephan bitten, soviel er wollte. Auch der Hofkanzler, Graf Anton Uhlfeld, versuchte, in Franz Stephans Auftrag, Maria Theresia zu überreden – vergeblich. Uhlfeld schreibt: »Es war alles umsonst. Ew. Königliche Hoheit wissen ja, wie es ist, wenn Ihre Majestät einmal einen Beschluß gefaßt hat. Ich bekam keine andere Antwort, als daß sie nicht wolle ... Ich habe mein Bestes getan, um wenigstens den Grund herauszubekommen, warum die Königin in dieser Angelegenheit so denkt, aber es ist mir nicht gelungen, da sie sich darüber nicht äußern will ... (ich) glaube zu erraten, daß sie diese Krönung geringer einschätzt als die beiden männlichen Kronen, die sie trägt.«

Sie ließ ihren »Alten« wissen, daß sie überhaupt nicht nach Frankfurt kommen werde, falls er auf der Doppelkrönung bestehe, und wie stets gab er nach. Was blieb ihm auch anderes übrig? Sie war »der König«, und daß die Kaiserkrone nicht viel mehr war als eine Schimäre, das wußten beide nur zu gut. Wenn sie einen Vorteil mit sich brachte, dann den, daß Franz Stephan als Kaiser nicht länger hinter ihr, sondern vor seiner Frau rangierte, und bei offiziellen Anlässen nicht an den Katzentisch oder in die zweite Reihe verbannt wurde.

Der 4. Oktober 1745, der Krönungstag, war, wie es sich ziemte, strahlend schön. Schon im Morgengrauen begannen die Sturmglocken zu läuten, drängte das Volk in die Straßen, um die besten Aussichtsplätze auf das grandiose Spektakel zu ergattern.

Franz Stephan logierte mit seiner Frau in einem Gasthaus, das sinnigerweise »Zum römischen Kaiser« hieß. Angetan mit einem blauen Seidenwams, einem rotsamtenen, hermelinbesetzten Mantel, auf dem Kopf die kleine »Hauskrone«, trat er den Honoratioren gegenüber, die ihn im feierlichen Festzug abholten. Unter einem von acht Herren getragenen gelbseidenen Baldachin ritt er auf langen Umwegen durch die Stadt – alle sollten alles sehen – zum Dom. Er war ein »stattlicher Mann«, wie man damals die nicht mehr ganz Schlanken bezeichnete. Ein deutlicher Bauchansatz zeigte, daß er sehr zur Fülle neigte – dies vielleicht ein Erbteil nach seiner Großmutter, Liselotte von der Pfalz, die unglaublich dick gewesen war.

Der Krönung im Dom, die mittelalterlichen, zumeist nicht mehr ganz verständlichen Ritualen folgte, wohnte Maria Theresia in einer Seitenkapelle bei. Sie verließ die Kirche schon vor dem Ende der Zeremonie, dem Festzug in Richtung »Römer« (dies der Name des Alten Rathauses) vorauseilend. Von einem Balkon aus sah sie zu, wie ihr Mann sich – diesmal zu Fuß und im vollen Krönungsornat – zum Römer begab.

Im amtlichen Protokoll kann man nachlesen: »Da also Seine Kaiserliche Majestät unter beständigem Freudengeschrei, wovon die Luft erdröhnte, bis nahe an den Römer gelangt waren, gab Ihre Majestät, die Kaiserin Königin am Fenster stehend mit Schwingungen eines weißen Tuches Dero herzinnigstem Vergnügen die höchst-beglückt-vollzogene Krönung des allerdurchlauchtigsten Herren Gemahls an den Tag und ruften bei entstandener kleiner Stille mit eigener Stimme ein zweimaliges fröhliches Vivat aus.«

Bei Goethe, der die Geschichte natürlich nur vom Hörensagen kannte, lesen wir es schon eine Spur deutlicher: »Als aber die Kaiserin, ihren Gemahl zu begrüßen, das Schnupftuch geschwungen und ihm selbst ein lautes Vivat zugerufen, sei der Enthusiasmus und der Jubel des

Franz Stephan im Krönungsornat

Volkes aufs höchste gestiegen, sodaß das Freudengeschrei gar kein Ende finden konnte.«

Ähnliches ereignete sich später nach dem Krönungsmahl: Franz Stephan trat ans Fenster – das Volk jubelte stürmisch. Augenblicke danach zeigte sich Maria Theresia – der Jubel steigerte sich zum nicht endenwollenden Orkan. »Der König« hat dem Kaiser die Schau gestohlen …

Zu Schiff traten Kaiser und Kaiserin die Heimreise an. (Es hat sich eingebürgert, Maria Theresia Kaiserin zu nennen, obwohl sie es eigentlich nicht war.) Am 27. Oktober waren die beiden wieder zu Hause und hier galten die Ovationen ausnahmsweise ganz besonders Franz Stephan, denn er hatte Wien mitsamt seinen auf Titel so maßlos erpichten Bewohner nach fünf Jahren endlich wieder zur »Kaiserstadt« gemacht!

Mehr Würde bringt die Kaiserkrone – eine übermäßige Bürde stellt sie nicht dar. Längst ist ihr Glanz erloschen. Mit einem hohl gewordenen Titel sind höchstens ein paar unwichtige Repräsentationsaufgaben verknüpft.

Während Maria Theresia von sechs Uhr früh bis spät abends mit Regierungsgeschäften und Mutterpflichten voll ausgefüllt – und gelegentlich auch überlastet – ist, bleibt der Kaiser meist sich selbst überlassen. Er geht auf die Jagd, er spielt Billard, er bleibt über Gebühr lang bei Tisch sitzen, um länger Gesellschaft bei sich zu haben. (Maria Theresia speist meist allein.) Er fühlt sich am wohlsten im Beisein seiner für einige Jahre am Wiener Hof lebenden Schwester und ihres kleinen Hofstaates, der ausschließlich aus Lothringern zusammengesetzt ist.

Einen entschiedenen Vorteil brachte die Erhöhung zum Kaiser mit sich: Franz Stephan gelang es, einige der absurdesten Auswüchse des noch immer gültigen spanischen Hofzeremoniells abzuwürgen. Denn: »Nichts ist weniger vereinbar mit seinem ganzen Wesen als die Habsburgische Etikette. Er leidet unter all den Prozessionen und Zeremonien, welche an diesem Hof so häufig sind. Aber er ist glücklich, wenn er ganz unbeachtet die Hofburg verlassen und sich ohne alle Dienerschaft auf den Wällen der Stadt mit seiner Schwester oder einem seiner bevorzugten Gesellschafter ergehen kann«, schreibt Sir Charles Hanbury-Williams, englischer Botschafter in Wien. Khevenhüller – und mit ihm die ganze Hofkamarilla, vermutlich – ist entrüstet und sagt es sogar ziemlich unverblümt; man hätte erwartet, » … Ihre Majestät würden wegen

Franz Stephan, der Förderer der Wissenschaften, in seinem Mineralienkabinett, aus dem das Naturhistorische Museum hervorgegangen ist.

der seithero überkommenen allerhöchsten kaiserlichen Würde sich mehr nach der alten Etikette richten«. Ein besonderer Dorn im Auge war den Schranzen, daß der Kaiser nicht, wie es sich eigentlich gehörte, in erhabener Abgeschiedenheit allein, sondern in fröhlicher Runde zu speisen pflegte.

Sosehr es nach außen hin den Anschein erweckte, daß der Kaiser dem Müßiggang pflog, so vielfältig waren seine Tätigkeiten in Wirklichkeit. Erst nach seinem Tod wurde in vollem Ausmaß erkennbar, wie weit sein Horizont gewesen ist, was er in aller Stille vorangetrieben und bewirkt hat.

Sein besonderes Interesse galt den Naturwissenschaften, und hier strebte er energisch nach Ausschaltung von Zauberei, Magie, Aberglauben und Schwindel aus Physik, Chemie und verwandten Disziplinen. Er ließ ein Planetarium errichten, legte eine beachtliche Mineraliensammlung an – aus der das Naturhistorische Museum hervorgegangen ist –, und er regte die Schaffung der Lehrkanzeln für Botanik, Chemie und Mineralogie an den Universitäten an. Zum ersten Mal wurden, wieder auf sein Drängen, Adelstitel für besondere Leistungen auf dem Gebiet von Industrie und Technik verliehen.

Sein schönstes und augenfälligstes Werk ist unzweifelhaft der Tiergarten Schönbrunn, der einer der hervorragendsten seiner Zeit wurde und den er vollständig aus eigener Tasche bezahlte. Er schickte sogar – wieder auf persönliche Kosten – eine Expedition zu den Westindischen Inseln, die fremde Tiere und Pflanzen nach Wien brachte.

Öfter, als es Maria Theresia lieb sein mochte, flüchtete Franz Stephan auf seine Güter, die von Jahr zu Jahr mehr Ertrag abwarfen. Nach Holics erwarb er das benachbarte Sassin und zwei weitere, scheinbar wertlose, danach aber höchst gewinnbringende Güter in Mähren und schließlich Schloß und Gut Eckartsau im Marchfeld.

Eine von ihm in Holics gegründete Tonwarenfabrik, die allerfeinste Fayencen herstellte, erwies sich als Goldgrube. Ertragssteigerungen bis zu dreißig Prozent im Jahr waren keine Seltenheit, und auch eine Baumwollspinnerei warf überraschend hohe Renditen ab. Durch diese industriellen Betriebe wuchs der Wohlstand im ganzen Umland, und es zeigte sich, daß die kostspieligen Investitionen sich vielfach lohnten. Für eine moderne Wasserpumpe etwa gab Franz Stephan einmal fast 12 000 Gulden aus.

Maria Theresia war in finanziellen Dingen wesentlich weniger erfolgreich als ihr Mann, was vor allem daran lag, daß sie unbekümmert Geld in Projekte steckte, die in Zeiten, da es anderweitig an allen Ecken und Enden gebraucht wurde, zweit- oder drittrangig waren. Am Tiefpunkt des Krieges gegen Friedrich II., da die österreichischen Soldaten eineinhalb Jahre lang keinen Sold erhalten und scharenweise das Weite gesucht hatten, ließ sie das Schloß Favorita großzügig ausbauen, um dort 1746 ein Adelsinternat zu errichten.

1763, nach dem Friedensschluß von Hubertusburg, da Schlesien für immer an Preußen verlorengegangen war, schlug endlich Franz Stephans große Stunde. Dank seiner ingeniösen Finanzgebarung konnte er Österreich vor dem Staatsbankrott retten. In überstürzter Hast wurde ihm die Leitung der »Staatsschuldentilgung« übertragen, eine Aufgabe, die er nicht nur mit spürbarem Sinn fürs Praktische und fürs Machbare erfüllte; er zeigte sich auch als Mann von nobler Großzügigkeit: Mit seinem gesamten Vermögen übernahm er die Bürgschaft für alle Verbindlichkeiten des Staates, und er gab Schuldscheine aus, sogenannte Bancozettel, in die, dank der von ihm übernommenen Garantien, größtes Vertrauen gesetzt wurde. Dieses erste in Zentraleuropa ausgegebene Papiergeld behielt seinen Wert über Jahre, die Bancozettel wurden selbst im Ausland ohne Vorbehalte angenommen.

Mittelpunkt seiner privaten und geschäftlichen Ambitionen war das sogenannte Kaiserhaus in der Wiener Wallnerstraße, nur einen Steinwurf von der Hofburg entfernt, das er bereits 1740 erworben, aber erst nach und nach ausgebaut hatte. In dem dreistöckigen Palais traf er all jene (Geschäfts)Leute, die er in der Burg und in Schönbrunn nicht empfangen konnte, wollte oder durfte.

Leiter der Kanzleien war Kassendirektor Franz Joseph Baron Toussaint, der, wie alle in der Wallnerstraße Beschäftigten, um ein Vielfaches besser entlohnt wurde als die Staatsdiener. Das hat selbstredend zu Groll und Neid und bösem Blut Anlaß gegeben. Toussaint zum Beispiel verdiente 4000 Gulden jährlich plus 1000 Gulden Spesen. Zum Vergleich: Ein Generalfeldmarschall erhielt 1075, ein Feldmedicus 111, ein einfacher Grenadier 2 Gulden Jahressold.

Natürlich rankten sich um das Kaiserhaus allerlei Gerüchte, deren harmlosestes besagte, daß es einen unterirdischen Gang zum Kohlmarkt gäbe, über den entweder hochverräterische Freimaurer oder lose Damen ungesehen ein- und ausgehen konnten. Sogar von einem unehelichen Kind wurde gemunkelt, das, nebst zwanzig Millionen Gulden, im Keller verborgen gewesen sein soll, ehe man es nach Krems an der Donau zu Zieheltern gebracht hätte.

Selbstverständlich waren in den Kellern des Kaiserhauses weder außereheliche Sprößlinge noch Goldgulden verborgen. Die Phantasie des Volkes entzündete sich eben an zwei Gegebenheiten, die beim besten Willen nicht zu verbergen waren: Der Kaiser war ein Freund der Damenwelt und die Kaiserin von fast pathologischer Eifersucht besessen.

Seit nun mehr als zwei Jahrhunderten wird gegrübelt, wieweit Franz Stephan vom Pfad der ehelichen Tugend abgewichen sein mag. Wenn man sich auf die Berichte der Zeitzeugen verläßt, die es eigentlich am besten wissen mußten, hat er ihn wahrscheinlich nie, oder fast nie, verlassen. Nicht weil er nicht wollte, sondern vor allem, weil es ihm unmöglich war.

Carl Freiherr von Fürst, ein preußischer Diplomat, schreibt: »Die Damen, die er auszeichnet, sodaß er sie zuweilen besucht, sind die Fürstin Dietreichstein, die Gräfinnen Tarouca, Daun, Losi ... Überhaupt ist er gegen das schöne Geschlecht zuvorkommend, und er liebt es sogar ... Der Kaiser ist gut beobachtet, er würde gar nicht imstande sein, eine Untreue gegen die Gemahlin zu begehen ...«

Otto Graf Podewils, Preußens Gesandter, der neben Khevenhüller die präzisesten Auskünfte über die Interna des Wiener Hof- und Gesellschaftslebens gibt (Klatschgeschichten eingeschlossen), berichtet: »Es steht fest, daß die Kaiserin sehr eifersüchtig ist und alles auf der Welt tut, um zu verhindern, daß er irgend ein Verhältnis anknüpft ... Dieser hat einen Hang zu Frauen. Er veranstaltet heimlich galante Soupers mit ihnen, aber die Eifersucht der Kaiserin nötigt ihn, sich darin zu beschränken. Sobald sie bemerkt, daß er irgend einer Frau den Hof macht, schmollt sie und macht ihm das Leben so unangenehm wie möglich. Außerdem verbietet ihm sein gütiger Charakter, irgend jemanden der rachsüchtigen Laune dieser Fürstin auszusetzen, die diese Art der Beleidigungen selten vergißt ... (sie hat) überall um die Person des Kaisers ihre Spione.«

Nicht nur der Kaiser wurde ständig bespitzelt, auch ansonsten pochte Maria Theresia mit zunehmendem Alter nahezu manisch auf Tugend und Anstand. Wieso sich die notorisch lebens- und liebeslustige Frau allmählich in einen Moralengel mit flammendem Schwert verwandelte, ist schwer erklärbar.

»Die Kaiserin ... tritt jeden Grad von Galanterie mit dem Gewicht ihres Mißfallens nieder. Wenn es bekannt wird, daß eine Frau vom Stand schwach wird, kann diese Dame sicher damit rechnen, einen Befehl zu erhalten, Wien zu verlassen ... In keiner europäischen Hauptstadt wird soviel Anstand bei ... Herzensverbindungen beachtet wie in Wien. Diese Vorsicht ist notwendig, um die Augen der Kaiserin nicht auf sich zu ziehen«, schreibt Nathaniel Wraxall, ein englischer Reiseschriftsteller.

Durch Khevenhüller ist belegt, daß man Frauen von den Maskenbällen »wegen der geringsten Ungebühr nicht nur alsogleich wegschaffen, sondern sogar in Arrest legen« ließ. Die Kaiserin habe »puncto sexus sehr geschärfte Ordres ausgeben lassen und eine besondere Kommission eingesetzt, welche lediglich darauf sehen mußte, damit alle heimlichen Zusammenkünfte gehindert oder gestört würden«.

Dies war die Geburtsstunde der berüchtigten »Keuschheitskommission«, über die ganz Europa lachte, der aber nur ein kurzes Leben beschieden war. Im tugendsamen Übereifer hatten sich die Büttel zu oft vergriffen, indem sie Männer von höchstem Adel oder ehrsame Eheleute wegen »ungebührlichen Verhaltens« belästigt oder gar verhaftet hatten.

In geheimnisvolles Dunkel ist noch immer die Beziehung Franz Stephans zur Fürstin Wilhelmine Auersperg gehüllt, die manche Historiker ungeniert als des Kaisers Maitresse bezeichnen. Wieder nach den Berichten der Leute, die ganz nahe dabei waren, ist die Dame nicht zweifelsfrei einzuordnen. Ohne Zweifel steht nur fest, daß die junge Schöne den Kaiser weidlich ausgenützt hat.

Nathaniel Wraxall gibt uns ein anschauliches Bild von ihr: »Ihre Schönheit war so groß, daß niemand mit ihr zu konkurrieren wagte, ihre Liebenswürdigkeit so einschmeichelnd, daß ihr niemand widerstehen konnte. Sie erweckte Liebe, ohne bei ihrem eigenen Geschlecht Eifersucht zu entfachen, und sie machte sich keine Feinde, weil sie nie zu spotten oder lächerlich zu machen suchte ... Ihr Herz war von Natur aus uneigennützig, war ebenso zärtlich wie hingebend. Ihre Spielwut ... war groß ... ihre Verschwendungssucht beispiellos. Nur ein kaiserlicher Liebhaber konnte solchen Begehrlichkeiten Genüge leisten ... Sein

Rang, seine Aufmerksamkeiten, seine Geschenke räumten die ersten Hindernisse weg, aber ihre Unbeständigkeit schloß ihn vom alleinigen Besitz ihres Herzens aus. Nichtsdestoweniger blieb ihr (der Kaiser) fortwährend zugetan.«

Der achtundvierzigjährige Franz Stephan und die neunzehnjährige Wilhelmine dürften einander im Juni 1756 während einer gemeinsamen Kutschenfahrt zur Hochzeit von Khevenhüllers Tochter Peperl nähergekommen sein. Sie kannten einander seit Wilhelmines Kindertagen, denn ihr Vater, Graf (später Fürst) Wilhelm Neipperg, war einer von Franz Stephans Erziehern und später Kriegskamerad gewesen. Wilhelmine war wenige Wochen vor ihrem 19. Geburtstag die Frau des Kammerherrn Fürst Johann Adam Auersperg geworden. Ihre stattliche Mitgift brachte sie binnen Jahresfrist, meist am Spieltisch, durch.

Das nächste Mal hören wir im Winter von den beiden, da sie gemeinsam an einer Schlittenfahrt teilnehmen, und der Kaiser, laut Khevenhüller, »sich noch für keinen alten Herren declariret« hat. Was immer damit gemeint sein mag, Maria Theresia muß auch einiges gehört haben. Zur nächsten Schlittenfahrt wurde Wilhelmine nicht mehr eingeladen, »obschon gewisse Leute alles angewendet, um sie mit hineinzubringen« (Khevenhüller).

Im Sommer 1759 finden wir die Auersperg auf der Gästeliste der »Laxenburger Kompanie«, das heißt in jener Gesellschaft, die Jahr für Jahr einige Wochen mit dem Kaiserpaar in dieser ländlichen Residenz verbrachte. Bis dahin waren der Fürst und die Fürstin niemals gebeten gewesen. Als sich die Hofgesellschaft einigermaßen vom Staunen erholt hatte, folgte bereits die nächste Überraschung: Der Kaiser schenkte den Auerspergs ein elegantes Sommerhaus in unmittelbarer Nähe des Schlosses.

Es gibt keinen Hinweis, wie Maria Theresia auf dieses mehr als provokante Präsent reagierte – das sie, nach Franz Stephans Tod, für einen von Wilhelmine geforderten, unverschämt hohen Preis zurückgekauft hat.

Nirgendwo ein handfestes Indiz, ob Wilhelmine wirklich die Geliebte des Kaisers war, oder ob sie ihn nur ausgebeutet hat.

Selbst ein freimütiger Brief, den die früh verstorbene erste Ehefrau Josephs, des ältesten Kaisersohnes, an ihre Schwägerin Maria Christine geschrieben hat, läßt Deutungen in beide Richtungen zu. Isabella von

Parma schreibt: »Der Kaiser ist ... ein redlicher Mann, und sein Herz ist gut, man kann auf ihn zählen als auf einen wahrhaften Freund. Aber man muß sich hüten vor seiner Willfährigkeit, Leuten Gehör zu schenken, welche in keiner Weise die gütige Gesinnung verdienen, welche er für sie hegt. Die Fürstin Auersperg ist die, von der ich rede. Du weißt oder weißt vielleicht nicht, wieviel sie über ihn vermag.«

Sehr selten sah man Franz Stephan und Wihelmine gemeinsam in der Öffentlichkeit, und dann ausschließlich in größerer Gesellschaft. Nur manchmal schlich er im Burgtheater während der Vorstellung in ihre Loge, wo er im Dunkel des Hintergrunds reglos sitzen blieb. Trotzdem wußten alle von seiner Anwesenheit: das leise, für ihn charakteristische Hüsteln, das mit den Jahren immer quälender wurde, verriet ihn.

Dieses Hüsteln verrät aber auch dem heutigen Mediziner, daß Franz Stephan zunehmend an Lungenstauungen, hervorgerufen durch eine Herzkrankheit, gelitten haben muß. Nicht das Herz allein machte ihm zu schaffen. Etwa ab dem Jahre 1746, kurze Zeit nach seiner Krönung zum deutschen Kaiser, berichtet Khevenhüller von »Kopfzuständen, indem ihm das viele Geblüt Schwindel verursacht, den Atem verlegt und ihn oft ganze Nächte nicht schlafen läßt.«

Die »Zustände« kamen und gingen. Aber langsam, schleichend, begann sich Franz Stephans sonniges Gemüt unumkehrbar zu verdüstern. Er wurde mit der Zeit schweigsamer, schwermütiger.

Mehr als hundert Jahre nach seinem Tod hat Alfred Ritter von Arneth, Leiter des Haus-, Hof- und Staatsarchivs, in seiner bis heute unübertroffenen, zehnbändigen Maria-Theresia-Biographie die Ursache all dieser Übel herausgearbeitet: »So innig sie (die Kaiserin) ihn liebte, so wenig scheint sie der Richtigkeit und Schärfe seines Urteils, der Zweckmäßigkeit seiner Ratschläge Wert beigelegt haben ... Man würde sich jedoch ungemein täuschen, wenn man sich dem Glauben hingeben wollte, daß Franz das Demütigende einer solchen Stellung nicht schmerzlich empfunden und daß er aus eigenem Antrieb seine Vergnügungen den Staatsgeschäften vorgezogen hätte ... Die Unzufriedenheit, die er darüber empfand, mag wohl die Hauptursache jener Schwermut gewesen sein, deren er sich allmählich immer weniger zu erwehren wußte.«

Otto Graf Podewils war erst siebenundzwanzig Jahre alt, als er zum preußischen Gesandten am Wiener Hof ernannt wurde, wo er von 1746 bis 1751 wirkte. Seine Berichte an Friedrich II. über Franz Stephan und Maria Theresia atmen die Unbekümmertheit der Jugend, verraten aber eine erstaunlich reife Urteilsfähigkeit. Diese Beobachtungen erhellen die kritischen Punkte in der Beziehung zwischen dem Paar, und sie sagen Wesentliches über die Charaktere der beiden aus.

Hier einige Zitate:

»Sie liebt den Kaiser aufrichtig, aber sie verlangt auch große Anhänglichkeit ... Als Beweis dafür sieht man unter anderem den geringen Einfluß an, den er, trotz ihrer Liebe, auf ihren Geist hat ... Eines Tages, während einer Konferenz, habe die Kaiserin ihre Meinung sehr nachdrücklich gegen die Auffassung ihrer Minister verteidigt; als dann der Kaiser seine Ansicht äußerte, habe Maria Theresia ihm recht scharf Schweigen geboten, wobei sie ihm zu verstehen gab, er möge sich nicht in Angelegenheiten mischen, von denen er nichts verstehe.«

»Diese Herrscherin und ihre Minister lenken ihn sogar in den Angelegenheiten des Reiches ... Es ist sehr wahrscheinlich, daß der Kaiser – wenn man rechtzeitig daran gedacht hätte, seine Trägheit zu bekämpfen und seinen Geist an ernste Aufgaben zu gewöhnen – sehr geeignet gewesen wäre, zu regieren und die Staatsgeschäfte zu führen. Die Finanzangelegenheiten versteht er vorzüglich ... Er hat sie in seinen Staaten sehr gut geordnet.«

»Sein Charakter ist außerordentlich sanft, und ich habe nie gehört, daß er sich jemals habe vom Zorn hinreißen lassen. In den kleinen Streitigkeiten, die zwischen ihm und der Kaiserin vorkommen, ist es gewöhnlich er, der nachgibt und entgegenkommt. Er haßt den Tratsch und möchte, daß alle gut miteinander auskommen. Er ist fähig, Freundschaft und Anhänglichkeit zu empfinden.«

»Sein Wohlwollen ist ... wenig wert für das Glück derer, die er damit beehrt, weil er geringen Einfluß besitzt ... Wenn er an Konferenzen teilnimmt, geschieht es der Form halber, und obwohl er dort manchmal gute Ratschläge gibt, schenkt man ihm recht selten Beachtung.«

»Er ist sparsam, ohne daß ihn jemand des Geizes beschuldigen könnte. Er liebt in seinen Angelegenheiten die Ordnung.«

»In der Öffentlichkeit ist er wenig geschätzt und nicht beliebt. Dazu trägt vor allem, glaube ich, seine Herkunft bei, die Neigung für die Franzosen, die man bei ihm vermutet, weil er sich keinen Ruhm daraus macht, sie zu hassen ... Er liebt den Krieg nicht und ist jetzt noch überzeugt, wenn man ihn beenden könnte, sollte man nicht zögern, ... gewisse Zugeständnisse zu machen, um sich den Verwicklungen zu entziehen.«

Ein sanfter, ein guter, ein friedfertiger Mensch also, welcher der starken Frau, die er liebte, nicht gewachsen war und der den einzigen Trumpf ihr gegenüber nicht nutzte: seine erotische Anziehungskraft. Dank Podewils ist ein Gespräch wortwörtlich überliefert, das Franz Stephan mit einem seiner lothringischen Freunde, einem Oberst Rosière, einmal geführt hat.

Nachdem der Kaiser ihm sein Herz geöffnet und berichtet hatte, welche Schwierigkeiten es mit der Kaiserin gab, meinte Rosière: »Sire, erlauben Sie mir zu sagen, daß Sie die Kaiserin falsch behandeln. Wenn ich an Ihrer Stelle wäre, würde ich sie wohl zwingen, sich mit mir besser zu stellen, und ich würde sie so schmiegsam wie einen Handschuh bekommen.«

Franz Stephan: »Wie denn?«

Rosière: »Ich würde getrennt schlafen.«

Kurze Zeit später hat Goethe diesen Rat in quasi »satanische Verse« gegossen, wenn er Mephisto sagen läßt: »Besonders lernt die Weiber führen;/Es ist ihr ewig Weh und Ach/So tausendfach aus *einem* Punkte zu kurieren.«

Franz Stephan tat nichts dergleichen, und zu allem Überdruß erfuhr nicht nur Podewils, sondern auch die Kaiserin von dieser Unterhaltung. Rosières Bleiben am Wiener Hof war nicht länger, er mußte schleunigst den Dienst quittieren.

»Er ist ein Ehrenmann, unfähig, sein Wort zu brechen. Er ist ein Wohltäter und human, kennt keinen leidenschaftlichen Haß und würde, wenn es von ihm abhinge, jedermann glücklich machen ... Er ist ein guter Vater und liebt seine Kinder sehr.« (Podewils.)

Die Liebe zu den Kindern, der Wunsch, diese so wie alle anderen Menschen glücklich zu machen, ließ ihn ordentlich vorsorgen – zumindest für die Söhne tat er, was in seinen Kräften stand. Für die Mädchen hat er sich zwar auch sehr interessiert – besonders seine Älteste, Maria Anna*, die wenigst geliebte Tochter Maria Theresias, stand seinem Herzen nahe – aber am Geschick der Töchter gab es wenig zu gestalten: Sie

* Siehe: Thea Leitner, Habsburgs vergessene Kinder, Kapitel »Aschenbrödel«.

mußten heiraten oder ins Kloster gehen, falls sich keine passende Partie fand.

Sein Ältester sollte und mußte die Kaiserkrone tragen, so wie er, und das war am sichersten zu erreichen, wenn der Junge, solange der Vater noch lebte, die Würde des römischen Königs erlangte. Die deutsche Kaiserkrone würde dann nach Stephans Tod automatisch nachgereicht.

Franz Stephan hatte zu Hause wenig zu vermelden, erwies sich aber als geschickter Verhandler mit den Kurfürsten. Sie stimmten seinen Plänen zu.

Die Krönung fand mit dem üblichen Gepränge am 3. April 1764 in Frankfurt am Main statt; der in seiner Leibesfülle fast erdrückend wirkende Kaiser und der schmale, dreiundzwanzig jährige Joseph an seiner Seite, die mächtige Königskrone auf dem Kopf, boten ein zugleich rührendes wie leicht komisches Bild.

Während der Festtafel im Römer erbleichte Franz Stephan mit einem Mal, erhob sich und wankte zum Fenster. Man brachte ihm einen Stuhl, er setzte sich für einige Augenblicke, bekam wieder Farbe ins Gesicht und sagte, es sei nichts, er fühle sich schon besser. Eineinhalb Jahre später war er tot ...

Nachdem für den Erstgeborenen alles geregelt war, plante Franz Stephan ebenso vorbildlich für den nächsten Sohn. Er verzichtete zugunsten Leopolds auf die Herrschaft in der Toskana, und er bewog Joseph, seine Ansprüche auf den Thron des Großherzogtums zugunsten des jüngeren Bruders aufzugeben. Er tat es, aber er tat es nicht sehr gern.

Wohl wissend, daß es nicht gut ist, wenn ein Achtzehnjähriger im noch fremden, neuen Heimatland Versuchungen aller Art ausgesetzt ist, wurde beschlossen, Leopold stante pede zu verheiraten. Die Braut war glücklicherweise schon längst gefunden. Ursprünglich Leopolds Bruder Karl zugedacht, wurde sie sofort weitergereicht, nachdem Karl, sechzehnjährig, 1761 gestorben war.

Sie hieß Maria Ludovica, war Tochter des spanischen Königs Karl III., litt an Epilepsie, und es ging ihr der Ruf voraus, »häßlich und ältlich« auszusehen, obwohl sie nur zwei Jahre älter als der Bräutigam war. Um den Ort, wo die Hochzeit stattfinden sollte, gab es viel aufgeregte Korrespondenz zwischen Wien und Madrid, da der Brautvater nicht bereit war, einer Trauung in Wien zuzustimmen. Er fürchtete, so hieß es, um die Moral seiner Tochter in der lockeren Weltstadt. Wie er auf diesen abwegigen Gedanken gekommen ist, wurde nicht überliefert.

Man erwog, die Trauung in Graz zu vollziehen, das für die Habsburger, oder in Mailand, das für die Spanier bequem zu erreichen gewesen wäre.

Maria Theresia entschied sich für Innsbruck – zur Verwunderung ihrer Minister und zum Entsetzen Franz Stephans, der sich in Tirol niemals wohlgefühlt hatte. Er fürchtete den Föhn in Innsbruck, und die erdrückende Nähe der Berge machte ihm angst. »Oh, wenn ich doch aus diesen Tiroler Bergen herauskäme«, hat er einmal geklagt.

Alle Einwendungen fruchteten nichts. Ohne irgendwelche Gründe zu nennen, beharrte »der König«: »Es bleibt bei Innsbruck, wie wir resolvieret haben. Es sind wichtige Ursachen, die mich tendieret haben.« Khevenhüller, ratlos: »Sicher ist, daß niemand begreifen kann, warum diese Frau wider des Kaisers und der Minister Willen und Rat diese weite Reise unternehmen wollte ...«

Am 4. Juli 1765 brach die Gesellschaft in einer endlosen Kolonne von Kutschen und begleitenden Reitern auf. In einem Wagen saß der sichtlich vergrämte und übel gelaunte Kaiser samt Kaiserin, im nächsten die beiden Söhne Joseph und Leopold, die einander nicht besonders gewogen, und im dritten die Töchter Maria Anna und Maria Christine, die einander spinnefeind waren. Die Stimmung hätte gedrückter nicht sein können, und Khevenhüller hatte böse Vorahnungen.

Im flotten Tempo ging es nach Graz-Eggenburg, wo man schon nach achtzehn Stunden ankam. Audienzen folgten auf Jagden und Messen und Besichtigungen und üppige Tafeln in großer Gesellschaft. So ging es auf der ganzen Strecke über Klagenfurt, Lienz und Brixen. (Der viel kürzere Weg über Salzburg war nicht gewählt worden, da die Stadt und das sie umgebende Land damals noch nicht zu Österreich gehörte.)

Endlich, am 15. Juli, Ankunft in Innsbruck, wo seit Tagen extreme Temperaturen herrschten, verschärft durch feuchte Schwüle. Noch am selben Abend gab es einen übervollen Empfang für in- und ausländische Delegationen. Maria Theresia zog sich zum frühestmöglichen Zeitpunkt zurück, der Kaiser hielt tapfer bis in die späten Nachtstunden durch.

Auch in den nächsten Tagen häuften sich die Veranstaltungen, bei denen der Kaiser zu repräsentieren hatte – aber er schien sich prächtig zu fühlen, keine Spur ein alter Mann: Die kleine Auersperg hielt sich, wenn schon nicht in Reich-, so doch in Rufweite auf, obwohl sie nicht zum Gefolge des Herrscherpaares gehörte. Ihr Mann und sie waren gegen »Reißgeld (Reisegeld) auf eigene Hand« nach Innsbruck gekommen, vermutlich über Drängen der jungen Frau.

Die spanische Braut befand sich indessen auf dem Weg von Genua nach Bozen, wohin ihr der Bräutigam und sein Vater entgegenreisten. Maria Ludovica war wesentlich hübscher und anmutiger als befürchtet, und nichts schien einem glücklichen, alle Beteiligten zufriedenstellenden Ende im Wege zu stehen. Aber die schlimmen Omen begannen sich zu mehren.

Leopold stand am 5. August die Trauungszeremonie mit Mühe durch, denn er wurde von ständigen »Abweichungen« geplagt, das heißt, er litt an schweren Durchfällen. Die Frischvermählten mußten die Hochzeitsnacht in getrennten Schlafräumen verbringen.

Die Festbeleuchtung des Triumphbogens zu Ehren des Brautpaares schien, laut Khevenhüller, wie für eine Totenfeier gemacht, das Feuerwerk fiel einem gewaltigen Platzregen zum Opfer, und die Messe am folgenden Morgen wurde allen Besuchern durch die Predigt vergällt: Von nichts anderem als der ständigen Nähe des Todes war darin die Rede, der jeden jederzeit vor den Thron des HERRN holen könnte.

Am 13. August verhaspelte sich der Kaiser hilflos, als er bei der Verleihung des Goldenen Vlieses die schon dutzendfach wiederholte Eidesformel hersagen sollte, und am Morgen des 18. August zeigte sich Maria Theresia besorgt: Ihr Mann hätte während der Nacht »Oppressionen der Brust und Wallungen« gehabt.

Franz Stephan lehnte einen Aderlaß ab. Bei Tisch wirkte er aufgeräumt und plauderte lebhaft mit verschiedenen Menschen, darunter ein simpler Tiroler Kaufmann, »wie er sich bekannter Massen mit dergleichen Leuthen gerne unterhalten hat«, bemerkte Khevenhüller säuerlich.

Nachmittags besuchte der Kaiser eine Komödie von Goldoni, anschließend ein Ballett, ging zu Fuß vom Theater zurück zur Burg und verabschiedete sich von seinen Begleitern: Er wollte kurz seiner Gemahlin eine gute Nacht wünschen, später werde man einander beim Souper treffen. Allein betrat er das Gebäude, nur zufällig war Joseph ganz in der Nähe, und er sah, wie der Vater plötzlich schwankte, sich an einen Türstock lehnte – genau vor jenem Zimmer, in dem sechsundachtzig Jahre zuvor Herzog Leopold von Lothringen geboren worden war. Joseph eilte hinzu, bot seine Hilfe an. Doch der Vater winkte ab. Es sei nichts.

Doch blieb Joseph in der Nähe, und er kam gerade noch zurecht, den stürzenden Vater vor der nächsten Tür aufzufangen, die zu einer Lakaienstube führte. Joseph schrie um Hilfe. Diener eilten herbei, hoben den Bewußtlosen auf das Bett des Lakaien; aber als endlich ein Arzt zur Stelle war, hatte Franz Stephan bereit zu atmen aufgehört.

Maria Theresia war von Herzen unglücklich. Sie machte sich bittere Vorwürfe, daß sie ihren Mann gegen seinen Willen nach Innsbruck geschleppt hatte. Sie ließ ihr prachtvolles Blondhaar abschneiden, sie verschenkte ihren Schmuck, sie trug bis an ihr Lebensende Trauerkleidung. Aber zur Beerdigung ihres Mannes erschien sie nicht.

Niemand von der Familie ließ sich blicken, weder als das Herz in der Augustinerkirche noch als die Eingeweide in St. Stephan und der restliche Leichnam in der Kapuzinergruft beigesetzt wurden. »Dieser Umstand hat zu einigen Ausstellungen Anlaß gegeben«, bemerkt Khevenhüller.

Maria Theresia hatte erklärt, es schicke sich für die Familie nicht, zur Beerdigung zu gehen, da ihre Schwiegertocher, Josephs zweite (ungeliebte) Frau Maria Josepha möglicherweise schwanger sei. Es war ganz klar, daß dies eine höchst fadenscheinige Ausflucht war – eine Ausflucht wozu und wofür?

Viel Schmeichelhaftes, Ehrendes, Falsches ist postum über den Toten gesagt und geschrieben worden, denn alle hätten ihn wegen seiner Ehrlichkeit und Leutseligkeit geliebt, schreibt Khevenhüller. Sein privater Nachruf findet sich im Tagebuch: »... man hegte die für ihn schmeichelhafte Meinung, daß ohne ihn die allgemeine Verwirrung noch viel größer gewesen wäre. Er habe, obwohl er nicht soviel Einfluß auf die Königin gehabt, die Übel abzuwenden, doch des öfteren Mittel gefunden, selbe zu mildern ... Allein ... es fehlte ihm an der nötigen Festigkeit, um den immer hitzigen Ausbrüchen seiner Gemahlin gehörigen Widerstand zu leisten.«

In »Ketten aus Rosen«

Victoria 1819–1901 und Albert 1819–1861

God save sweet Vic, mine Queen,
Long live my little Queen,
God save the Queen.
Albert ist victorious,
De Coburgs are glorious,
All so notorius,
God save the Queen.
...
Mine Vic voted today
To honour and obey,
And I will have the sway –
Albert the King.*

Diese Verballhornung der englischen Hymne war noch eine der harmloseren Attacken auf den zwanzigjährigen Prinzen Albert von Sachsen-Coburg-Gotha, als er im Januar 1840 nach London kam, um seine gleichaltrige Cousine, Königin Victoria, zu heiraten. Die Engländer konnten Albert nicht leiden, obwohl sie ihn noch gar nicht kannten – und sie konnten ihn noch weniger leiden, nachdem sie ihn näher kennengelernt hatten. Dabei hat er sich doch soviel Mühe gegeben! Vorwiegend

* Gott schütze die süße Vic, meine Königin / lang lebe meine kleine Königin, / Gott schütze die Königin. / Albert ist siegreich, / die Coburger sind glorreich, / Alle so berüchtigt, / Gott schütze die Königin ... / Meine Vic hat heute gelobt, / mich zu ehren und mir zu gehorchen, / und ich werde herrschen – / Albert, der König.

Mühe und Plage: Das war das kurze Leben eines Mannes, der von seiner geistig unterlegenen, an Willensstärke überlegenen Frau vergöttert und beherrscht wurde...

Sachsen-Coburg-Saalfeld (seit 1831, nach einer Erbschaft, Sachsen-Coburg-Gotha) war eines jener Miniatur-Herzogtümer von lediglich lokaler Bedeutung, die eigentlich in der Weltgeschichte nicht das geringste zu suchen hatten. Das nicht einmal zusammenhängende, aus vielerlei Flickwerk bestehende Staatsgebiet zwischen Nordfranken und Thüringen umfaßte rund 1900 Quadratkilometer und zählte weniger als 200 000 Seelen. Die Hauptstadt Gotha mit ungefähr 6000 Einwohnern war kaum mehr als ein großes Dorf.

Daß »die Coburger« heute auch historisch wenig Gebildeten ein Begriff sind, verdanken sie einer Frau. Diese energische, tüchtige und weit vorausblickende Auguste von Sachsen-Coburg-Saalfeld, geborene Gräfin Reuß-Ebersdorf, stand mit ihrer geschickten Heiratspolitik am Anfang des kometenhaften Aufstiegs eines minderrangigen Geschlechts. Sie war mit dem Herzog Franz Friedrich verheiratet, einem freundlichen, mittelmäßig begabten Herrn, der seiner Frau nicht dreinredete und fünfundzwanzig Jahre vor ihr das Zeitliche segnete. Auguste gebar sieben Kinder. Jedes einzelne von ihnen gelangte aus der fast kleinbürgerlichen Enge des Coburger Hofes in die Zentren europäischer Macht. Eine Tochter heiratete einen Sohn Katharinas der Großen, eine andere den hervorragenden österreichischen Heerführer Graf Mensdorff-Pouilly, eine den Herzog von Württemberg und die jüngste den Bruder des englischen Königs.

Der älteste Sohn, Herzog Ernst I., übernahm die Regierung im Heimatland, der nächste verband sich mit einer steinreichen ungarischen Fürstin, und der Jüngste gewann die Hand der englischen Thronfolgerin – nach deren frühem Tod Belgiens Krone. Mehr konnte sich ein Mutterherz nicht wünschen ...

Für unsere Geschichte wichtig ist zunächst nur Herzog Ernst I., der ein ordentlicher Landesvater, aber auch ein rechter Schwerenöter war. Erst 1817, im Alter von dreiunddreißig Jahren, konnte er sich, von der Mutter gedrängt und da er schließlich einen Erben brauchte, zur Heirat aufschwingen. Klugerweise nahm er seine Cousine, Louise von Sachsen-Gotha-Altenburg, die ihm die Herrschaft über Gotha einbringen sollte. (Daher auch nach Louises Tod der Name Sachsen-Coburg-Gotha.)

Sie war erst sechzehn, eine liebreizende Kind-Frau. Zumindest am Anfang der Ehe vermochte sie den flatterhaften Gemahl ganz für sich einzunehmen, und sie genoß es, »Frau Herzogin« zu spielen. »Unser Leben ist das anmutigste der Welt«, schrieb sie nach Hause.

Zur allgemeinen Zufriedenheit kam die Kleine planmäßig in andere Umstände. Sie war hochschwanger, als in Coburg eine weitere bedeutsame Hochzeit stattfand: Louises Schwägerin Victoire, verwitwete Fürstin von Leiningen, heiratete den einundzwanzig Jahre älteren Herzog Edward von Kent, von dem seine Schwiegermutter sagte, er sei »für sein Alter« (einundfünfzig!) noch »ein schöner Mann«. Es war für Coburg ein geradezu epochales Ereignis, denn Edward war kein Geringerer als der Bruder des englischen Regenten, des späteren Königs Georgs IV. In der Thronfolge rangierte er auf Platz vier – keine sehr aussichtsreiche Position, aber man konnte nicht wissen ...

Drei Wochen später, am 21. Juni 1818, gebar Louise ihr erstes Kind, einen Sohn, der nach dem Vater Ernst getauft wurde. Erstaunlich an dieser Geburt war die Tatsache, daß sie von einer Frau medizinisch betreut wurde, Dr. Charlotte von Siebold, die bis 1817 in Göttingen studiert hatte. Louise war ihre erste prominente Patientin.

Die zweite wurde Louises Schwägerin Victoire, Herzogin von Kent, die sie am 24. Mai 1819 in London von einer Tochter entband: Victoria. Dieses Baby stand in der englischen Thronfolge an der fünften Stelle.

Bereits im August fand sich Dr. Siebold wieder in Coburg ein, um am 26. dem zweiten Kind Louises in diese Welt zu helfen. Wieder war es ein Junge, und sie nannten ihn Albert.

Es gab nicht wenige Leute, die sich über Alberts Geburt wunderten, denn sein Vater, Herzog Ernst I., hatte sich längst aus dem ehelichen Schlafzimmer verabschiedet, das er nur sporadisch besuchte, weil ihm ein Sohn zu wenig war. Die Kindersterblichkeit war groß in jenen Tagen.

Schon lange vor ihrer Niederkunft wurde Louise trübsinnig, fühlte sich »einsam und verlassen«, fand die Welt »öde und leer«, stellte die rhetorische Frage: »Ist es denn ein Verbrechen, seinen Mann liebzuhaben?«

Als Ernst geboren wurde, war Louise noch ausschließlich mit seinem Vater beschäftigt. Albert kam gerade zur rechten Zeit, um sie über die abweisende Kälte des Ehemanns hinwegzutrösten. »Er ist ein kleiner

Engel mit blauen Augen, einer schönen Nase und einem kleinen Mund und Grübchen in den Wangen. Er ... lacht immerzu«, schreibt Louise, die fortan ihre beste Freundin in Gotha ausführlich und detailverliebt über die Fortschritte ihres Herzensbübchens unterrichtet.

»Albert betet seinen Onkel an ... ist zärtlich mit ihm, umarmt ihn alle Augenblicke«, heißt es in einem anderen Bulletin. Die Rede ist von Louises Schwager Leopold, der zu Besuch in Coburg weilte und großen Eindruck auf den Jungen gemacht haben muß – den leiblichen Vater bekam er ja kaum je zu Gesicht. Dies war der Beginn einer langen Beziehung zwischen Onkel und Neffen, die Alberts Leben entscheidende Wendungen geben sollte.

Auch aus anderer Quelle werden wir penibel über den heranwachsenden Knaben unterrichtet. Großmutter Auguste schreibt ihrer in England lebenden Tochter Victoire alles über Alberts Befinden, wobei sie häufig Vergleiche zwischen ihm und der englischen Enkelin Victoria zieht. Er sei »das Seitenstück zu seiner hübschen Cousine, sehr hübsch, aber für einen Knaben zu zart, sehr lebhaft und komisch, gutmütig und voll Schelmerei«.

Zart und gutmütig ist er immer geblieben. Die Lebhaftigkeit, den Hang zur Schelmerei, hat er bald verloren. Und das hing, so läßt sich vermuten, mit der tiefgreifenden Krise im Elternhaus zusammen, die ein sensibles Kind schwer belasten mußte.

Noch immer jagte der Vater jedem Weiberkittel nach, die Mutter war unglücklich zum Steinerweichen. Und dann ereignete sich noch der Skandal mit den »Memoiren einer jungen Griechin«. Ein Pamphlet, gespickt mit Enthüllungen über das Intimleben Ernsts und seiner langjährigen Geliebten, die »La belle Grecque« genannt wurde und von ihm einen Sohn hatte. Sie war zwar großzügig abgefunden worden und lebte in Paris, als ihr aber das Geld ausging, verkaufte sie ihre »Memoiren« dem Meistbietenden.

Ob und wann Louise von dieser Geschichte erfahren hat, die Quelle übelsten Klatsches wurde, ist nicht bekannt. Nur: Eines Tages erwachte sie aus ihrer bleichen Lethargie, wurde sich ihrer Jugend und ihrer Schönheit bewußt und suchte nicht mehr gequält das Weite, wenn Männer sie bewunderten.

Nach einigen harmlosen Tändeleien ließ sie sich mit dem Kammerjunker Gottfried von Bülow ein. Die Affäre flog auf, Bülow gab vor einer eiligst einberufenen Untersuchungskommission zu, es sei mit der Frau Herzogin zu »Vertraulichkeiten« gekommen, »zu denen nur die Ehe berechtigt«. Seltsamerweise hatte diese Liebschaft keine unmittelbaren Folgen. Der Kammerjunker entschwand, Louise gelobte Reue und Besserung. Langsam begann Gras über die Angelegenheit zu wachsen.

Alle guten Vorsätze schmolzen dahin, angesichts des schwarzen Lockenkopfes und der feurigen Augen des Hauptmanns Alexander von Hanstein. Jetzt schlug Herzog Ernst mit harter Hand zu. Das bedeutete: Trennung. Louise mußte ihre Mitgift zurücklassen, ihren Schmuck herausgeben. Die Kinder durfte sie nie mehr sehen. Schließlich wurde die Ehe geschieden.

Louise heiratete ihren Liebhaber, den ein gütiger Onkel noch rasch zum Grafen von Poelzig gemacht hatte. Sie ging, nur einunddreißig Jahre alt, elendiglich an Gebärmutterkrebs zugrunde. Die meisten sahen darin eine gerechte Strafe Gottes. Scheinbar war der HERR immer nur dazu berufen, die Frauen zu strafen, die Männer aber für ihre üblen Taten zu belohnen. Ernst, der stets ein sexuell ausschweifendes Leben geführt hatte, bekam nach Louises Tod Gotha, heiratete eine bildschöne, blutjunge Frau, betrog auch sie, war glücklich und wahrscheinlich frei von allen Gewissensqualen.

Wirklich gelitten hat nur Albert, der viel weniger robust war als sein Bruder Ernst. Als die Mutter aus dem Haus gejagt wurde, hatten beide Kinder Keuchhusten. Sie fragten, warum die Mutter weinte. Man erklärte ihnen, Mama müßte fortgehen, weil die Kinder krank wären, und darum sei sie traurig. Dann wurde die Mama nicht mehr erwähnt, und der gefühlvolle Albert wird sich gefragt haben, ob er daran Schuld trüge, daß sie nie mehr wiederkam.

Er war, wir wissen es aus den Briefen der Großmutter, von klein auf fröhlich, zart und anfällig, dann aber, nach Louises Verschwinden, nur noch zart und anfällig: immer wieder Nasenbluten, immer wieder Halsentzündung, immer wieder Magenschmerzen und sehr oft quälende Migräne. Beim geringsten Anlaß brach er in Tränen aus: wenn es im Zimmer zu dunkel war, wenn er stark husten mußte, wenn er glaubte, im Unterricht versagt zu haben.

Eine weitere Eigentümlichkeit bildete sich auch bereits in früher Kindheit heraus: Er ermüdete rasch, nach neun Uhr abends konnte er sich kaum mehr auf den Beinen halten. Diese »Schwäche« wird ihn sein ganzes Leben belasten.

Ab Alberts fünftem und Ernsts sechstem Lebensjahr befanden sich die Brüder in der Obhut des Theologen und Philosophen Christian Florschütz, der die beiden durch fünfzehn Jahre vorbildlich betreute, ihnen Vater, Lehrer und Freund zugleich war.

Sie bewohnten das Schlößchen Rosenau, außerhalb der Stadt inmitten schöner Gärten und Wiesen gelegen. In einer Kammer schliefen alle drei zusammen, das Studierzimmer war winzig, der »Hofstaat« lächerlich klein: ein Diener und eine Frau, die den Haushalt besorgte.

Mit großem Einfühlungsvermögen ging Florschütz auf seine Schüler ein; er verstand es, ihre positiven Seiten zu fördern und zu fordern – was besonders bei Albert nicht schwerfiel, denn er war ein ernsthafter und strebsamer Junge. Bereits mit elf Jahren nahm er sich vor: »Ich will an mir arbeiten, um ein guter und nützlicher Mann zu werden.« Seinem Charakter entsprechend können wir diesen frommen Spruch durchaus für bare Münze nehmen und nicht als Liebedienerei vor dem sehr verehrten Lehrer betrachten.

Mit der Zeit wurde er immer stiller, immer ängstlicher, zeitweise hypochondrisch. Florschütz schildert ihn so: schüchtern und dabei – eine seltsame Mischung – oft starrsinnig, uneinsichtig auf seinen Anschauungen beharrend; sportlich begabt, wenn auch nicht sehr ausdauernd; rasch von Begriff, logisch denkend, nüchtern urteilend, außergewöhnlich musikalisch: Albert spielte ebensogut Klavier wie Orgel, frühzeitig begann er zu komponieren.

Er wanderte viel, erfreute sich an der Natur – und das am liebsten allein, stundenlang. Niemals suchte er die Gesellschaft anderer, schon gar nicht die von Frauen – sehr zum Unterschied von seinem frühreifen Bruder, der schon als zarter Jüngling in Vaters Fußstapfen trat. Albert fehlte anscheinend die Mutter, die ihm das Gefühl der Nähe zum weiblichen Geschlecht hätte vermitteln können. Aus eigenem Antrieb war er dazu nicht imstande.

Der Palmsonntag des Jahres 1835 sollte ein Schicksalsdatum in seinem Leben werden. Onkel Leopold erschien zur Konfirmation der Knaben, aber er beschäftigte sich vorwiegend mit dem jüngeren. Wenige Wochen später schrieb er: »Nützlich wäre es für Euch (Albert und Ernst), wenn Ihr für einige Zeit aus Euren gewohnten Verhältnissen her-

Leopold I., König von Belgien, plante die Vermählung seines Neffen Albert mit seiner Nichte, der englischen Thronfolgerin Victoria

ausgerissen würdet ... Am klügsten wäre es, Euch einmal eine Zeitlang zu mir zu schicken, auch damit Französisch und Englisch praktisch könnte betrieben werden.«

Leopold! Der gute Onkel Leopold, Idol aus Alberts Kindertagen, Freund und Mentor fürs Leben.

Eine heroische Aura umgab den Onkel Leopold, gefeierter Held aus den napoleonischen Kriegen. Freund des Zaren Alexander I., den er 1815 nach London begleitete. Dort fand Leopold sein großes Glück: Charlotte, die einzige Tochter und Erbin König Georgs IV., verliebte sich in ihn. 1816 wurde geheiratet – aber nach einem Jahr war die junge Frau tot, zusammen mit ihrem neugeborenen Kind.

Der Witwer blieb in England, wurde als Herzog von Kendal naturalisiert, bezog eine stattliche Rente von 50 000 Pfund jährlich, widmete sich seinen vielfältigen Liebhabereien – und dann, sehr intensiv, seiner Schwester Victoire, Herzogin von Kent, nebst ihrer kleinen Tochter Victoria.

1830 wurde ihm die Krone Griechenlands angeboten, das soeben der türkischen Oberhoheit entronnen war. Er lehnte ab. Ein Jahr später trugen ihm die selbständig gewordenen Belgier den Thron an. Er akzeptierte, und der ehemalige »Prinz aus Krähwinkel« wurde eine Persönlichkeit in der europäischen Politik. Welch eine Karriere! Welch eine Lust für einen Mann, der sich nicht scheute, Macht zu genießen und sie, auch für den eigenen Vorteil, einzusetzen.

Der König der Belgier würde wohl gern über die eigenen engen Grenzen hinaus wirken. Nichts lag also näher, als eine neuerliche Verbindung des Hauses Coburg mit der Dynastie Englands anzustreben. Was schon Jahre zuvor seine Mutter, die alte Herzogin Auguste, für ihre beiden Enkelkinder erträumt hatte – das in die Tat umzusetzen, machte sich Leopold an die Arbeit: Albert und Victoria sollten ein Paar werden!

Um ganz sicherzugehen, daß er die richtige Wahl für seine Nichte getroffen hatte, schickte Leopold seinen Freund und Leibarzt Baron Christian Friedrich von Stockmar nach Coburg, der den jungen Kandidaten einer eingehenden Prüfung unterziehen sollte. Das Ergebnis war zufriedenstellend.

Stockmar gefiel der »schöne Jüngling«, der »äußerlich alles hat, was Frauen gefällt«, dazu, welch ein Glück, »einen gewissen englischen Anstrich« – was immer das gewesen sein mag. Man müsse den Knaben, so

Stockmar weiter, »konsequent« auf seine »künftige Laufbahn hin erziehen ... mit starker Rücksicht auf das so eigentümliche Land und Volk« der Engländer. Wichtig sei, daß Albert die Zuneigung der Prinzessin Victoria noch vor der eigentlichen Bewerbung gewinne.

Leopold beschloß, Albert samt Vater und Bruder nach London einladen zu lassen, aber »der Zweck des Besuches müsse sowohl der Prinzessin als auch dem Prinzen ein Geheimnis« bleiben, »um ihnen die völlige Unbefangenheit zu lassen«. (Stockmar.)

Ehen werden im Himmel geschlossen? Dieser Himmel hatte es eilig. Die beiden Kinder waren knapp sechzehn Jahre alt.

Über die Frau, die ihm zugedacht war, über seine Cousine Victoria, wird Albert nicht allzuviel gewußt haben – außer eben, daß in London eine gleichaltrige Verwandte lebte. Die merkwürdigen Umstände, unter denen die Ehe von Victorias Eltern zustande kam, wird man ihm gewiß nicht erzählt haben.

Nach einer mißglückten militärischen Laufbahn – man hatte Edward Herzog von Kent aus der Armee entfernt, weil er, mehr als damals üblich, in der Behandlung seiner Untergebenen zum Sadismus neigte – lebte er als Privatmann in London; glücklich und zufrieden mit seiner Maitresse, einer französischen Schauspielerin. Beide hatten eine allzu lockere Hand beim Geldausgeben. Die Schulden des Herzogs waren schließlich so gewaltig, daß ihn nur ein Wunder vor der Schande des Bankrotts retten konnte.

Es bedurfte keines Wunders, nur ein bißchen logischen Denkens, und der Ausweg war gefunden: Der Herzog müßte heiraten, dann würde sich seine schmale Apanage auf 25 000 Pfund erhöhen. Edward war, wie gesagt, bereits einundfünfzig Jahre alt, mit respektabler Glatze und stark gewölbtem Bauch. Der glasige Blick der vorstehenden Augen machte ihn nicht anziehender. Daß seine Schwiegermutter ihn als »schönen Mann« bezeichnet hat, erscheint als glatter Selbstbetrug. So ließ sich leichter verwinden, daß ihre bildhübsche Tochter Victoire, verwitwete Fürstin Leiningen, einen so wenig ansehnlichen Mann bekam.

Die nächste Enttäuschung ließ nicht lange auf sich warten, denn der Herzog von Kent erhielt statt der erhofften 25 000 nur 6000 Pfund Apanage bewilligt. Also mußten sich die Neuvermählten in Deutschland niederlassen, weil man dort wesentlich billiger lebte. Sie wählten Amorbach.

Doch nachdem Victoire schwanger geworden war, beschloß Edward, koste es, was es wolle, nach England zurückzukehren, um dem kommenden Kind nicht die Chancen auf ein mögliches Thronerbe zu verbauen. Victoire war bereits im achten Monat, bis ihr Mann endlich das Geld für die Überfahrt zusammengebettelt hatte.

Am 24. Mai 1819 kam Victoire im Kensington-Palast mit ihrer Tochter Victoria nieder. Fast auf den Tag genau acht Monate später, am 20. Januar 1820, starb der Herzog an einer Lungenentzündung. Victoria rangierte nun in der Thronfolge auf dem vierten Platz, vor ihr zwei Brüder sowie eine Nichte Georgs IV.

Niemand scheint Phantasie genug gehabt zu haben, sich auszumalen, daß dieses kleine Mädchen, trotz ihrer nicht sehr aussichtsreichen Position, doch noch einmal den Thron Englands besteigen könnte. Niemand kümmerte sich um Mutter und Kind. Die Herzogin hatte von ihrem Mann nur Schulden geerbt, das Parlament verweigerte ihr eine angemessene Rente; sie konnte noch immer nicht Englisch, die Familie ihres Mannes mochte »die Deutsche« nicht ausstehen. Victoire beschloß, das einzig vernünftig Scheinende zu tun: Sie wollte nach Deutschland zurückkehren und vielleicht am Hof ihres Bruders Ernst leben, zusammen mit ihrem Baby und zwei größeren Kindern aus erster Ehe.

Es war Leopold, vorausblickender und weniger engstirnig als das englische Königshaus, der seine Schwester bewog, in London zu bleiben. Er unterstützte sie finanziell aufs großzügigste. Doch für eine zielstrebige Erziehung seiner Nichte zur künftigen Königin hat auch er nicht gesorgt. Victorias Bildung blieb lückenhaft, ihre Interessen galten meist oberflächlichen Dingen.

Alles andere als glücklich war ihre Kindheit. Ohne Spielgefährten wuchs sie in der Isolation des Palastes unter den Fittichen ihrer Erzieherin, der Baronin Louise Lehzen, auf. Das Verhältnis zur Mutter war gespannt.

Die Herzogin von Kent stand vollkommen unter dem Einfluß ihres Haushofmeisters John Conroy, eines skrupellosen, ehrgeizigen Menschen, der allerdings schlau genug war, sich die glanzvolle Zukunft Victorias vorzustellen sowie die Vorteile, die ihm daraus erwachsen könnten.

1821 starb Victorias Cousine Elisabeth, die Nummer drei in der Thronfolge, 1821 des Königs Bruder Frederick, der Platz 1 gehalten hatte. Als König Georg IV. 1830 von dieser Welt ging, bestieg sein zweiter Bruder als William IV. den Thron – und mit einem Schlag war Victoria Kronprinzessin, gerade elf Jahre alt.

An ihrem Leben änderte sich nichts. Wohl bestürmte nun die Verwandtschaft die Herzogin von Kent, Victoria systematisch auf ihre künftigen Aufgaben vorzubereiten. Doch Victoire lehnte ab. Sie allein wollte über ihr Kind bestimmen – und hinter ihr stand Conroy: Er setzte der Herzogin den Floh ins Ohr, sie könnte nach Victorias Thronbesteigung eine Zeitlang für das Mädchen die Regentschaft übernehmen – mit dem klugen Conroy als engstem Berater.

Er ging sogar so weit, die kleine Prinzessin zu bestürmen, ihn schon jetzt zum Privatsekretär zu bestimmen. Victoria war zwar noch ein Kind, ihr Horizont denkbar eng, aber sie besaß einen hellen Verstand, und sie begriff, daß da geplant wurde, sie für lange Zeit in Ketten zu legen. Sie lehnte ab. Die Herzogin war außer sich. Von da an standen Mutter und Tochter einander feindselig und mißtrauisch gegenüber. Zeitweise sprachen sie überhaupt nicht miteinander.

Das war der Stand der Dinge, als Herzog Ernst I. und seine Söhne nach London kamen, Albert als künftiger Bewerber um Victorias Hand, ohne es selbst zu ahnen. Selbstverständlich war er nicht der einzige Anwärter. Victorias Onkel, König William IV., hatte seine eigenen Pläne; zeitweilig ging es am englischen Hof zu wie in einem Bienenstock, wenn Prinzen aus allen Richtungen herangeschwärmt kamen, um die Gunst der künftigen Königin buhlend.

Am 18. Mai 1836 begegneten Cousin und Cousine einander zum ersten Mal im Kensington-Palast. Das Mädchen war beeindruckt von dem gutaussehenden Burschen. Ihrem Tagebuch vertraute sie an, daß er »liebenswürdig« und »hübsch« sei, große blaue Augen und schöne Zähne habe, »aber der Zauber seiner Erscheinung liegt in seinem Gesichtsausdruck«.

Man schleppte die Coburger von einer Veranstaltung zur nächsten, Theater, Jagden, Gesellschaften, Dinners und sonstige Feste. Ernst I. und sein ältester Sohn, ein charmanter Bursche, machten Furore. Albert indes wurde stets von seiner frühen Abendmüdigkeit befallen, die Engländer fanden ihn langweilig, knochentrocken und schrecklich deutsch. Prompt wurde der Junge krank und flüchtete in ein »Gallenfieber«, das ihn aller anstrengenden Verpflichtungen entband.

Trotzdem: Als er nach vier Wochen abreiste, hat Victoria »bitterlich geweint« – so steht es in ihrem Tagebuch. Alberts Abschiedsschmerz hielt sich in Grenzen. Ihm war die Cousine zu oberflächlich, zu laut, und sie lachte entschieden zu oft.

Zum Zeitpunkt ihrer ersten Begegnung haben die beiden nachweislich noch nicht gewußt, was Onkel Leopold mit ihnen vorhatte. Er scheint aber bald darauf Victoria eine Andeutung gemacht zu haben, denn sie dankte ihm artig »für die Aussicht auf ein großes Glück«. Erst zwei Jahre später ist Albert von seinem Onkel aufgeklärt worden.

Albert und Ernst blieben für fast ein Jahr beim Onkel in Brüssel. Die Jungen sollten Leben und Treiben eines großen Hofes erleben und daraus für die Zukunft lernen. Ernst war ein glänzender Schüler, Albert hatte weiterhin Schwierigkeiten im Umgang mit der großen Welt.

Umso leichter fügte er sich in den Rhythmus des Studienbetriebes ein, als er, zusammen mit Ernst und dem alten Florschütz, nach Bonn zog und Rechtswissenschaft inskribierte. Er hätte sich »durch Fleiß und liebenswürdiges Wesen« ausgezeichnet, »er scheute keine körperliche und geistige Anstrengung, im Gegenteil, er suchte Schwierigkeiten, um sie zu überwinden«, erinnerte sich später ein Kommilitone.

Wie nicht anders zu erwarten, war er ein vorzüglicher Student, der niemals eine Vorlesung schwänzte und jede Prüfung glanzvoll bestand. In seiner Freizeit widmete er sich dem Orgelspiel, fertigte kleine Kompositionen, von denen einige sogar im Druck erschienen, und er betrieb, selbstredend, körperliche Ertüchtigung beim Fechten, Reiten und Schwimmen. Die Ferienzeit wurde sinnvoll verwandt: zielstrebiges Erwandern von Gottes schöner Natur in der Schweiz und Vertiefung kultureller Bildung in Italien. Dem losen Treiben unbeschwerten Studentenlebens vermochte der unheimlich musterhafte Prinz nicht das geringste abzugewinnen, o nein!

Am 10. Juni 1837 starb der englische König William IV., kinderlos. Victoria, gerade achtzehn Jahre alt, wurde seine Nachfolgerin.

Albert setzte sich hin, schrieb mit großem Fleiß und ernsthafter Anstrengung einen Gratulationsbrief, wie er trockener, pathetischer und altklüger nicht hätte sein können: »... in Deiner Hand liegt das Glück von Millionen. Möge der Himmel Dir beistehen und Dich stärken ... Deine Regierung wird glücklich sein, Deine Bemühungen durch den

Victoria und Albert, ungefähr zur Zeit, als sie einander in London kennenlernten

Dank der Untertanen belohnt ... Ich bescheide mich, Deine Zeit nicht zu mißbrauchen ...«

Die Antwort, die nicht erhalten ist, muß kurz und schnippisch gewesen sein, Albert fühlte sich von der Cousine »wie ein Untertan behandelt«. Die Korrespondenz brach ab. Zur Krönung wurde der deutsche Prinz erst gar nicht eingeladen.

Im Sommer 1838 trennten sich die Wege der Brüder. Ernst begann seine militärische Ausbildung in Dresden, Albert reiste abermals nach Brüssel, und nun war der Zeitpunkt gekommen, da der Onkel den Neffen ausführlich in die Heiratspläne einweihte. Albert war nicht im mindesten von der Vorstellung begeistert, seine Cousine heiraten zu müssen, doch Leopold beschied ihm, daß es seine Pflicht sei, »die Vergnügungen dem Nutzen zu opfern«. An wessen Nutzen Leopold dabei gedacht haben mag, an den des Neffen oder an den eigenen, geht aus dieser Erklärung nicht hervor.

Der gute Junge fügte sich schließlich den Wünschen des Oheims. Was auch hätte er tun sollen, da doch die Zukunftsaussichten für den Zweitgeborenen eines armen Zwergenstaates nicht eben die glänzendsten waren?

Zusammen mit Leopolds Freund Dr. Stockmar wurde Albert auf Bildungsreise nach Italien geschickt – ein monatelanges Martyrium: endlose, unendlich langweilige Gesellschaften an den verschiedenen Höfen und meist miserables Wetter; einige Lichtblicke: die faszinierenden Schönheiten italienischer Kultur in Mailand, in Florenz, in Rom und Neapel – wo Albert, trotz heftigen Schneetreibens, zweimal den Vesuv bestieg.

Nach Brüssel zurückgekehrt, sollte er alsbald zum zweiten Mal London besuchen. Doch zu Leopolds Enttäuschung – und vielleicht Alberts Erleichterung – winkte Victoria ab. Sie denke nicht daran, in nächster Zeit zu heiraten, und auch die Untertanen erwarteten das noch lange nicht von ihr, schrieb sie.

Der gekrönte Backfisch, nun im Buckingham-Palast residierend, war der Fuchtel der Mutter entronnen und lebte ziemlich unbekümmert in den Tag hinein. Nicht besonders interessiert an der Politik, um die sich ohnehin ihr verehrter väterlicher Freund, Premierminister Lord William Melbourne, kümmerte, flatterte sie vom Konzert ins Theater, vom Ballsaal zur Dinnerparty, und am meisten sorgte sie sich um ihr Aussehen:

Nur einen Meter fünfzig groß und einundfünfzig Kilo schwer, beklagte sie ihre Kleinheit und bangte um ihre Figur – was sie nicht hinderte, mit gesundem Appetit alles zu essen, war ihr schmeckte. Und es schmeckte leider fast alles.

»Sie lacht mit vollem Hals, macht den Mund weit auf. Sie ißt herzhaft ... sie schlingt! Sie errötet und lacht so natürlich, daß jedermann entwaffnet ist«, charakterisiert sie ein Oberhausmitglied. Was dieser Mann nicht schrieb, wissen wir aus anderen Quellen, die einige befremdliche Gegensätze ihrer noch unfertigen Wesensart darstellen: Die Neigung zu heftigen Gefühlsausbrüchen, sei es in Freude, sei es im Zorn, Sentimentalität gepaart mit starrer Unnachgiebigkeit.

Rund zwei Jahre nach ihrer Thronbesteigung kommen Leopold allerlei Gerüchte zu Ohren: Die Königin langweile sich, sie sei oft grundlos nervös, sie habe stark zugenommen und gräme sich darüber.

Leopold sieht seine zweite Chance: Vielleicht leide die junge Königin an einer Form der Torschlußpanik und bedürfe dringend eines Mannes? Diesmal klopfte er nicht vergeblich an. Albert erhält eine zweite Einladung nach London, worüber er keineswegs mit überschäumendem Enthusiasmus reagiert. Die Cousine sei, so habe er gehört, »dickköpfig« und, was ihn am meisten stört: »Sie soll nicht die geringste Freude an der Natur haben, gern bis spät in die Nacht wachbleiben und bis spät hinein in den Tag schlafen.«

Außerdem kränkt es ihn, daß die Braut in spe sich so lange geziert und ihn so lange auf die Einladung hat warten lassen. »Ich ging ruhig und mit dem festen Vorsatz, zu erklären, daß ich, des Hingehaltenwerdens müde, mich von der Sache zurückziehen würde«, wenn es nicht endgültig zu einem Verlöbnis käme, schreibt er.

Der Beginn der Reise in den ersten Oktobertagen des Jahres 1839 ließ nichts Gutes hoffen. Die Kanal-Überfahrt war stürmisch, Albert von der Seekrankheit so mitgenommen, daß ihm der baldige Tod als süße Erlösung erschien, und schließlich ist auch noch das Gepäck verlorengegangen.

Unmittelbar darauf der Blitz – der Cupido-Strahl –, der Victorias Herz unvermutet traf: »Er ist so schön«, schreibt sie am 10. Oktober, da ihr der Vetter nach zweieinhalb Jahren wieder gegenübergestanden war, und schon nach zwei Tagen wird ihr klar, daß sie diesen schönen Menschen liebte: »Ich muß mein Herz festhalten!«

Sie wich nicht von seiner Seite. Die beiden fuhren und ritten gemeinsam aus, sie spazierten im Schloßpark, sie hatten einander viel zu erzählen. Bereits am 13. Oktober eröffnete Victoria ihrem Premierminister Lord Melbourne, daß sie die Absicht hätte, Albert zu heiraten. Wenn nur erst die peinliche Hürde genommen wäre, daß sie es sein mußte, die ihm den Antrag machte, und nicht umgekehrt, wie es sich »normalerweise« schickte.

Für den 15. Oktober bat sie ihn mittels eines Billetts in den Blauen Salon. Und nach kurzem verlegenem Geräusper und Gehüstel »… erklärte (sie) mir in einem wahren Ergusse von Herzlichkeit und Liebe: ich habe ihr ganzes Herz gewonnen, und ich könnte sie überglücklich machen, wenn ich ihr das Opfer bringen wollte, mit ihr mein Leben zu teilen … Die freudige Freimütigkeit, mit der sie mir dies sagte, hat mich wirklich ganz bezaubert und hingerissen, ich konnte nicht anders, als ihr beide Hände reichen, die sie mit Zärtlichkeit an sich riß … Ich bin fest überzeugt, der Himmel hat mich in keine schlechten Hände gegeben, und wir werden glücklich zusammen sein«, schreibt Albert seiner Großmutter, Herzogin Karoline von Sachsen-Gotha-Altenburg.

Aber gleich fügte er beklommen hinzu: »Ach, die Zukunft! Bringt sie nicht auch den Augenblick, wo ich von der lieben, lieben Heimat … Abschied nehmen muß?! Daran darf ich gar nicht denken, ohne daß eine tiefe Wehmut mich ergreift.«

Der Stiefmutter gegenüber äußert er sich mit kaum verhohlener Düsterkeit: »Liebe Mama … Außer dem Verhältnis zu ihr (Victoria) wird mein künftiges Leben wohl manche Schattenseite haben, und der Himmel über mir wird nicht immer blau und unbewölkt sein. Doch hat das Leben in jeder Lage seine Stürme, und das Gefühl, seine Kräfte und Bestrebungen an etwas Großes, über das Wohl so vieler Entscheidendes gewendet zu haben, ist imstande, einen aufrecht zu halten.« An sein Pflichtgefühl geklammert, macht er sich selbst Mut.

Albert und Victoria sehen einander täglich, von früh bis abends, dennoch schickt er zärtliche Billetts an »die liebe Kleine«, schreibt: »Ich liebe Dich, ich hab Dich so lieb, ich kann gar nicht sagen, wie.« An anderer Stelle: »Womit habe ich soviel Herzlichkeit und Liebe verdient? Ich muß glauben, der Himmel hat einen Engel zu mir herabgesandt, der durch seinen Glanz mein Leben erleuchten soll.«

Später dann aber wieder die quälenden Zweifel: »Worte, Dir meine

Gefühle auszudrücken, finde ich nicht, sosehr ich mir auch Mühe geben mag, welche zu suchen.« Der zukünftigen Schwiegermutter, mit der er sich so gut verstand, daß er eine Versöhnung zwischen Mutter und Tochter herbeiführen konnte, der Herzogin von Kent also, gesteht er freimütig die »Furcht, der Stellung nicht ganz gewachsen zu sein«, die ihn erwartet.

Nachdem er am 14. November 1839 die Insel verlassen hat, um erst drei Monate später zurückzukehren, werden die Episteln noch häufiger und sehr viel ausführlicher. Trotz des wunderbaren Gefühls der Liebe, die nun auch den zwanzigjährigen Albert zum ersten und – es sei gleich gesagt – zum letzten Mal in seinem Leben erfaßt hat, vergißt er praktischerweise nicht, das Angenehme mit dem Nützlichen zu verbinden. Er regt an, sowohl in Deutsch wie auch in Englisch zu korrespondieren, denn nur dann, wenn einer die Landessprache des anderen vollkommen beherrsche, werde es möglich sein, die Gedankenwelt des Partners ganz zu begreifen. So bieten denn die Briefe ein wundervolles Kunterbunt und Kauderwelsch, oft springen sie mitten im Satz von einer Sprache in die andere.

Daß nach dem ersten Liebesgeturtel auch sehr bald wesentlich ernstere Töne angeschlagen werden, hängt mit den bestürzenden Reaktionen der englischen Öffentlichkeit auf die Verlobung ihrer Königin zusammen: Albert sei zu gering, zu unbedeutend, noch dazu ein Ausländer, noch dazu ein Neffe der unbeliebten Herzogin von Kent, und vermögend sei er auch nicht. »Der Vetter gab ihr einen Ring – dafür gibt sie ihm die halbe Krone«, spottet eine Zeitung. Noch schlimmer: »Er nimmt, was er kriegt – die dicke Königin mit ihrem dicken Sack voll Geld.«

Zur Ausländerfeindlichkeit gesellt sich, Gipfel der Perfidie, auch noch eine tüchtige Portion Antisemitismus: Die bekanntermaßen liederliche Mutter des Prinzen hätte diesen nicht von ihrem Ehemann, sondern von einem jüdischen Baron namens Maydern empfangen, mit dem sie ein Verhältnis gehabt hätte.

Victoria, irritiert über das Kesseltreiben gegen den Bräutigam und von der Sorge getrieben, er könnte zuviel deutsches Personal nach London bringen, was neuerlich Anlaß zu Unmut gegeben hätte, stellt seinen künftigen Hofstaat ausschließlich aus Engländern zusammen. Albert ist betroffen: »Daß Du meine erste Bitte, die wegen der Gentlemen meines Haushalts, nicht gewährt hast, tut mir sehr leid, denn ich glaube, sie war nicht unbillig ... und ich hoffen durfte, Du würdest mir in einer Sache, die mich so nahe angeht, vielleicht den Gefallen tun. Bedenke meine Lage ... Ich verlasse die Heimat mit allen Freunden, allen alten Gewohnheiten, Lebensweise, Stellung ... Ist es mir da nicht zu gönnen, daß wenigstens zwei oder drei Personen meine Vertrauten seien?«

Victoria bleibt unnachgiebig: »Es betrübt mich, Dir mitzuteilen, was, so fürchte ich, Dir nicht gefällt, aber es ist notwendig, mein lieber, trefflicher Albert.« Punktum. Sie ist die Königin. Er muß nachgeben.

Seinen Vorschlag, sich nach der Hochzeit für einige Wochen diskret aus der Öffentlichkeit zurückzuziehen – aus Gründen der Schicklichkeit! – lehnt sie mit der Bemerkung ab: »Du vergißt ... daß ich die Monarchin bin und die Geschäfte nicht einfach liegen bleiben können.« Zwei Tage seien genug. Die Tatsache, daß sie sich früher so gut wie kaum um die »Geschäfte« gekümmert hat, erwähnt sie nicht. Auf seine skurrile Bitte, als Brautjungfern nur solche Mädchen auszuwählen, deren Mütter einen untadeligen Lebenswandel geführt haben, geht sie überhaupt nicht ein.

Zwiespältig waren Alberts Gefühle während der pausenlosen Abfolge von Banketten, Festen und Fackelzügen, die ihm die Heimat zum Abschied bereitete. Gerührt und geschmeichelt auf der einen, gerührt und wehmütig auf der anderen Seite. »Es strömte alles in den letzten Tagen nach dem Schloß, um mich noch einmal zu sehen; selbst jedes Dorf hatte ... einen ausgewählt, der herein in die Stadt gehen mußte, um mir den Anteil auszudrücken, welche die Gemeinde an dem Ereignis nimmt. Ich bin sonst (leider) etwas kalter Natur, und es bedarf schon eines starken Anstoßes, um mich weich zu machen; allein soviele tränengefüllte Augen zu sehen war mir zuviel!«

Seiner Großmutter schreibt er, daß er wohl gewillt sei, alles für sein neues Vaterland zu tun, aber niemals aufhören werde, ein »treuer Deutscher, Coburger« zu sein.

Das Gesicht, nach eigenen Angaben, »bleich wie ein Wachslicht«, entsteigt Albert am 6. Februar 1840 dem Schiff, das ihn und seine Familie nach Dover gebracht hat. Die ganze Überfahrt hat er am Fuß einer Treppe liegend zugebracht, hilflos Neptun opfernd.

Die Begrüßung der Brautleute ist herzlich, freudig erregt, als hätte es niemals eine Verstimmung gegeben. Buchstäblich ehe er es sich versieht, ist Albert englischer Staatsbürger und hat seinen Eid auf die Verfassung abgelegt.

Am 10. Februar wird die Trauung in der kleinen Kapelle des St.-James-Palastes vollzogen, in der nur dreihundert Personen Platz haben. Drangvolle Enge herrscht, und auch sonst läuft nicht alles wie am Schnürchen. Es fängt schon beim Wetter an: Kalte Regenstürme peitschen durch die Straßen.

Die Braut in einem weißen, schulterfreien Satinkleid mit enger Corsage und weit gebauschtem Rock wirkt noch fülliger, als sie in Wirklichkeit ist. Viel zu kurz ist die Schleppe, sodaß die zwölf Brautjungfern, um sie zu tragen, dichtgedrängt hintereinanderher trippeln müssen und einander ständig auf die Füße treten.

Niemand hat sich die Mühe genommen, den Bräutigam – strahlend schön in der brandroten englischen Marschallsuniform – über den Ablauf des anglikanischen Rituals aufzuklären. Er weiß nicht, wann er stehen, sitzen oder knien muß, und es wird ihm so laut soufliert, daß es durch die ganze Kapelle hallt. Nicht minder auffällig ist der alte Herzog von Cambridge. Er hat offensichtlich schon vor der Trauung ausgiebig auf das Wohl des Brautpaares gebechert und schwätzt immer dazwischen. Ein Trauzeuge hat seine Brille verlegt und kann nicht unterschreiben. Im allgemeinen Tumult nach der Zeremonie steht die Brautmutter plötzlich allein herum, niemand kümmert sich um sie.

Victoria scheint von dem hektischen Treiben gänzlich unberührt. Wie ein rosiges Püppchen hängt sie am Arm ihres herrlichen Mannes, dem sie knapp bis zur Schulter reicht, und blickt anbetend zu ihm empor. »Auf Alberts Gesicht konnten wir keine Veränderung bemerken«, schreibt voll Häme der *Morning Chronicle*.

Durch ein Spalier jubelnder Untertanen begab sich der Hochzeitszug schließlich in den Buckingham-Palast. Die Sonne schien wieder, vergessen hatte die Menge, daß der Bräutigam ein böser »alien« (Fremder) war. Er trug eine englische Uniform, sah brillant aus – und überhaupt: Hochzeit ist Hochzeit, so etwas gehört ordentlich gefeiert.

Fabelhaft die Festtafel, geziert von einer Torte, die nicht weniger als hundertfünfzig Kilogramm wog. Sie wurde allerdings bei weitem überboten durch den fünfhundertsechzig Kilogramm schweren Cheddarkäse aus der Milch von siebenhundertfünfzig Kühen, gespendet von Englands Farmern.

Gegen Abend fuhr das junge Paar nach Windsor – in einer »schäbigen Kutsche«, mokiert sich Charles Greville, Sekretär des Kronrats (wegen seiner ausführlichen Autobiographie einer der wichtigsten Historiographen jener Tage).

Die Eintragung über den ereignisreichen Hochzeitstag in Victorias Tagebuch endet mit den Worten »Albert und ich allein«. Nicht daß die Flitterwöchnerin, die in jungen Jahren weder prüde noch verschämt war, sich nicht auf weitere Details eingelassen hätte, aber diese Seiten fehlen im Diarium. Eine ihrer puritanischen Töchter hat sie nach der Mutter Tod herausgerissen und vernichtet.

Der nächste Morgen war heiter und mild. Albert und Victoria spazierten bereits durch den Park, während die meisten im Schloß noch der Ruhe pflogen. »Das ist nicht die richtige Art und Weise, uns einen Prinzen von Wales zu schenken«, sinniert Greville.

Nach zwei Tagen (Nächten) ist das junge Paar wieder in London, und am gleichen Abend strahlt der Buckingham-Palast im Glanz eines großen Balles. Während Victoria noch ausgelassen tanzt, verabschiedet sich Albert, von Müdigkeit übermannt, »auf französisch«. Lange nach Mitternacht findet ihn seine Frau schlummernd, aber noch voll bekleidet, auf dem Sofa im Schlafzimmer. Auch am folgenden Abend, in der Oper, nickt er ständig ein. »Was mir am schwersten zu tragen ist, sind die späten Stunden«, schreibt er dem Bruder.

Noch ist Victoria nicht allzu sehr an die Regierungsgeschäfte gefesselt, man verbringt die Tage zwanglos nach Lust und Laune. Die notorische Langschläferin wird von ihrem Gemahl dazu bewogen, schon um acht Uhr aufzustehen. Nach dem Frühstück und einem ausgedehnten Spaziergang – auch dies ein Novum für die kleine Königin, die Mühe hat, mit ihrem langbeinigen Ehemann Schritt zu halten – arbeitet die junge Frau ein wenig. Aber bereits nach dem Lunch sind die beiden wieder gemeinsam unterwegs, in der Kutsche oder zu Pferde. Das Dinner wird um acht Uhr eingenommen, anschließend stehen Theater- oder Konzertbesuche auf dem Programm.

Häufig verbringt man den Abend in Gesellschaft, spielt Karten – was Albert haßt – oder Schach – das Victoria ihm zuliebe mühsam erlernt. Gelegentlich macht man Besuche auf den Adelssitzen des Umlandes. Und da begannen sich bald die Schwierigkeiten zu häufen.

Albert war mit jeder Faser seines Wesens ein Intellektueller. Die eng-

Victoria und Albert, kurz nach ihrer Hochzeit, bei einem Opernbesuch

lische Aristokratie hingegen liebte das leichte, unbeschwerte Leben auf dem Lande, die Jagd, das Reiten, das Kartenspiel, gutes Essen und endlose Debatten über die Jagd, das Reiten und die Vorteile des Lebens auf dem Lande; nicht zu vergessen die genußvollen Klatschereien über Nachbarn und Freunde. Small talk also.

Albert hatte für oberflächliche Gespräche nicht das geringste übrig, und leider merkte man es ihm auch deutlich an. Er sei »over educated« (übergebildet), erfahren wir aus der Feder eines Lord Callingford. Daß der Königin Gemahl sich mehr für Wissenschaftler und Künstler interessierte als für die adeligen Hohlköpfe, das konnte man ihm nicht verzeihen, und schon gar nicht, daß er seit Jahrhunderten geheiligte Traditionen durchbrach.

So lehnte er es zum Beispiel ab, nach dem Dinner im Speisesaal bei den Herren zu bleiben, mit ihnen eine Zigarre zu rauchen und ein gutes Glas Port zu trinken, während sich die Damen in den Salon zurückzogen, um bei einem winzigen Gläschen Likör ihre eigenen Angelegenheiten zu besprechen, welche die Männer absolut nichts angingen. Albert verabschiedete sich bereits nach ein paar Minuten von den Herren und gesellte sich den Damen zu, was weder den einen noch den anderen gefiel. Ausgenommen Victoria, die ihren Albert immer und überall um sich zu haben wünschte. Was die anderen Damen kränkte, das muß sie entzückt haben: Albert zeigte sich auf geradezu provokante Weise auch an den begehrenswertesten Frauen desinteressiert; der winzigste, der harmloseste Flirt war ihm gänzlich fremd.

»Er ritt nicht zum Vergnügen, sondern so lange, wie ihm dies für seine körperliche Bewegung angemessen schien ... Leichte Konversation galt ihm als Verschwendung kostbarer Zeit, die er sonst hätte nutzen können, um sich Wissen anzueignen, oder ein gutes Buch zu lesen«, schreibt einer seiner jüngsten Biographen, der englische Historiker David Duff, jahrzehntelang Leiter des Historischen Instituts in London. Duff legt dann noch ein Schäufelchen an Fremdenhaß nach: »Albert war durch und durch deutsch ... Er blieb in der Art, wie er sich kleidete und redete, wie er ritt und schoß, ja selbst wie er jemandem die Hand reichte, ein Ausländer – und sogar ein recht arroganter.«

Ein Körnchen Wahrheit mag in dem abfälligen Urteil stecken, ganz sicher aber auch ein gerüttelt Maß an Übertreibung und Überzeichnung, so als sähe man die Karikatur des »häßlichen Deutschen« vor sich. Nur:

Duffs Charakteristik gibt die Atmosphäre wieder, die Albert das Leben in England so schwer machte. Im Gegensatz zu seiner Frau wirkte der Prinz ständig bedrückt und alles andere als glücklich, nahm die Hofdame Anna Maria Herzogin von Bedford wahr.

Sein Versuch, wenigstens die häuslichen Gesellschaften durch die Hinzuziehung interessanter Zeitgenossen aus dem Bereich von Kunst und Wissenschaft nach seinem Geschmack zu beleben, scheiterte in der ersten Zeit am Widerstand Victorias. Das scheint, von ihrem Standpunkt aus betrachtet, durchaus verständlich. Was hätte sie, die nur über eine klägliche Halbbildung verfügte, mit diesen Leuten reden sollen?

»Ich bin still bestrebt, Victoria so nützlich zu sein, wie ich kann«, schreibt er an Ernst. Doch Victoria ignorierte diese Bestrebungen, sie in ihren Regierungsangelegenheiten zu unterstützen. »Wenn ich mit dem Prinzen zusammen bin, rede ich lieber über andere Dinge«, meint sie.

»Als Königin schwebt sie in anderen Regionen. Wünscht er etwas zu wissen und, nach langem Überlegen, eine unschuldige Bemerkung zu machen, so erhält er eine spitze, ausweichende oder gar keine Antwort. Sie springt vom Thema ab, und die Konversation der Ehegatten ruht wieder für einige Tage auf den Hunden, Kleidern, Miniaturengemälden und Musikalien«, konstatiert Alberts Bruder Ernst nach einem Besuch in London.

Albert zieht sich immer häufiger in seine Studierstube zurück, statt zu jagen und zu reiten – wie es sich für einen rechten Gentleman ziemt! –, versenkt er sich in Altertumskunde sowie in das Studium des englischen Rechts.

Ein einschneidendes Ereignis führt das so unterschiedliche Paar wieder eng zusammen, läßt die Differenzen der ersten Ehemonate zu einer Bagatelle schrumpfen. Am 10. Juni 1840 wird das erste Attentat auf die Königin verübt. Sechs weitere werden im Lauf der Jahre folgen.

Die beiden befanden sich auf der Fahrt zu Victorias Mutter. Aus Alberts Feder gibt es eine genaue Beschreibung des dramatischen Zwischenfalls: »Wir fuhren in einer kleinen engen Droschke ... Als wir kaum hundert Schritte vom Palast gekommen waren, bemerkte ich neben mir auf dem Fußweg einen unansehnlichen kleinen Menschen, etwas gegen uns haltend, und ehe ich unterscheiden konnte, was es war, fiel ein Schuß ... Victoria hatte sich gerade nach links nach einem Pferde umgesehen, begriff darum gar nicht, warum ihr die Ohren so klangen ... Die Pferde erschraken, und der Wagen hielt darum an. Ich ergriff Victorias Hände und fragte, ob der Schreck ihr nicht geschadet hätte; allein, sie lachte über den Vorfall.

Darauf sah ich mich wieder nach dem Menschen um, der noch auf derselben Stelle stand mit verschränkten Armen, in jeder Hand eine Pistole ... Auf einmal zielt er wieder und schießt zum zweiten Male; diesmal sah auch Victoria den Schuß und bückte sich rasch, von mir niedergezogen. Die Kugel muß gerade über ihren Kopf hinweggeflogen sein, nach der Stelle zu urteilen, wo man sie in der gegenüberstehenden Mauer stecken fand. Die Menge Leute, die um uns und um den Menschen herum standen und bis jetzt vor Schreck versteinert die Sache mit angesehen hatten, fielen nun über ihn her. Ich rief dem Postillon zu, fortzufahren ...«

Der Attentäter wird überwältigt und fast gelyncht. Es ist ein achtzehnjähriger Schankbursche namens Edward Oxford, der eindeutig geistesgestört ist und in einer Irrenanstalt landet.

Natürlich bleibt es nicht aus, daß sich ein Kranz von Gerüchten um den unerhörten Vorfall zu ranken beginnt. Die am häufigsten kolportierte Version besagt, es hätte sich um ein politisch motiviertes Attentat gehandelt, um den ungeliebten Albert mitsamt seiner ihn liebenden Gemahlin und deren ungeborenes Kind zu beseitigen. Victoria ist im vierten Monat schwanger und genießt daher ohnehin bereits große Sympathien. Das Attentat bewirkt nun einen ungeahnten Zuwachs an Popularität für die Monarchin und letzten Endes sogar für ihren unerschrockenen Begleiter und Vater ihres Kindes.

Am 21. November 1840, neun Monate und elf Tage nach der Hochzeit, wird das erste Kind geboren, zur allgemeinen und von niemandem verhehlten Enttäuschung ein Mädchen, nach der Mutter Victoria getauft und als kleines Kind »Pussy«, später »Vicky« gerufen.

Keinen besseren, aufmerksameren, liebevolleren Ehemann als Albert kann man sich vorstellen. In den letzten Monaten der Schwangerschaft unerschütterlich geduldig, weicht er nicht von Victorias Seite. Auch am Wochenbett steht er als Freund, Tröster, Krankenpfleger, Vorleser, Sekretär bereit, und sogar während der Geburt ist er anwesend.

Für Victoria bedeutete Schwangerschaft eine nicht enden wollende Abfolge von »Leiden, Qualen und Plagen«, sie sprach nur von »unglücklichen Umständen«, denn sie fühlte sich ihrer Freiheit beraubt, durfte weder reiten noch tanzen nach Herzenslust. »Wenn diese selbstsüchtigen Männer, die Ursache all unseres Elends, nur wüßten, was wir armen Sklaven durchmachen müssen«, klagte sie.

Dennoch: Der Victoria zugeschriebene Ratschlag an junge Frauen, »close your eyes and think of England« (während des Sexualaktes die Augen zu schließen und an England zu denken), geht sicher nicht auf sie zurück. Sie war keine frigide, sie war vielmehr eine sinnliche Frau, die »Leiden, Qualen und Plagen« der Schwangerschaft letzten Endes doch immer wieder auf sich nahm um jener gewissen kurzen Minuten wegen.

Erst nach Alberts Tod entwickelte sie die für das »Victorianische Zeitalter« kennzeichnende bigotte Prüderie, die vermutlich ihre Wurzeln in den engstirnigen Moralvorstellungen des angebeteten und schließlich zum Idol verklärten Gemahls hatte. Er seinerseits war durch das Kindheitstrauma einer mit Schimpf und Schande aus dem Schloß gejagten ehebrecherischen Mutter und eines ausschweifenden Vaters geprägt. Was die Eltern an ihm gesündigt hatten, machte er tausendfach gut an den eigenen Kindern. Er war ein vorbildlicher Vater für alle, bis auf eines. Davon wird später zu erzählen sein.

Victoria hat keines ihrer Kinder gestillt, sie fand, Babys seien »widerliche Objekte«, sie haßte deren »fürchterliche, froschähnliche Bewegungen«. Sie spürte weder »besonderes Vergnügen« noch »Ausgleich in Gesellschaft der Kinder ... selten finde ich das intime Zusammensein mit ihnen angenehm oder leicht«.

Ganz anders Albert, der schlichtweg vernarrt in seine Tochter Pussy war. »Es würde Dich amüsieren zu sehen, wie Albert mit ihr im Arm tanzt. Er würde ein treffliches Kindermädchen abgeben, ich nicht, sie ist viel zu schwer«, schreibt Victoria an den Onkel Leopold.

Immer wieder guckt er ins Kinderzimmer, wiegt Pussy, trägt sie später »hoppe, hoppe, Reiter« auf den Schultern umher und findet es beglückend, »die Entwicklung der Gefühle und der Fähigkeiten eines Kindes« mitzuerleben.

Nicht minder ausgiebig beschäftigte er sich mit den übrigen Sprößlingen. Als erster war er am Morgen in ihren Zimmern, als letzter verließ er sie abends, um sich ihres Wohlbefindens zu vergewissern. Er spielte mit ihnen, trieb mit ihnen Sport (Rodeln, Schwimmen, Eislaufen, später Reiten). Die Beziehung zu ihnen war, bis auf die erwähnte Ausnahme, eher kameradschaftlich als autoritär.

Selbstverständlich sprachen die Söhne und Töchter reines, akzentfreies Deutsch, und nach deutscher Sitte feierte man im Königshaus das Weihnachtsfest. Die Geschenke wurden am Heiligen Abend unter den brennenden Lichterbaum und nicht erst am nächsten Morgen vor den Kamin gelegt, wie es in England üblich war und ist. Jedes Kind war angehalten, ein Gedicht aufzusagen – auf deutsch, natürlich.

Neun Kinder wurden in siebzehn Jahren geboren, davon sieben in den ersten zehn. Victoria 1840, Albert Edward (gerufen Bertie, später König Edward VII.) 1841, Alice 1843, Alfred 1844, Helena 1846, Louise 1848, Arthur 1850, Leopold 1853, Beatrice 1857.

Die rasch aufeinanderfolgenden Schwangerschaften veränderten Victorias Leben grundlegend. Sie wurde – gezwungenermaßen – häuslicher, aber sie fand dann auch selbst keinen Gefallen mehr an lauten Geselligkeiten, ließ sich zu gehobener Lektüre bekehren. Gemeinsam mit Albert musizierte und malte sie. Endlich zierten hochgebildete, oft bürgerliche Gäste die königliche Tafel.

Victoria nahm schließlich auch Anteil an Alberts wahrhaft königlichen Steckenpferden wie dem Sammeln von Kunstwerken, wobei er eine untrügliche Spürnase für bleibende Werte entwickelte. Meister, die zu seiner Zeit wenig gefragt waren, erwarb er wohlfeil, zum Beispiel Werke der Frührenaissance oder Bilder von van Eyck. Auch damals schon »große« Namen, wie etwa Dürer und Cranach, fügte er den Sammlungen hinzu. Gegen Ende seines Lebens wurde er ein äußerst aktiver Präsident der »Royal Society of Arts« und betreute mit hoher Kennerschaft die Kunstschätze der königlichen Schlösser, um die sich jahrzehntelang niemand gekümmert hatte.

Nicht minder rege waren seine musikalischen Ambitionen. Aus der hausbackenen königlichen Blaskapelle ging über seine Initiative das »Royal Philharmonic Orchestra« hervor, das sich, angefeuert von seinem Mentor, über Neues – Carl Maria von Weber, Mendelssohn, Wagner – wagte, aber auch bislang auf der Insel wenig Bekanntes von Mozart, Schubert und Beethoven spielte. Gastdirigenten waren Richard Wagner und Felix Medelssohn-Bartholdy, der sogar mehrmals Gast bei den »Royals« war.

»Wir haben seit kurzem einen gehobenen Ton in der Unterhaltung, viele Informationen, wissenschaftliche Themen. Der Prinz ermutigt natürlich zu solchen Themen … Der Prinz und die Königin lesen gemeinsam ... Ein sehr erfreuliches Bild, wenn er ihr vorliest, während sie am Kreuzstich arbeitet ... Oh, was für ein Segen ist es, daß Liebe den Hof regiert«, schreibt die Hofdame Lady Littleton.

Keineswegs immer ungetrübt war die Idylle – dafür sorgte schon Victorias aufbrausendes Temperament. Ihre Jähzornsanfälle waren berüchtigt und gefürchtet. Es konnte schon einmal vorkommen, daß sie dem Herrn Gemahl eine Tasse heißen Tees ins Gesicht schüttete, und Albert wußte nie so recht, wie er sich verhalten sollte, wenn es zu einer Auseinandersetzung kam. Gab er ihr Paroli, dann wurde sie wütend, verließ er schweigend das Zimmer, dann wurde sie noch wütender, stürzte ihm schreiend nach. Als er einmal wagte, die Tür hinter sich zuzusperren, trommelte sie, laute Verwünschungen und Drohungen ausstoßend, mit den Fäusten dagegen, bis er schließlich doch aufmachte.

Hatte sie ihre Rage ausgetobt, dann zeigte sie tränenreiche Reue, denn sie liebte ihren schönen Mann grenzenlos, und diese Zuneigung wurde von Jahr zu Jahr heftiger. Kaum je sprach sie ihn mit seinem Namen an, sie nannte ihn vielmehr ihren »Engel«, die »einzig geliebte Seele« und dergleichen mehr.

Wesentlich moderater waren seine Gefühle für Victoria. Leidenschaft war seine Sache nicht. Er war ihr zugetan, das steht fest – bis zu welchem Grad, ist schwer bestimmbar. »Unser Verhältnis läßt nichts zu wünschen übrig«, schrieb er einmal, »es ist ein inniges und darum edles, und die armen Kinder (sic!) sollen darin ihre Wiege finden, um dereinst ein ähnliches Glück sich bereiten zu können.«

Victoria wird wohl stets mehr erhofft und erwartet haben als »innige und edle Gefühle«. Der Mangel an sichtbaren Passionen erweckte unweigerlich Zweifel und Mißtrauen, die sich in ständig lauernder Eifersucht niederschlugen, obwohl dazu nicht der geringste Anlaß bestand. Unerquicklich war, daß sie nicht nur auf Frauen, sondern auch auf Männer eifersüchtig war, und sie machte von ihren Herrschaftsrechten hemmungslos Gebrauch, indem sie ihren Mann einfach von einer Herrengesellschaft oder einem Jagdausflug zurückbeorderte, sobald ihr danach zumute war. Er durfte nur ganz wenige Tage von ihr fernbleiben, und als er einmal vergaß, auf eine Reise ihr Bildnis mitzunehmen, raste sie vor Zorn. »Albert trägt Ketten von Rosen«, schreibt seine Großmutter, »aber es bleiben immer Ketten.«

Zum ersten gewaltigen Ehekrach kam es ungefähr ein Jahr nach Pussys Geburt. Die Kleine war sehr zart, um nicht zu sagen schwächlich, und als die Eltern von einer längeren Reise zurückkehrten, fanden sie das Kind noch blasser, noch magerer als zuvor. Da Victorias ehemalige Erzieherin, die Baronin Lehzen, für das Wohlergehen Pussys verantwortlich war, gab Albert ihr die Schuld. Victoria, die grundsätzlich nie etwas über die liebe gute Lehzen kommen ließ, stauchte ihren Mann zusammen wie einen Lakaien. Wortlos lief er aus dem Zimmer – und schrieb ihr einen Brief: Er lehne jede Verantwortung für alle weiteren Ereignisse ab, wenn aber Pussy etwas zustieße, müsse sie, Victoria, sich das selbst zuschreiben.

Victoria und Albert sprachen einige Tage lang kein Wort miteinander, dann lenkte sie ein: »Wenn ich jähzornig bin, was, wie ich sicher hoffe, jetzt nicht mehr vorkommt, mußt du die dummen Sachen nicht glauben, die ich sage, zum Beispiel, daß es ein Jammer sei, geheiratet zu haben.«

Der eheliche Haussegen hing wieder gerade – das Problem Lehzen indes war noch immer nicht gelöst. Sie fungierte als Victorias Privatsekretärin, sie bestimmte das Haushaltsbudget, sie gebot über das Personal, und sie verteidigte ihre Position mit Zähnen und Klauen. Was immer Albert anzuregen, zu verändern suchte – sie legte sich quer. »Die Schwierigkeiten, meinen Platz in voller Würde auszufüllen, liegt darin, daß ich nur der Mann, aber nicht der Herr im Hause bin«, schrieb er.

Nachdem die Königin und ihr Mann, der sich nicht als Herr im Haus fühlte, den Gesprächsfaden wieder aufgenommen hatten, gelang es Albert, seine Frau schließlich zu überzeugen, daß die Lehzen ihrer Position nicht mehr gewachsen war. In allen Ehren wurde sie in Pension geschickt, übersiedelte nach Deutschland und erreichte das gesegnete Alter von sechsundachtzig Jahren. England und ihre Victoria hat sie nie mehr wiedergesehen.

Der königliche Haushalt befand sich, ehe Albert endlich die Zügel in die Hand nehmen durfte, in einem desolaten Zustand. Die Lehzen war viel zu nachgiebig gewesen, und sie hatte mit der Zeit den Überblick verloren. Jeder tat, was ihm gefiel, den eigenen Vorteil stets vor Augen. An Traditionen, die sich oft in Jahrhunderten festgefressen hatten, wagte ohnehin niemand zu rühren.

In Windsor beispielsweise war es üblich, daß die Innen- und Außenfenster zwei verschiedenen Hof-Instanzen unterstanden, die in wütender Konkurrenz einander abwechselnd ins Gehege gerieten.

Es war Sitte, groß aufzukochen, selbst wenn niemand von der Herrschaft im Schloß war. Die köstlichen Speisen wurden unter der Dienerschaft aufgeteilt.

Täglich wurden sämtliche Zimmer mit neuen Kerzen bestückt – und auch wenn sie unberührt waren, wechselte man sie aus.

Wöchentlich gingen 35 Shilling für einen Haushaltsposten »Wein im Roten Zimmer« drauf, und das seit Jahrzehnten. Lange Nachforschungen ergaben, daß sich unter Georg III. in der zweiten Hälfte des 18. Jahrhunderts in jenem Raum eine Wachstube befunden und der gute König dem diensttuenden Offizier täglich eine Flasche französischen Rotweins gespendet hatte. Der Monarch war lange tot, die Wachstube niemandem mehr in Erinnerung – der Wein aber floß noch immer, und die Dienerschaft trank täglich auf die Gesundheit des ihr unbekannten Wohltäters.

Mit deutscher Gründlichkeit reorganisierte Albert den ganzen Haushalt. Das meiste Personal wurde ausgewechselt und mancher Posten eingespart, sodaß die Verbliebenen und neu Hinzugekommenen wirklich hart arbeiten mußten. Man kann sich vorstellen, welchen Aufruhr das verursachte, wie sehr Albert erneut Zielpunkt von Haß und Ablehnung wurde, vor allem auch weil er eine weitere schöne Einnahmequelle einfach verstopfte: Etliche Diener hatten sich manch hübsches Sümmchen verdient, indem sie Zeitungen mit Berichten aus dem Königshaus versorgten. Das hatte nun ein Ende. Albert ließ täglich ein offizielles Bulletin über die Ereignisse bei Hof herausgeben. Durch das *Official Daily Circular* konnten die Gazetten honorarfrei erfahren, was sie vorher teuer erkaufen mußten.

Der Erfolg all dieser Maßnahmen war erstaunlich: Allein die Neuordnung des Wäschereibetriebes brachte eine Ersparnis von vierhundert Pfund jährlich. Seit über alle Haushaltsgeräte penibel Buch geführt wurde, halbierten sich die Kosten dafür. Insgesamt mußten, seitdem der Augiasstall ausgemistet worden war, pro Jahr um 25 000 Pfund weniger für den königlichen Haushaltsetat veranschlagt werden.

Albert war ein derart geschickter Wirtschaftsfachmann, daß er die Einkünfte aus den königlichen Besitzungen in Cornwall und Lancaster von 43 000 Pfund im Jahr auf 126 000 zu heben vermochte. Und was hat ihm all dies eingebracht? Es hat ihm den Ruf eingebracht, ein Pfennigfuchser und ein Geizhals zu sein ...

Die gestiegenen Einkünfte wurden klug angelegt – zum Beispiel in einem Landsitz, der hinfort das darstellte, was Albert unter einer wirklichen Heimstatt verstand.

Zunächst residierten die »Royals« abwechselnd im Buckingham-Palast, im Schloß Windsor und manchmal in Brighton im monströsen orientalischen Bauwerk, das einstmals der exzentrische Georg IV. hatte errichten lassen. All diese pompösen Unterkünfte trugen wenig dazu bei, das Familienleben so harmonisch zu gestalten, wie es Albert vorschwebte.

Auf der Insel Wight erwarb er ein vierhundert Hektar großes Grundstück und ließ darauf nach seinen Vorstellungen »Osborne House«, eine geräumige Villa, erbauen, die allen nur denkbaren modernen Komfort bot und dennoch »gemütlich« war. Die großen, gut dimensionierten Zimmer boten reichlich Platz für alle. Jeder konnte für sich allein sein, wenn ihm danach zumute war; im großen Livingroom fand man einander zum behaglichen Zusammensein wieder. Es gab hübsche Balkons und luftige Terrassen mit Ausblick auf die See und Privatstrand, und es gab selbstverständlich überall Fließwasser sowie WC-Anlagen.

Alberts genialste »Erfindung« war ein kleines Schweizerhaus, das den Kindern zur alleinigen Verfügung stand. Dort konnten sie ihre Spiele, der eigenen Phantasie folgend, gestalten und toben, so laut sie wollten, denn sie waren außer Hörweite vom Haupthaus. Der pädagogische Zeigefinger blieb auch dort nicht ausgespart. Überall im Haus hingen fromme Sprüche – auf deutsch – wie: »Früh zu Bett, früh wieder auf, stärkt zu munterem Lebenslauf.« Oder: »Viel leichter tust du, was du trägst, wenn du Geduld zur Bürde trägst.« Die Kinder mußten Gartenbeete betreuen, die Mädchen lernten kochen, die Jungen tischlern. Sie wurden angehalten, Sammlungen anzulegen, seien es Pflanzen, seien es Mineralien. Und auch der Vater pflegte auf Wight ein ihm angemessenes »Hobby«: Er schuf ein Mustergut, das sehr bald stattliche Gewinne abwarf.

Im Sommer ging Albert mit den Kindern baden, und sogar Victoria planschte im Meerwasser. Nach Alberts Entwürfen wurde ein Wägelchen gebaut, mit dem seine Frau – natürlich züchtig bis zum Hals bekleidet – ins erfrischende Naß geschoben werden konnte.

»Wenn wir auf der Insel Wight sind, ist unser Leben ruhig und einfach«, meinte Albert.

Ähnliche Glücksgefühle vermittelte der Aufenthalt in einem später erworbenen Besitz: Schloß Balmoral, von wo aus der ganze Familienverband weite Wanderungen mit anschließendem Picknick unternahm.

Hier, in diesem herben, unberührten schottischen Hügelland, das ihn lebhaft an die Heimat erinnerte, zeigte sich, daß er mehr und anders war als der »arrogante Ausländer«. Verwundert stellte Charles Greville fest: »Er wirkte sehr gelöst, sehr heiter, liebenswürdig, ohne die geringste Steifheit und Unnahbarkeit.« Des weitern entdeckte Greville bei seinem Aufenthalt in Balmoral, Albert sei »intelligent und höchst kultiviert, und mehr noch ... ein nachdenklicher Charakter, (der) über Dinge sinniert, die es wert sind.«

Nirgendwo im Königreich wird das Königspaar, Victoria *und* Albert, so verehrt und geschätzt wie in Schottland. Sie waren die ersten englischen Herrscher, die regelmäßig nach Norden kamen, sie lauschten hingerissen den Klängen des Dudelsacks und – sie trugen Kilts! Beide Wahrzeichen schottischer Identität waren seit dem Schicksalsjahr 1745 verboten, da der letzte Stuart, »Bonnie Prince Charles«, von den Engländern bei Culloden vernichtend geschlagen worden und der Traum von einem freien, unabhängigen Schottland für immer zerronnen war.

So angesehen Albert in Schottland war, so umstritten blieb er in England, obwohl – oder weil – er seit 1841 immer deutlicher zu einer Schlüsselfigur des politischen Geschehens wurde. Unmittelbar nach der Geburt des jubelnd begrüßten Thronfolgers Albert Edward am 9. November 1841 wurde er dem Kronrat beigezogen, übernahm er mit steigendem Einfluß die Agenden eines Privatsekretärs und eines Ratgebers bei seiner Frau. Das Ehepaar bezog ein gemeinsames Arbeitszimmer, wo sie Schreibtisch an Schreibtisch saßen. »Die Königin ist nicht intelligent, der Prinz macht alles ... Sie ... schreibt keinen Brief, den er ihr nicht Wort für Wort diktiert.« (Greville.)

Während ihrer zahlreichen Unpäßlichkeiten durch Schwangerschaft, Geburt und Wochenbett vertrat er sie in allen Belangen, wobei er sich keineswegs in den Vordergrund schob, sondern seine Person stets hinter Floskeln wie »Die Königin bittet mich, Ihnen mitzuteilen ...« oder »Die Königin hat angeordnet, daß ...« verbarg. Genützt hat die Bescheidenheit wenig. Jede seiner Handlungen wurde mißtrauisch beobachtet und belauert, in der Hoffnung, ihn bei einem Fauxpas zu ertappen.

Als ein neuer Premierminister, Sir Robert Peel, ins Amt kam, verabschiedete sich der alte Regierungschef, Lord Melbourne, der Victoria die ersten Schritte auf dem politischen Parkett beigebracht hatte, mit dem Rat, sie möge auf ihren Mann hören, denn er sei »ein kluger Kopf«. Melbourne hatte die unbestreitbaren Qualitäten des ausländischen Prinzen längst erfaßt, und auch Peel fand bald Zugang zu dem »klugen Kopf«. Er gewöhnte es sich an, heikle Themen zunächst mit Albert zu besprechen, ehe er sie seiner hitzköpfigen und sprunghaften Königin vortrug.

Eines der brennendsten Probleme jener Zeit wurde von äußerst gegensätzlichen Standpunkten aus untersucht, ebenso verschieden waren die Lösungsvorschläge. 1845 erschien das Buch eines jungen deutschen, in Manchester lebenden Industriellen zur »Lage der arbeitenden Klasse in England«. Zwei Jahre später verfaßte dieser Friedrich Engels, zusammen mit seinem Freund, dem Journalisten Karl Marx, das berühmte »Kommunistische Manifest«, dessen Endziel es werden sollte, die unterdrückte und ausgebeutete Klasse der Proletarier zur Weltrevolution aufzurufen.

Selbst ein Konservativer wie Charles Greville konnte seine Augen nicht vor der Realität verschließen: »Armut, Laster und Not sind in einer Gemeinschaft wie der unseren immer anzutreffen, aber so schreckliche Gegensätze zwischen übertriebenem Luxus und diesen Szenen des Hungers und der Brutalität sollten eigentlich nicht möglich sein. Leider gibt es in unserem Land mehr Not, mehr Armut als in irgendeinem anderen und zugleich größeren Reichtum.«

Diese schrecklichen Zustände hingen ursächlich mit der in England anhebenden industriellen Revolution zusammen. Ende des 18. Jahrhunderts wurden dort die Spinnmaschinen erfunden. Eine von ihnen konnte soviel schaffen wie zweihundert Spinner mit ihren Händen. Anfang des 19. Jahrhunderts folgten die ersten Dampfschiffe, bald darauf die Eisenbahnen. Immer mehr Maschinen verdrängten den Menschen. Hinzu kam ein sprunghafter Anstieg der Bevölkerung: 1850 zählte Großbritannien mit dreißig Millionen dreimal soviel Einwohner wie 1800. Die Arbeitsplätze wurden in dieser doppelten Schere immer knapper, die wenigen, die Arbeit hatten, wurden ausgenützt bis aufs Blut, unter ihnen unzählige Kinder, schon ab dem vierten Lebensjahr. Es begann die Zeit von Englands wirtschaftlichem Höhenflug, und es begann der Absturz der Massen ins existenzielle Nichts: das Goldene Zeitalter des fluchbeladenen Manchester-Kapitalismus.

Schon bald nach seiner Ankunft hatte sich Albert schockiert gezeigt über die sozialen Verhältnisse in seiner neuen Heimat: »Diese Klasse (die Arbeiter) hat die größte Mühsal und die wenigste Freude in dieser Welt.«

Ihm war wohl bewußt, daß seitens des Staates nichts gegen die Misere unternommen werden konnte, denn damals war das Eingreifen von Ämtern und Behörden in wirtschaftliche Vorgänge undenkbar. Absurd und aufs energischste abzulehnen waren für ihn die Vorstellungen von Marx und Engels. Nach vielen Gesprächen mit den Unterprivilegierten in Fabriken und in ihren ärmlichen Behausungen entwickelte Albert seine eigenen Theorien zur Veränderung der herrschenden Zustände:

»Die Verbesserung ihrer (der Arbeiter) Lage kann praktisch nur auf vier Wegen erstrebt werden. 1. Durch Erziehung der Kinder und deren industrielle Ausbildung: 2. Durch Verbesserung der Arbeiterwohnungen. 3. Durch Zuweisung von Ländereien neben den dazugehörigen Häusern. 4. Durch – womöglich von ihnen selbst geleitete – Sparkassen und wohltätige Gesellschaften.«

Er ging von der Überlegung aus, daß es den Reichen nicht schaden, ihnen vielmehr nützen würde, wenn es den Armen besser ginge und sich die Wirtschaft gleichermaßen für alle gedeihlich entwickelte. Er selbst übernahm den Vorsitz zahlreicher karitativer Einrichtungen, trieb den Bau von Krankenhäusern und Asylen voran.

Als Präsident der »Gesellschaft für die Verbesserung der Lage der Arbeiterklasse« förderte er die Errichtung von billigen Reihensiedlungen, die menschenwürdige, hygienische Wohnverhältnisse boten. Dieser Luxus für arme Leute löste bei vielen blankes Staunen, bei vielen mehr harsche Ablehnung aus.

1848, im Jahr der großen politischen Spannungen in Europa, sprang der revolutionäre Funke auch auf England über, entzündete sich dort jedoch vorwiegend an sozialen Problemen. Albert forderte nun kategorisch: »Ich muß zu meinem Bedauern feststellen, daß die Zahl der Arbeitslosen aller Berufe sehr hoch ist ... Nach meiner Ansicht (muß) die Regierung alles tun, um den arbeitenden Klassen aus der gegenwärtigen Notlage zu helfen.«

Der Appell kam spät, aber nicht zu spät. Wohl war die Lage so gespannt, daß London in Verteidigungsbereitschaft gesetzt und der königlichen Familie die Übersiedlung auf die Insel Wight angeraten wurde, doch kam es letzten Endes nicht zur gefürchteten Explosion.

Die Regierung griff zwar nicht direkt in das wirtschaftliche Geschehen ein, schaffte es aber, durch gezielte Maßnahmen – wie etwa die Aufhebung der Schutzzölle, welche die Preise katastrophal in die Höhe getrieben hatten – die ärgste Not der Proletarier zu lindern.

1849 feierte Albert seinen dreißigsten Geburtstag, und er hätte eigentlich auf der Höhe seiner Kraft stehen müssen. Doch er schien sich zunehmend in seiner Haut nicht wohlzufühlen. »Der Prinz schläft schlecht ... sieht abends sehr schlecht aus«, klagte die Königin. Lady Littleton fand ihn »blaß und niedergeschlagen«, einmal ertappte sie ihn sogar – in Tränen aufgelöst! Er wurde gründlich untersucht, man fand nichts, verschrieb, mangels anderer zündender Ideen für eine hilfreiche Therapie, eine komplizierte Diät, die sich als nutzlos erwies. Der Leibarzt, Sir James Clark, war ratlos.

Heute würde man vielleicht die Diagnose »Streß« stellen. Alberts Pflichtbewußtsein war überentwickelt, es quälte ihn die Sorge, etwas falsch zu machen oder falsch machen zu lassen, sodaß er viele Arbeiten, die andere erledigen konnten, an sich zog. Ständig war er angespannt, überfordert, überlastet.

Und er lud sich dennoch weitere Bürden auf. Es begeisterte ihn die im Schoße der »Royal Society of Arts« ausgeheckte Idee einer internationalen Ausstellung, die alle Strömungen des wirtschaftlichen, technischen und kulturellen Lebens der Gegenwart umfassen sollte.

Als Präsident der »Society« wurde er zur Triebfeder der Weltausstellung 1851, mit ihrem breit gefächerten Programm die erste dieser Art.

Kaum waren die Pläne durchgesickert, wurde Ablehnung laut: »Wie können englische Kaufleute solche Narren sein, ihr Geld lockerzumachen, um der Konkurrenz aus aller Welt zu ermöglichen, sie auf ihrem eigenen Markt zu unterbieten? Wir werden nur die Ausländer mit unseren guten Einfällen versorgen«, empörte sich ein Mitglied des Oberhauses.

Allen Widerständen zum Trotz genehmigte das Unterhaus das Projekt – es sollte ohnehin nur aus privaten Mitteln finanziert werden! – und setzte die »Royal Commission« zu dessen Verwirklichung ein. Vor allem galt es, Geld aufzutreiben, und tatsächlich fanden sich genügend Spender, an ihrer Spitze der Prinz selbst.

Mit ungewöhnlichen Bauvorhaben war Albert der Zeit weit voraus: sein Entwurf für Arbeiterwohnhäuser (oben) und der »Kristallpalast« der von ihm initiierten Weltausstellung (unten)

Die nächste Hürde stellte die Wahl des Ausstellungsortes dar. Im Hydepark sollten einige Bäume gefällt werden, um für eine riesige Halle Platz zu schaffen. Angeführt von der *Times,* die Albert niemals wohlgesonnen war, erhob sich ein Sturm der Entrüstung über den geplanten Baum-Mord. Dann wurde doch im Hydepark gebaut, unter größtmöglicher Schonung der Natur.

Lange Streitereien erhoben sich um die Form der Ausstellungshalle selbst, denn aus 245 eingereichten Plänen ging der modernste und kühnste als Sieger hervor: ein Palast aus Eisen und Glas, wie ihn die Welt noch nie zuvor gesehen hatte. »Der größte Schund, der dem Volk dieses Landes jemals zugemutet worden ist«, ätzte eine Zeitung. Der sogenannte »Kristallpalast«, später bestaunt wie das achte Weltwunder, wurde dann doch errichtet – rund um zwei riesige Ulmen!

Nachdem der Glaspalast im Bau und nun wirklich nicht mehr zu verhindern war, wurden andere Argumente ins Treffen geführt, um die Weltausstellung in Mißkredit zu bringen. Die Preise würden emporschnellen, Lebensmittelknappheit sei zu befürchten, die Kriminalität, durch die vielen Ausländer eingeschleppt, würde Stadt und Land überfluten. Habe man darum Napoleons Invasion verhindert, um sie nun Tausenden von Ausländern zu gestatten? Und unter dem Ansturm der Massen würde der Glaspalast einstürzen und alles Leben unter sich begraben.

Albert, bis zur letzten Faser angespannt durch die Vorbereitungen für die Ausstellung, schreibt: »Ich bin mehr tot als lebendig. Zum Überdruß beschäftigen sich die Gegner der Ausstellung damit, alle alten Weiber in Schrecken zu setzen und mir auf den Hals zu jagen. Jetzt sollen die Fremden hier durchaus eine Revolution anfangen, Victoria und mich ermorden, um die rote Republik in England zu erklären.«

Am 1. Mai 1851 wird die Ausstellung eröffnet. Das prophezeite Schlechtwetter, die vorausgesagte Zerstörung des Kristallpalastes durch Sturm und Hagel bleiben aus. Es ist ein schöner, warmer Tag. 700 000 Menschen säumen die Auffahrtstraße des königlichen Paares, 25 000 warten auf Einlaß, um die Produkte von 14 000 Ausstellern, die Hälfte davon aus dem Ausland, zu bestaunen, vor allem die zahllosen neuen Maschinen. Bei deren Anblick dämmert selbst dem geistig Trägsten, daß sich ein neues, ein noch unbegreifliches Zeitalter anbahnt. Niemand aber geht so weit in den Zukunftsvisionen wie Albert, der klipp und klar ankündigt, nicht mehr fern sei der Tag, da sich der Mensch mit Hilfe von Maschinen in die Lüfte erheben werde.

Radikal schlägt die Stimmung um. Begeisterung erfaßt die Menschen, die sich in dichten Massen durch die Halle wälzen. Viele kommen mehrmals, nicht weniger als vierunddreißig Mal erscheint die Königin. Rund 40 000 Besucher sind es täglich, sieben Millionen im ganzen. Die Einnahmen sind doppelt so hoch wie die Kosten. Nicht genug des Lobes können sich die Zeitungen tun: »Alles gibt einen Begriff von Englands Reichtum«, »England hat in der freien Konkurrenz nichts zu fürchten.« Zum ersten und zum letzten Mal in seinem kurzen Leben ist Albert wirklich populär.

In der Folge gab ihm die »Royal Commission« freie Hand bei der Planung und Gestaltung des »South Kensington Projekts«, in das der Gewinn der Weltausstellung einfließen sollte. Anschließend an den Hydepark entstanden die Akademie der Wissenschaften, ein Museum (heute »Victoria and Albert Museum«) sowie die Musikakademie und eine Schule für Design.

Der Triumph, er hat Albert keinen Aufschwung gebracht. Mit seiner Gesundheit ging es stetig weiter bergab, woran nicht nur die plötzlich ausgebrochenen Masern Schuld trugen. Seine rheumatischen Beschwerden – sie hatten bereits begonnen, als er Mitte zwanzig war – nahmen dramatisch zu, die Schlaflosigkeit peinigte ihn mehr denn je. Er wurde dick. Er verlor die Haare und trug gelegentlich ein Toupet, nicht aus Eitelkeit, sondern weil ihn am Kopf fror. Sein Gesicht war von teigiger Blässe, da er sich meist in geschlossenen Räumen aufhielt. Er jagte nicht mehr, er wanderte nicht mehr, er ritt nicht mehr aus. Schwerer und länger wurden die depressiven Phasen.

So als wäre ihm bewußt, daß er keine Zeit mehr zu verlieren hatte, übte er in nervöser Anspannung Dutzende Tätigkeiten gleichzeitig aus, mengte sich in alles ein, regte an, arbeitete aus, reiste mit seiner Frau landauf, landab. Scheinbar gab es keinen Bereich, sei es Politik, Wissenschaft oder Kultur, in dem er nicht Bescheid wußte oder glaubte, Bescheid zu wissen und seinen Beitrag leisten zu müssen – direkt oder auf dem Umweg über königliche Memoranden.

Es lag in der Natur der Sache, daß Politik Priorität genoß. Ihre ureigenste Meinung über Politiker wird die aufrichtige deutsche Seele nicht immer zu verbergen imstande gewesen sein. Ganz deutlich hat Albert sie in privaten Briefen geäußert. Als der Krimkrieg (1853–1856) knapp bevorstand, schrieb er: »Wir tun alles Mögliche, um den Frieden zu erhalten. Ein europäischer Krieg wäre ein entsetzliches Unglück.« Weder er noch Victoria konnten das »entsetzliche Unglück« verhindern, und so kam der Prinz zu dem Schluß: »Die armen Soldaten tun immer ihre Schuldigkeit auf das glänzendste, doch sobald die Angelegenheiten wieder in die Hände der Politiker und Diplomaten kommen, fängt das Pfuschen und Verwirren wieder an.«*

Der lange schwelende Haß gegen Albert tritt abrupt zutage, als der – an sich in weiten Kreisen umstrittene – Außenminister Viscount Henry Palmerston mehr oder weniger freiwillig zurücktritt.

Palmerston nimmt die Pose des Märtyrers ein, schuld an seinem Ausscheiden aus dem Kabinett ist Albert allein! Hysterische Presseattacken richten sich gegen den »Hauptagenten der österreichisch-coburgischen Clique«. (Österreich war nicht, wie erhofft, in den Krimkrieg eingetreten, den England an der Seite seiner Verbündeten Türkei und Frankreich gegen Rußland führte.) Ein Spottlied, das auf Flugblättern und Affichen verbreitet wird, bezeichnet Albert als »Tropf« und »deutschen Wirrkopf«. Hinter vorgehaltener Hand wird geflüstert, daß er als Hochverräter verhaftet und in den Kerker geworfen werden soll. »Tausende umlagerten den Tower, um meine Einfahrt zu sehen«, berichtet er, merkbar erschüttert, dem Bruder.

Des Hochverrats wurde er nicht angeklagt, aber plötzlich entdeckten Verfassungsjuristen, daß eine Teilnahme des Prinzen an den Sitzungen des Ministerrats gesetzlich nicht vorgesehen sei. Fortan blieb er aus dem innersten Kreis ausgeschlossen.

Palmerston kehrte ins Kabinett zurück – wurde später sogar Premierminister –, die Wogen glätteten sich. Der Kronrat sprach, worum Victoria lange und zäh gekämpft hatte, Albert den Titel »Prinzgemahl« zu: Im Rang folgte er nun unmittelbar hinter regierenden Kaisern und Königen, noch vor allen anderen Fürsten, Prinzen und Prinzessinnen. Ein schwacher Trost.

Mehr als alles, als Haß und Intrigen, belasteten Albert die Schwierigkeiten mit seinem Sohn Bertie. Als Vater dieses Kindes hat der sonst so

* Der minimale Gewinn des Krieges stand schließlich in keinem Verhältnis zu den schrecklichen Verlusten, aber es brachte Albert auch keine Anerkennung, »es immer schon gewußt« zu haben.

*Oben: Eines der letzten gemeinsamen Bilder von
Victoria und Albert, 1861
Unten: Das blieb von Albert: Kinder, Schwiegerkinder,
Enkel sonder Zahl mit Victoria*

Kluge, Gütige vollkommen versagt. Die weise Einsicht eines Goethe, den er doch so hoch verehrte, »denn wir können die Kinder nach unserem Sinne nicht formen«, ignorierte Albert, und er hielt sich dafür an den Bibelspruch: »Wer sein Kind liebt, der züchtigt es.«

Gewiß, Albert strebte das Böse nicht an, als er sich bemühte, worum sich alle Eltern bemühen, nämlich aus dem Jungen das Beste hervorzuholen, ihn zum perfekten Monarchen zu erziehen, aber die Methoden, mit deren Hilfe er das zu erreichen versuchte, waren denkbar ungeeignet. Und auch Victoria fiel ihm nicht in den Arm. Blind vor Liebe, wünschte sie im Sohn nichts anderes zu sehen als das perfekte Ebenbild des Vaters.

Bertie war ursprünglich ein zärtliches, ein zutrauliches Kind, heiter und verspielt. Zu lange zu wenig ernsthaft. Zu lange mit Spielereien beschäftigt, die durchaus schöpferisch gewesen sein mögen, die aber nicht ins väterliche Konzept paßten.

Zu welchem Zeitpunkt das Kind begann, zerstreut und leicht erregbar zu werden, wann seine von Gekreisch und Gepolter begleiteten Wutausbrüche anfingen, bleibt im dunkeln. Schon vom Siebenjährigen wird berichtet, er nähme alles, was er zu fassen bekomme, und »wirft es so heftig wie möglich gegen die Wand oder das Fenster«. Wenn man ihn in die Ecke stelle, stampfe er mit den Füßen »und schreit auf eine sehr schreckliche Art und Weise«.

Das sensible und phantasiebegabte Kind wird von frühauf in ein strenges und enges Ausbildungskorsett gezwängt. Der Unterricht beginnt um sieben Uhr früh (!) und endet erst um sieben Uhr abends, mit nur zwei Stunden Mittagspause. Damit er nicht »auf dumme Gedanken« kommt, wird der Junge bis zur totalen Erschöpfung körperlich und geistig gefordert, sodaß er manchmal im Stehen einschläft – was ihm als Bosheit und Renitenz ausgelegt wird.

Es kam, wie es kommen mußte: Bertie wurde aufsässig und verschlagen zugleich. Man konnte ihn prügeln, man konnte ihn einsperren, man konnte ihm das Essen entziehen, soviel man wollte – er blieb stumm, er gab einfach keine Antworten, wenn man ihn etwas fragte. Oder er wurde frech. Oder er stellte sich dämlich. »Außergewöhnlich ungehorsam, impertinent und unwillig, Disziplin einzuhalten«, so beschreibt ihn einer seiner unglücklichen Lehrer.

Unfaßbar Alberts Reaktion auf das von ihm selbst provozierte Verhalten seines Sohnes, diesen »ausgemachten und gerissenen Taugenichts«, wie er ihn selbst einmal nannte. Der Vater überschüttete das Kind mit Spott und Hohn. Als das nichts nützte, wurden die brutalen Erziehungsmaßnahmen verschärft, und immer rascher, immer enger begann sich die Spirale von Gewalt und Versagen zu drehen.

Berties Unglück war es, daß seine nur ein Jahr ältere Schwester Vicky, ohnehin Papas ausgemachter Liebling, ein Ausbund an Tugendhaftigkeit und Gehorsam war. Sie tat alles, was der verehrte Vater auch nur andeutungsweise forderte. Im Lauf der Jahre wurde sie, begabt mit den brillanten geistigen Eigenschaften Alberts, dessen alter ego.

Die Beziehung zur Mutter war bei weitem weniger harmonisch. Victoria war schlichtweg eifersüchtig auf die eigene Tochter, und sie hatte ständig an der Kleinen herumzumäkeln, an der sie Eigenschaften entdeckte, die sie an sich selbst so haßte und vergeblich zu bekämpfen versuchte: Vicky lachte genauso laut und ungehemmt wie ihre Mutter, und sie hatte deren ungezügelten Appetit geerbt.

Bereits mit vierzehn Jahren durfte Vicky neben ihrem Vater am Schreibtisch Platz nehmen und ihre klugen Kommentare abgeben. Sie war reich gesegnet mit allen Talenten, die eine außergewöhnliche Herrscherin aus ihr gemacht hätten, doch leider war sie mit dem falschen Geschlecht zur Welt gekommen. Allemal wurde, trotz weiblichem Erbfolgerecht, ein männlicher Nachkomme favorisiert – so vorhanden. »Sie hat den Kopf eines Mannes und das Herz eines Kindes«, beschrieb Albert die Qualitäten seiner Tochter.

Das Kind ist kaum vierzehn, da wird bereits Verlobung gefeiert. Nicht wie sonst in Herrscherhäusern üblich, steht politische Ratio an erster Stelle, sondern eine sehr schöne, sehr zarte Liebe. Obwohl, das sei gleich gesagt, diese Liebe den politischen Wünschen Alberts keineswegs ungelegen kommt: Er hat immer von einer brüderlichen Freundschaft zwischen der neuen und der alten Heimat geträumt – letztere womöglich erstarkt in einem geschlossenen Staatsgebiet unter der Führung Preußens.

Schon 1841 hing Albert, vielleicht noch in diffuser Form, diesen Vorstellungen nach, als er den Preußenkönig Friedrich Wilhelm IV. zum Taufpaten für Bertie auserkor.

Der Kontakt zwischen den beiden Königshäusern riß seit damals nicht ab, Albert und Friedrich Wilhelm standen in regem Briefwechsel.

So ergab es sich ganz von selbst, daß der Neffe des (kinderlosen) Preußen und dessen präsumptiver Nacherbe Friedrich, Fritz gerufen, 1851 zur Weltausstellung nach London kam. (In der preußischen Thronfolge rangierte Friedrichs Vater Wilhelm vor dem jungen Prinzen).

Fritz wurde herzlich in der königlichen Familie aufgenommen. Der ein wenig schüchterne Neunzehnjährige schloß sich häufig der munteren, lustigen, unterhaltsamen Vicky an. Sie war damals gerade zehn Jahre alt und brachte den deutschen Prinzen oft zum Lachen.

So merkwürdig es klingt: Fritz verliebte sich in die Kleine, und die beiden schrieben einander häufig. Vier Jahre später kam Fritz erneut zu Besuch, und er machte Vicky nach wenigen Tagen einen ernsthaften Heiratsantrag. Vicky sagte ebenso ernsthaft auf der Stelle ja. Selbstverständlich hatte Fritz zuvor bei Papa und Mama angeklopft. So einfach ging das.

Man braucht nicht lange zu rätseln, warum alle drei, die Tochter, der Vater wie die Mutter so schnell einverstanden waren. Vicky war in jenem halbflüggen Alter, da Mädchen rasch und leicht für gutaussehende junge Männer zu schwärmen beginnen – und Fritz *war* ein besonders gut aussehender junger Mann. Außerdem kannte sie das heimliche Herzensanliegen ihres Vaters, das diesen bewog, der Verbindung freudig zuzustimmen. »Möge Deutschland in Preußen aufgehen«, schrieb er dem zukünftigen Schwiegersohn. Und Victoria? Erstens harmonierte sie ohnehin meist mit ihrem Mann, zweitens: Vicky beanspruchte für den Geschmack der Königin zuviel von Alberts Herz und Zeit.

Ursprünglich war geplant, die Verlobung erst nach Vickys Konfirmation bekanntzugeben, doch zu viele Menschen wußten von der Romanze. Das Geheimnis wurde rasch zur öffentlichen Sensation und löste weltweit ein gewaltiges, meist negatives Echo aus.

Die Engländer fanden, man hätte die »Princess Royal« an »eine erbärmliche Dynastie« verschachert. (*Times*.) Bismarck höhnte über »die Coburgerin« aus dem »Gestüt von Europa«, die Preußen eine »englische Invasion« bescheren werde. Victoria begann bange Ahnungen zu hegen und meinte, ihr Kind ginge »direkt ins feindliche Lager«. Frankreich war generell böse über die enge Verbindung zweier politischer Konkurrenten.

Nicht nur diplomatische Zirkel waren irritiert. Auch in Preußens Volk, schnurstracks auf dem Weg zu einem Nationalstaat, regte sich Widerstand gegen »die Engländerin«. Niemand unterzog sich der Mühe, zu überlegen, daß Vicky eigentlich eine makellose deutsche Prinzessin war. Seit 1714, da der Kurfürst von Hannover als Georg I. den englischen Thron erbte, war dieser fest in deutscher Hand. Englands Könige und Prinzen holten ihre Frauen fast durchwegs aus Deutschland. Königin Victorias Vater war ein Hannoveraner, ihre Mutter eine Coburgerin, ebenso wie ihr Ehemann. Innerhalb der Familie wurde meist deutsch gesprochen. Doch Preußen verlangte, daß »die Engländerin« keinen englischen Hofstaat nach Berlin mitbringen dürfte – ein Spiegelbild des väterlichen Schicksals? Selbstverständlich sollte auch die Hochzeit an der Spree stattfinden.

Während die Wogen zwischen London und Berlin hoch hin und her gingen, kam Victoria, nun achtunddreißig Jahre alt, zum letzten Mal in die »unglücklichen Umstände«, verschärft durch Mangel an Alberts ansonsten gezeigter Fürsoge. Mit der ihm eigenen Gewissenhaftigkeit war er vollauf damit beschäftigt, seine Tochter für die ihrer harrenden Aufgaben vorzubereiten. Stundenlang ging er mit ihr alte und neue Geschichte durch, weihte sie in die Geheimnisse des preußischen Rechts ein, und vermutlich war sie die einzige Prinzessin, überhaupt eine der ganz wenigen Frauen, die den Namen Karl Marx nicht nur vom Hörensagen kannte, sondern auch dessen Schriften las und mit dem Vater diskutierte.

Am 14. April 1857 wurde Victoria und Alberts letztes Kind, eine Tochter namens Beatrice, geboren, und am 25. Januar 1858 die älteste vermählt; nun doch in London, und zwar in der Kapelle des St.-James-Palastes, wo achtzehn Jahre zuvor die Eltern getraut worden waren. Diesmal verlief die Zeremonie, exakt vorbereitet, ohne Zwischenfälle. »Der liebe Albert nahm sie bei der Hand, um sie wegzugeben, mein lieber Albert, der, wie ich sehen konnte, tief bewegt war«, schreibt Victoria. Albert hält fest: »Ganz London war illuminiert – große Freudenbezeigungen auf den Straßen.« Das Übliche: Die Leute waren zwar gegen die Hochzeit, doch sobald sie gefeiert wurde, überwog die Neugier auf das pompöse Spektakel. Und wenn man schon einmal dabei war, dann wurde eben mitgejubelt …

Noch auf der Kanalüberfahrt schrieb Vicky dem Vater einen berührenden Brief: »Der Schmerz des Abschieds … war größer, als ich es beschreiben kann. Ich dachte, das Herz würde mir brechen …« Albert an Vicky: »Das Herz ist mir recht angeschwollen, als Du gestern in der

Kajüte Deine Stirn an meine Brust lehntest, um Deine Tränen freien Lauf zu lassen ...«

Nun, da sie fern war, überschüttete Victoria die Tochter mit zärtlichen Briefen – bis zu vier Stück am Tag. Eine Flut von guten Ratschlägen nahm ihren Weg von England nach Preußen. Vielleicht plagte Victoria das schlechte Gewissen, weil sie es verabsäumt hatte, die Siebzehnjährige vor der Hochzeit über die delikaten Seiten des Ehelebens aufzuklären.

Bebendes Mißtrauen erfaßte die Spione im königlichen Palast zu Berlin angesichts der Berge von Post aus London. Welche Befehle gab die englische Königin ihrer Tochter? Was flüsterte sie ihr ein? Erst viel später wurde die Korrespondenz bekannt. Wäre das gleich der Fall gewesen, sie hätte ein ungeheures Gelächter der Erleichterung ausgelöst: »Weiberklatsch« und belangloser Kleinkram.

Kaum fünf Monate später hielt es ihn nicht mehr in London. Albert reiste nach Berlin, um »seine« Vicky zu sehen. Zwei Tage nur blieb er bei Tochter und Schwiegersohn, und sie rührten sich nicht aus dem Haus. Die Zeit war zu kurz und zu kostbar, um sie mit Nichtigkeiten zu vertändeln. Denn seine »Ketten aus Rosen« zogen ihn wieder heftig zurück nach London.

Schon einmal war Albert allein, und nur für wenige Tage, daheim in Coburg gewesen. Das war 1844, unmittelbar nach dem Tod seines Vaters. 1854 hatte er, zusammen mit Victoria, eine offizielle Deutschland-Reise unternommen, und die dauerte einen ganzen Monat. Victoria war entzückt von Coburg und meinte: »Wäre ich nicht, was ich bin, wäre dies mein wirkliches Heim.«

Vicky war bereits schwanger, als der Vater sie besuchte, und bald flatterte auch Victoria für zwei Wochen nach Berlin, um der Tochter in ihren »unglücklichen Umständen« beizustehen. Englands Königin und die angeheiratete preußische Sippe harmonierten prächtig, jedoch das politische Klima zwischen Preußen und England hatte sich erheblich verschlechtert. Aus lächerlichem Anlaß wäre es um ein Haar zum Abbruch der diplomatischen Beziehungen gekommen:

Ein junger Engländer hatte in einem deutschen Zug randaliert, war festgenommen und zu einer Geldbuße verurteilt worden, nachdem der Ankläger in dem Gerichtsverfahren erklärt hatte, Engländer seien allesamt anmaßende Lümmel. Die *Times* tobte gegen Preußen, die preußische Abgeordnetenkammer wütete gegen England. Albert hatte alle Hände voll zu tun, einen Eklat zu verhindern.

Die gegenseitigen Animositäten erreichten einen grotesken Höhepunkt am 27. Januar 1859, da Vicky ihr erstes Kind gebar. Der spätere Kaiser Wilhelm II. kam mit einem verkrüppelten Arm zur Welt, und es hagelte deswegen Beschuldigungen zwischen den deutschen und den erst im letzten Augenblick zugezogenen englischen Ärzten. In den Zeitungen beider Länder wurde der Gelehrtenstreit genußvoll breitgetreten.

Vickys Bruder Bertie, der älteren Schwester in großer Liebe und Anhänglichkeit verbunden, war grimmig empört über die Umstände, unter denen sie in Preußen leben und leiden mußte. Da wurzelte der Deutschland-Haß des späteren englischen Königs. Möglicherweise hat auch die Behandlung durch den so schrecklichen Vater beigetragen, daß Edward VII. die Deutschen nicht ausstehen konnte.

Seit nämlich Vicky von zu Hause weggegangen war, hatte Albert sich umso nachdrücklicher des Sohnes angenommen. Täglich mußte der Junge zum Rapport antreten und mit dem Vater lernen. Dieser schrieb an Vicky, tief bekümmert: »Er hat nicht die gleiche Auffassung (wie Du) ... Ich habe nie die Genugtuung zu wissen, ob meine Erklärungen auch wirklich von ihm verstanden worden sind; ein unaufhörliches monotones yes, yes, yes ... läßt dies mehr als bezweifeln.«

Zudem wurde Bertie, mit Einsetzen der Pubertät und Zuweisung eines frei verfügbaren Taschengeldes, zum Dandy. Nichts interessierte ihn so sehr wie seine Garderobe. Als König hat er dann der englischen Herrenmode zur Weltspitze verholfen, was ihm der Vater gewiß nicht als Verdienst angerechnet hätte.

Man schickte den Jungen auf Reisen. Zunächst in England, später durch halb Europa. Dank seines Charmes fand der junge Mann überall gute Aufnahme, so wurde dem Vater glaubhaft berichtet. Was in Bertie selbst vorging, blieb verborgen: Er war zwar angehalten, so wie Vater und Mutter, Tagebuch zu führen, doch die Eintragungen beschränkten sich auf lapidare Anmerkungen, wo man gewesen war, was man gesehen hatte.

Mit Achtzehn erhielt Bertie eine eigene Wohnung und eine Apanage, aber auch eine Menge Leute beigestellt, die auf ihn aufpassen sollten. Nach kurzer militärischer Ausbildung wurde er zum Studium nach Cambridge abkommandiert.

Bertie ist nicht mit dabei, als es im Herbst 1860 zu einem großen preußisch-englischen Familientreffen auf deutschem Boden kommt – vorsichtshalber in Coburg. Albert und Victoria werden von Sohn Alfie und Tochter Alice begleitet, Vicky und Fritz haben ihr zweites Baby, Charlotte, daheim gelassen, aber den anderthalbjährigen Sohn Willy mitgebracht, »ein süßes Baby«, findet Großmutter Victoria.

Es waren die letzten glücklichen Tage in Alberts Leben, obwohl sie von einem schweren Unfall beeinträchtigt waren: Als die Pferde seiner Kutsche scheuten und das Gefährt umstürzte, konnte Albert im letzten Moment abspringen. Er kam mit ein paar Prellungen und Abschürfungen glimpflich davon, während der Kutscher unter dem Wagen begraben und erheblich verletzt wurde.

Düstere Vorahnungen scheinen Albert beschlichen zu haben, als er von seinem Bruder Ernst Abschied nahm. Er umarmte ihn, Tränen in den Augen, und flüsterte, es sei wohl das letzte Mal.

Kaum in England angekommen, befielen ihn alle seine alten Übel – zusammengebündelt – aufs heftigste: das Rheuma, die Schlaflosigkeit, die Magenkrämpfe, die Kopfschmerzen und die alles überschattende Melancholie: »Ich hänge nicht mehr am Leben ... Wenn ich wüßte, daß für alle meine Lieben gut gesorgt wäre, wäre ich gerne bereit, morgen zu sterben.«

Anfang des Jahres 1861 plagt ihn höllisches Zahnweh. Die Ärzte stochern und schneiden in seinem Mund herum – bis sich endlich herausstellt, daß kein einziger Zahn, sondern eine Nervenentzündung an dem Leiden Schuld trägt. Victoria scheint ihren Mann überhaupt der Hypochondrie verdächtigt zu haben, wenn sie an Vicky schreibt, der Vater mache »ein jämmerliches Gesicht, daß die Leute glauben, er sei schrecklich krank«.

Victorias Geburtstag im Mai wird auf der Insel Wight gefeiert. Auch Vicky ist angereist, seit wenigen Monaten Kronprinzessin von Preußen, nachdem Friedrich Wilhelm IV. im Januar gestorben und ihr Schwiegervater Wilhelm König geworden war. Zur Freude der ganzen Familie bringt Vicky Klein-Willy mit, ein besonders liebenswertes Bübchen von nun zwei Jahren. Albert, scheinbar wieder hergestellt, beschäftigt sich viel mit dem Enkel, der sich noch als alter Mann daran erinnern wird, wie ihn der Großvater in eine Serviette packte und darin sachte schaukelte.

Hohes Fieber befällt ihn im Juni, dennoch wohnt Albert einem

Manöver bei, eröffnet eine Gartenbauausstellung, um sich dann in Balmoral, von entsetzlichen Magenkrämpfen gemartert, ins Bett zu legen. Mit fahriger Hand schreibt er dem Bruder einen kaum mehr lesbaren Brief – es soll sein letzter sein: »... arbeite (ich) getrost in meiner Tretmühle, weiß auch, daß ich keinen Augenblick anhalten und mich ausruhen darf.«

Weiter, weiter, weiter, von einem Termin zum nächsten. Dazwischen ein Riesenfest zu Berties zwanzigstem Geburtstag mit Hunderten Gästen. Schließlich, am 22. November, eine Inspektion in der Militärakademie Sandhurst, bei elendem Wetter. Vor Müdigkeit kann sich Albert kaum mehr auf den Beinen halten.

Dann der Schlag: Auf dem Umweg über ausländische Klatschblätter wird bekannt, daß sich Bertie mit einer kleinen Schauspielerin namens Nellie Clifden vergnügt, und die Dame selbst war es, die das süße Geheimnis hinausposaunt hat. Da stehen sie wieder auf, die Gespenster der Vergangenheit, die schrecklichen Erinnerungen an den Vater und seine skandalöse Griechin samt ihren schmierigen Memoiren. Coburg war ein kleines Land, manches konnte vertuscht werden, das meiste war ohnehin unwichtig. Aber kann es sich das britische Weltreich leisten, daß sein Kronprinz womöglich Opfer einer Erpressung, jedenfalls aber zum Gespött der Welt wird?

Albert ist vier Tage lang unansprechbar. Dann fährt er zu Bertie nach Cambridge. Was Vater und Sohn beredet haben, das weiß man nicht. Alberts Tagebücher, die Aufschluß geben könnten, sind verschwunden. Rätselhaft bleibt auch, warum Albert den Jungen nicht einfach zu sich zitiert, sondern statt dessen, trotz seiner Schwäche und seiner Schmerzen, die Reise auf sich genommen hat.

Er kommt, von Fieber gebeutelt, nach Hause zurück, legt sich zu Bett, steht am 1. Dezember wieder auf, läßt sich ankleiden – und schaffte es, statt zum Schreibtisch, nur bis zum nächsten Sofa.

»Unterleibsfieber«, diagnostizieren die Ärzte. Noch immer lehnt es der Patient ab, auch tagsüber im Bett zu bleiben, taumelt von Zimmer zu Zimmer, setzt sich hin, läßt sich vorlesen, wankt weiter, wünscht, daß man ihm auf dem Harmonium »Ein feste Burg ist unser Gott« vorspielt, fragt immer wieder, ob Vicky benachrichtigt worden sei. Ja, man hat ihr geschrieben, daß der Vater krank ist. Zuwenig, meint er. Man müsse ihr sagen, daß er im Sterben liege.

Bis zuletzt hat man Victoria die ganze Wahrheit verheimlicht, man sagt ihr nicht einmal, daß der Gemahl fiebere. Sie will auch gar nicht wahrhaben, daß es mit ihm zu Ende geht. Noch am 11. Dezember schreibt sie Vicky, daß der Vater »eine gute Nacht« gehabt hätte.

Das Entsetzen der Königin ist umso größer, als ihr Mann tags darauf ins Delirium verfällt, französisch vor sich hin murmelt, und beim Anblick seiner Frau reißt er die Augen auf, fragt: »Wer ist denn das?«

Am 13. Dezember ist er bereits weit, weit fort. Daheim in Coburg. Er lächelt glücklich, denn er hört die Vöglein im Schloßpark von Rosenau zwitschern. Das Lächeln schwindet, keuchend ringt er um Luft. Tags darauf ist der Geist wieder klar. »Gutes Frauchen, sagte er und küßte mich, stieß dann ein klägliches Stöhnen oder mehr Seufzen aus, nicht des Schmerzes, sondern als fühlte er, daß er mich verlassen müßte.« (Victoria.)

Die Kinder werden ans Bett gerufen, knien betend nieder, warten. Vicky ist nicht dabei. Er stirbt am 14. Dezember 1861 um halb elf Uhr abends. »Zwei oder drei lange, aber ganz sanfte Atemzüge, seine Hand umklammerte die meinige ... alles war vorüber.« (Victoria.)

Nach Alberts Tod blieben viele Seiten von Victorias Tagebuch leer. Sie glaubte, nicht mehr weiterleben zu können. Man fürchtete allen Ernstes, daß sie verrückt würde, denn ihr makabrer Totenkult nahm gespenstische Formen an. In Alberts letztes Nachthemd geschmiegt, ging sie zu Bett, den Abguß seiner Hand hatte sie auf dem Nachttisch liegen.

Sie starb nicht. Sie wurde nicht verrückt. Sie regierte noch vierzig Jahre lang. Das »Victorianische Zeitalter« sah Großbritannien auf dem Gipfel seiner Macht und seines Glanzes.

Kapitel »Der Clan der toten Männer«

THRONFOLGE IN SCHOTTLAND

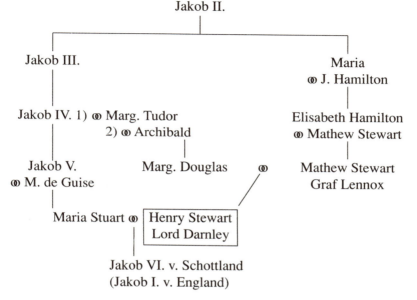

THRONFOLGE IN ENGLAND

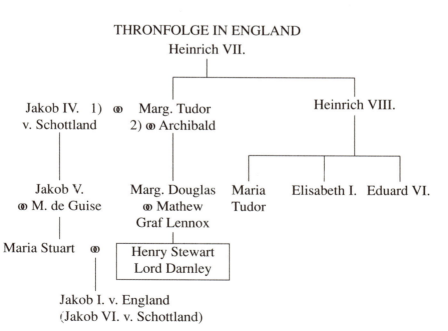

Kapitel »Kindischer Kaiser«

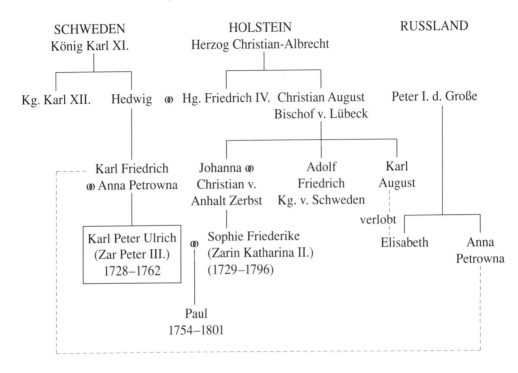

Kapitel »›Der König‹ und sein Gemahl«

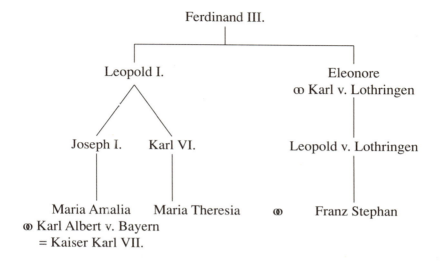

Kapitel »In ›Ketten aus Rosen‹«

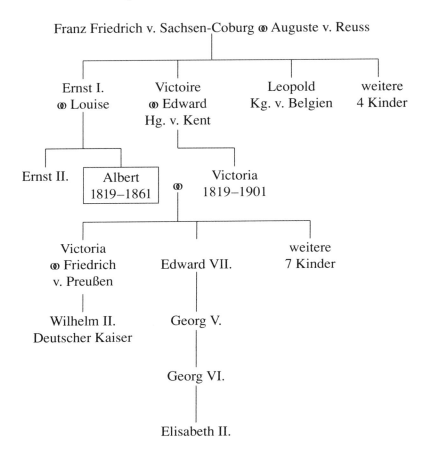

Register

Albert, Prinz von Sachsen-Coburg-Gotha Kapitel **In »Ketten aus Rosen«** 203–250
Alexander I., Zar von Rußland 210
Anna Iwanowna, Zarin von Rußland 107
Anna Leopoldowna 107, 142
Anna Petrowna 103f., 110f.
Argyll, Graf von 59, 70
Arran, James Graf 34, 36
Auersperg, Wilhelmine Fürstin 193ff.
August der Starke, Kurfürst von Sachsen und König von Polen 167
Auguste, Herzogin von Sachsen-Coburg-Saalfeld (geb. Gräfin Reuß-Ebersdorf) 204, 206
Balfour, James 63, 83
Balfour, John 63
Beaton, John 62
Beton, Lady Janet 27
Biron, Johann (ursprünglich von Bühren) 107
Bischof von Moray 25, 92
Bismarck, Otto Graf 244
Boleyn, Anna 21
Bothwell, James Graf Kapitel **Der Clan der toten Männer** 11–101
Bothwell, Lady Janet 25, 32
Bothwell, Patrick Graf 24f.
Brockdorff, Frau von 105
Brümmer, Otto Friedrich Graf 103, 105f., 110, 113, 115. 120, 123
Buchanan, George 56f., 61f., 70, 88
Bülow, Gottfried von 206
Carl, Prinz von Lothringen 158, 170, 182f.
Cecil, Lord William 53
Charles IX., König von Frankreich 29, 81, 95
Châtelard, Pierre de 33, 101
Christian August, Fürst von Anhalt-Zerbst 114
Clifden, Nellie 249
Clemens, Prinz von Lothringen 157f.
Clemens VII., Papst 11
Conroy, John 212f.
Dalgleish, George 87, 89
Don Carlos, Infant von Spanien 29, 36
Drummond, Humphrey 60
Du Croc, Philibert 54f., 58, 61, 84, 86ff.
Duschkowa, Katharina Fürstin 141, 146

Eduard VI., König von England 14, 20, 33, 101
Edward VII., König von England (ursprünglich Albert Eduard, gerufen »Bertie«) 228, 240ff., 247ff.
Edward, Herzog von Kent 205, 211f.
Eleonore, Erzherzogin 153f., *155*
Elisabeth I., Königin von England 20f., 30f., 35ff., 39, 42, 53, 79, 81, 87, 90, 98
Elisabeth Charlotte von Orléans 156, 168
Elisabeth Christine (geb. Prinzessin von Braunschweig-Wolfenbüttel), Kaiserin 159
Elisabeth Petrowna, Zarin von Rußland 104, 105ff., *109*, 110ff., 113, 127, 129, 134, 136, 141, 146
Ernst I., Herzog von Sachsen-Coburg-Saalfeld (ab 1831 Sachsen-Coburg-Gotha) 204–207, 212f.
Ernst II., Herzog von Sachsen-Coburg-Gotha 205, 207, 212, 214, 248
Erskine, John 49, 52
Eugen, Prinz von Savoyen (Prinz Eugen) 166
Ferdinand III., dt. Kaiser 154
Florschütz, Christian 208, 214
Franz I., König von Frankreich 11, 14
Franz II., König von Frankreich Kapitel **Der Clan der toten Männer** 11–101
Franz Friedrich, Herzog von Sachsen-Coburg-Saalfeld 204
Franz Stephan, Herzog von Lothringen (später Franz I., dt. Kaiser) Kapitel **»Der König« und sein Gemahl** 153–201
Fraser, Antonia 74
Frederick II., König von Dänemark 26, 95–98
Friedrich (»Fritz«), Kronprinz von Preußen 244, 248
Friedrich II. der Große, König von Preußen 114ff., 126, 130, 133, 137ff., 147, 166, 173, 175f., 191, 195
Friedrich Wilhelm I., König von Preußen (»Soldatenkönig«) 166, 173
Friedrich Wilhelm IV., König von Preußen 243f., 248
Fürst, Carl Freiherr von 192
Georg I., Kurfürst von Hannover 245
Georg IV., König von England 205, 212f., 232

Gordon, Lady Jean 43, *45*, 79f.
Gotter, Gustav Adolf Graf 176
Greville, Charles 222, 232ff.
Hanbury-Williams, Sir Charles 127, 188
Hanstein, Alexander von 207
Heinrich II., Herzog von Orléans, später König von Frankreich 11, 14f., 21
Heinrich VIII., König von England 14, 20f., 23, 38
Henry Stewart Lord Darnley Kapitel **Der Clan der toten Männer** 11–101
Hogg, Christiana 65
Huntley, George Gordon Graf 40, 48f., 51f., 59, 65, 75, 81, 92
Isabella von Parma 194
Iwan VI., Zar von Rußland 106f., 134, 142
Jacquemin, Nikolaus Baron 157, 164
Jakob V., König von Schottland 14, 24f.
Jakob VI., König von Schottland (als König von England Jakob I.) 54f., 59, 61f., 75, 83
James Hepburn Graf Bothwell Kapitel **Der Clan der toten Männer** 11–101
Joachim II., von Brandenburg 176
Johanna Elisabeth von Holstein-Gottorp (später Fürstin von Anhalt-Zerbst) 114, 118
Joseph I., dt. Kaiser 156f.
Joseph II., dt. Kaiser 136, 178, 181, 194, 198–201
Karl III., König von Spanien 198
Karl V., dt. Kaiser 99, 168
Karl VI., dt. Kaiser 156f., 171, 173ff.
Karl VII., dt. Kaiser 185
Karl XII., König von Schweden 103
Karl August, Herzog von Holstein-Gottorp 108, 114
Karl Friedrich, Herzog von Holstein-Gottorp 103
Karl Peter Ulrich, Herzog von Holstein-Gottorp (später Peter III., Zar von Rußland) Kapitel **Kindischer Kaiser** 103–151
Karl V., Herzog von Lothringen 153f., *155*, 170
Karl, Erzherzog von Österreich 184, 198
Karl, Erzherzog von Innerösterreich 29, 37
Katharina I., Zarin von Rußland 107
Katharina von Medici 11f., 15, 29, 54, 69, 79, 87
Keith, Sir Robert 137, 151
Khevenhüller-Metsch, Johann Joseph Graf (später Fürst) 183f., 188, 192–195, 199ff.

Knox, John 23, 31, 33f., 47
Langer, Franz Anton 160
Lehzen, Louise Baronin 212, 230
Leicester, Robert Dudley Graf 37
Lennox, Mathew Stewart Graf 30, 37f., 40, 48, 55, 62, 70f., 74, 88, 98, 101
Leopold I., dt. Kaiser 154
Leopold I., König von Belgien 206, 208, *209*, 210ff., 214, 216f., 227
Leopold, Erzherzog von Österreich 172, 198
Leopold, Herzog von Lothringen 154, 156–160, 162f., 172, 198
Leszczyński, Stanislaus König von Polen 167
Liselotte von der Pfalz 156, 186
Lothar II., Herzog von Lothringen 153
Louise von Sachsen-Gotha-Altenburg 204–207
Ludwig XIV., König von Frankreich (»Sonnenkönig«) 156
Ludwig XV., König von Frankreich 164,167
Mahon, Generalmajor R. H. 73f.
Maitland, William Graf 59f.
Maria Anna, Erzherzogin von Österreich 171, 180, 183, 197ff.
Maria Christine, Erzherzogin von Österreich 194, 198f.
Maria Elisabeth, Erzherzogin von Österreich 170
Maria Ludovica von Bourbon-Spanien 198
Maria Stuart, Königin von Schottland Kapitel **Der Clan der toten Männer** 11–101
Maria Theresia, Erzherzogin von Österreich, Königin von Ungarn und Böhmen Kapitel **»Der König« und sein Gemahl** 153–201
Maria Tudor, Königin von England 20f.
Marie de Guise, Königin von Schottland 14, 22–27
Melbourne, Lord William 216, 218, 234
Melville, Lord James 37f., 77, 86, 91
Mendelssohn-Bartholdy, Felix 228
Moray, James Graf 24, 26, 28, 30f., 34ff., 39f., 42, 47, 49, 51ff., 57, 59f., 63, 65, 69f., 74, 76, 81, *85*, 88f., 90f., 96f., 101
Morton, James Douglas Graf 87f.
Napoleon I. 151
Orlow, Alexej 130, 131, 142, *143*, 144, 146f., 148
Orlow, Gregorij 130, *131*, 142, 144, 146
Pages, Bastian 65
Palmerston, Henry Viscount 240

Panin, Nikita Graf 141, 144, 147
Paul, Zarewitsch 127, 140f., 148
Pearson, Dr. Karl 61
Peel, Sir Robert 234
Peter I., der Große, Zar von Rußland 103, 105, 107f., 109, 129
Peter II., Zar von Rußland 105, 107
Philipp II., König von Spanien 36, 59
Pfütschner, Karl Freiherr von 158, 160
Podewils, Otto Graf 192, 195, 197
Poitiers, Diane de 21
Poniatowski, Stanislaus Graf 127ff., *131*
Randolph, Sir Thomas 39, 44, 46, 48
Rasumowski, Alexej 108
Rizzio, David 46–51, 53, 59f., 78, 101
Ronsard, Pierre de 90
Rosenkrantz, Erik Oettensen, Vizekönig von Norwegen 93ff.
Ross, Bischof Leslie 80
Ruthven, Lord Patrick 50f., 88
Saltykow, Sergej 126f., *131*
Siebold, Dr. Charlotte von 205
Sinclair, Lady Agnes 25, 28
Sinzendorf, Ludwig Graf 157f.
Sophie Friederike von Anhalt-Zerbst (später Katharina II. die Große, Zarin von Rußland) Kapitel **Kindischer Kaiser** 103–151, 204

Stählin, Jakob von 111, 113, 123, 125
Stewart, Lord James siehe Moray, James Graf
Stewart, Lady Jean 49
Stewart, Lord John 32
Stewart, Lord Robert 49
Stockmar, Christian Friedrich Baron 210, 216
Taylor, William 65f., 72f.
Throckmorton, Nicolas 87
Throndsen, Anna 26ff., 35, 90f., 93f.
Traquair, Lord John 65ff., 74
Victoire, Herzogin von Kent 205f., 210–213
Victoria, Königin von England Kapitel **In »Ketten aus Rosen«** 203–250
Victoria (»Vicky«), Kronprinzessin von Preußen 226ff., 243–250
Wagner, Richard 228
Weber, Carl Maria von 228
Wilhelm I., König von Preußen 244, 248
Wilhelm II., dt. Kaiser 247f.
William IV., König von England 213f.
Withelaw, Patrick von 92
Woronzowna, Elisabeth Gräfin 128f., 132, 146f.
Wraxall, Nathaniel 193
Zuentebulch, König von Lothringen 153
Zweig, Stefan 64

Literaturverzeichnis

Arneth, Albert, Ritter von: Geschichte Maria Theresias, Wien 1863
Albert, Prinzgemahl. Ein Leben am Throne – Briefe, Berlin 1939
Bain, R. Nosbe: Peter III., London 1902
Bekker, Ernst: Maria Stuart, Darnley, Bothwell, Gießen 1881
Bennett, Daphne: King without a Crown, London 1977
Bouissounousse, Jannie: La vie privée de Maria Stuart, Paris 1953
Bülau, Friedrich: Geheime Geschichten, Band I., Leipzig 1852
Cronin, Vincent: Katharina die Große, Düsseldorf 1978
Davison, M. H. Armstrong: The Cascet Letters, London 1965
Dederfield, Eric: Kings and Queens of England, New York 1872
De la Barre-Duprecq: Histoire de François II., Paris 1867
Drummond, Humphrey: The Queen's Man James Hepburn, London 1975
Duchein, Michel: Maria Stuart, Zürich 1992
Fiedler, Walter: Tiergarten Schönbrunn, Wien 1976
Fraser, Antonie: Maria, Königin der Schotten, Hamburg 1971
Goethe, Johann Wolfgang von: Aus meinem Leben – Dichtung und Wahrheit, Leipzig o. J.
Gore Brown, Robert F.: Lord Bothwell, London 1937
Gorman, Herbert: »The Scottish Queen«, New York 1932
Grauer, Karl Johannes: Franz I., Wien 1932
Greville, Charles: The Greville Memoirs, New York 1932
Grey, Jan: Katharina die Große, Tübingen 1963
Haslip, Joan: Politik und Leidenschaft, Stuttgart 1978
Hennings, Fred: Und sitzet zur linken Hand, Wien 1961
Hibbert, Christopher (Hg.): Queen Victoria in Her Letters and Journals, London 1984
Hobhause, Hermione: Prince Albert, His Life and Work, London 1983; Katharina II., Memoiren, München 1986
Khevenhüller-Metsch: Aus der Zeit Maria Theresias, Tagebuch, Khevenhüller-Schlitter, Wien–Leipzig 1907–1925
Lee, Maurice: James Stewart, Earl of Moray, New York 1953
Linkater, Eric: The Murder of Darnley, London 1964
Marcour, Eduard: War Maria Stuart Gattenmörderin? Frankfurt/M. 1882

Maria Regina Scotae. Liebesbriefe Maria Stuarts an Bothwell, Wien o. J.
Mary, Königin von Schottland. Der Königin Briefe, Leipzig 1940
Memoires du roi Stanislave Auguste Poniatowski, St. Petersburg 1914
Neumann-Hoditz, Reinhold: Katharina II., Hamburg 1993
Netzer, Hans Joachim: Albert von Sachsen-Coburg, München 1988
Panam, Pauline A.: A. German Prince and His Victim, London 1915
Philips, Johann A. S. (Hg.): Prince Albert and the Victorie Age, Cambridge 1980
Potuiquet, Albert: La Maladie et Mort de François II., Paris 1883
Oldenburg, Zoe: Katharina die Große, München 1986
Schiern, Frederick: Life of James Hepburn, Edinburgh 1880
Schreiber, Georg: Franz I., Graz 1986
Scott, Eva: Die Stuarts, München 1936
Sedillot, René: Survol de l'histoire de France, Paris 1955
Stählin, Karl: Aus den Papieren Jakob Stählins, Königsberg 1926,
Stuart, Dorothy M.: The Private Life of a Queen, New York 1897
Watson, Vera: A Queen at Home, London 1952
Walter, Friedrich: Männer um Maria Theresia, Wien 1951
Wiesner, Louis: Maria Stuart et le comte de Bothwell, Paris 1863
Wocker, Karl-Heinz: Königin Victoria, Düsseldorf 1978
Wolf, Adam: Aus dem Hofleben Maria Theresias, Wien 1958
Wormald, Jenny: Maria Stuart, Würzburg 1992

Thea Leitner

Habsburgs verkaufte Töchter

Prinzessinnen des Hauses Habsburg – geistreiche, tapfere, oft auch schöne Frauen ... Von wenigen Ausnahmen abgesehen, ist die Geschichte bisher fast kommentarlos über sie hinweggegangen. Dabei gibt es unter den Habsburgerinnen eine Reihe höchst begabter Politikerinnen, geschickter und tüchtiger als mancher wohlbekannte Herrscher aus derselben Familie ...

272 Seiten

Thea Leitner

Habsburgs vergessene Kinder

Was ist aus Marie Antoinettes Kindern geworden? Wer kennt Don Juan de Austria II.? Wer weiß, daß der letzte Kaiser von Brasilien ein Habsburger war? Sie und viele andere direkte Nachkommen des Erzhauses sind von der Geschichtsschreibung bisher »vergessen« worden. Dabei gibt es unter ihnen faszinierende Persönlichkeiten, die ihr Leben mutig und selbstbewußt in die Hand genommen und Außergewöhnliches erlebt haben ...

288 Seiten

Thea Leitner

Fürstin – Dame – Armes Weib

Die hier porträtierten Frauen aus dem Wien der Jahrhundertwende stammen aus sehr unterschiedlichen Gesellschaftsschichten. Eines aber haben alle sechs gemeinsam: Sie waren durchwegs selbstbewußte Persönlichkeiten, die ihr Leben in die Hand nahmen und weit mehr daraus gemacht haben, als die ihnen »vorbestimmte« Rolle hätte erwarten lassen.

Jetty Strauß · Pauline Metternich
Adele Sandrock · Rosa Mayreder
Adelheid Popp · Bertha Pappenheim

352 Seiten

Thea Leitner

Skandal bei Hof

Am Beispiel von fünf Fürstentöchtern aus dem Zeitraum zwischen 1652 und 1821 zeichnet Thea Leitner eine faszinierende Chronique scandaleuse von anderthalb Jahrhunderten ausschnittweise nach, wobei sie vor allem die menschlich berührenden psychologischen Wurzeln dieser Sensationsgeschichten aufspürt.

320 Seiten